Gärtnern geht überall

Obst, Gemüse und Kräuter auf kleinstem Raum

Gärtnern geht überall

Obst, Gemüse und Kräuter
auf kleinstem Raum

Gayla Trail

Bassermann Inspiration

ISBN: 978-3-572-08036-6

© der deutschen Erstausgabe 2012 by Bassermann Verlag,
einem Unternehmen der Verlagsgruppe Random House GmbH,
81673 München
© der amerikanischen Originalausgabe: Copyright © 2010
Gayla Trail
Erstmals herausgegeben in den USA unter dem Titel Grow Great
Grub von Clarkson Potter/Publishers, einem Imprint von Brown
Publishing Group, einem Verlag der Verlagsgruppe Random
House, Inc., New York.

Die deutsche Ausgabe wurde veröffentlicht mit Erlaubnis von
Clarkson Potter/Publishers, einem Imprint von Brown
Publishing Group, einem Verlag der Verlagsgruppe Random
House, Inc., New York.

Fotos: Gayla Trail und Davin Risk
Illustrationen: Davin Risk
Umschlaggestaltung: Atelier Versen, Bad Aibling
Übersetzung: Dr. Wolfgang Hensel
Projektleitung: Herta Winkler
Gestaltung: Grafikstudio Scheffler, Berlin
Herstellung: Sonja Storz
Gesamtproducing: berliner buch.macher

Druck: Leo Paper Products, Hongkong

Printed in China

817 2635 4453 6271

Inhalt

Einleitung: Der Weg zum Kleinstgärtner

Als Kind war ich fasziniert von meiner karibischen Großmutter Scylla, die auf ihrem winzigen Balkon mitten in der Stadt Kartoffeln in einem Eimer wachsen ließ. Es war ihr völlig egal, dass sie nicht mehr im sonnigen Barbados, sondern im kalten Norden Kanadas lebte. Scyllas Kartoffeleimer war meine erste Erfahrung mit Landwirtschaft in der Stadt.

Als ich mit meinen ersten eigenen, ganz und gar nicht perfekten Gärten experimentierte, fiel mir Großmutter Scylla und ihr Eimer ein. Sie hat mich inspiriert, die Grenzen „normaler" Gärten zu sprengen. Wer schreibt uns vor, wie ein Garten auszusehen hat und wo man ihn anlegen darf?

Mein allererster Garten war der Hinterhof eines beengten Studentenwohnheims, in dem ich für ein Jahr während meines Studiums wohnte. Meine Mitbewohnerinnen und ich gruben und pflanzten zwangsläufig mit viel Improvisation und Bauchgefühl, denn wir alle hatten keine Ahnung von Gartenarbeit. Natürlich ging eine ganze Menge schief, weil wir die Pflanzen nicht richtig oder gar nicht pflegten, doch zu meiner Überraschung und sicher auch mit viel Glück ernteten wir mehr frische, biologisch angebaute Bohnen, Tomaten, Salat, Zwiebeln, Möhren und Kartoffeln, als wir essen konnten – bei minimalem finanziellen Aufwand.

Jetzt, Jahre später, habe ich mehr Erfahrung und glücklicherweise auch mehr Geld als in meiner Studentenzeit. Inzwischen bedeutet mir der biologische Anbau von Lebensmitteln weit mehr, als in schlechten Zeiten ordentliches Gemüse zu ernten. Meine Gärten haben mich gelehrt, selbstbewusst und zuversichtlich auf meine Erfahrung zu vertrauen. Ich weiß, dass ich unabhängig vom Supermarkt das ganze Jahr über gesunde Produkte ernten und essen kann, die ich selbst gepflanzt habe. In meinem kleinen Dachgarten erlebe ich mit fast kindlicher Neugier, Stolz und großer Spannung, wie meine Pflanzen wachsen und gedeihen.

Auf den Hinterhofgarten meiner Studentenzeit folgten noch viele Gärten zu ebener Erde und in der Höhe. Scyllas Einfallsreichtum, ihre Gartenweisheit und kategorische Weigerung, sich den gesellschaftlichen Zwängen Nordamerikas zu unterwerfen, haben mich ermutigt, meine eigenen Vorbehalte zu überdenken und sie ins Positive zu wenden.

Viele Stadtbewohner lassen sich vom eingeschränkten Platz entmutigen. Warum nur? Wer sagt denn, dass Gemüse und Salat nur auf großen eigenen oder gepachteten Gartenflächen wachsen? Doch selbst wenn der Platz vorhanden ist, mäkeln wir an den übrigen Bedingungen herum; und dann fehlt es angeblich an Wissen, Geld und, und, und... Wir finden immer einen Grund, keine Pflanzschaufel in die Hand zu nehmen.

Es ist richtig, dass jede süße, leckere Tomate und jede Handvoll frischen Basilikums aus einem gesunden Garten stammen. Es stimmt aber nicht, dass dazu ein großes Grundstück, möglichst auf dem Land, und ein enzyklopädisches Gartenwissen nötig sind. Überall auf der Welt bereichern die Stadtgärtner das lokale Angebot um gute Produkte. In Havanna (Kuba) stammen etwa 50–80% des frischen Gemüses aus der Stadt selbst – aus organischem Anbau! Das einzige Hindernis, es diesen Stadtgärtnern nachzumachen, ist unsere Angst, etwas falsch zu machen.

Balkonkästen sind zwar nicht perfekt, liefern aber erstaunlich viele und gute Produkte. Hier wächst eine üppige Auswahl Tomaten und Paprika.

Dieser Stadtbewohner hat den Rasen in seinem Vorgarten umgegraben und in ein Gemüsebeet verwandelt. In dem farbig angestrichenen Frühbeet wachsen Senfpflänzchen; das Fass fängt das Regenwasser vom Dach auf.

Ich will Sie nicht anlügen. Natürlich muss man eine Menge lernen, bis der eigene Garten verlässliche Ernten liefert. Aber Sie müssen nicht alles von Anfang an wissen. Legen Sie einfach los, das nötige Wissen stellt sich dann schon ein – learning by doing. Für den Start brauchen Sie eine Anleitung (darin lesen Sie gerade) und eine oder zwei Pflanzen. Von da ab entwickeln sich ihre Fähigkeiten zusammen mit dem Garten.

Lassen Sie sich nicht entmutigen: Fehler macht jeder; selbst einem erfahrenen Gärtner gelingt nicht alles. Sollte wirklich etwas komplett daneben gehen, räumen Sie die Reste weg und machen es beim nächsten Mal eben besser. Ehe Sie sich versehen, genießen Sie reife Erdbeeren, würzen mit frischen Kräutern, belegen einen Toast mit Tomatenscheiben – alles aus dem eigenen Garten.

Alles auf Bio

Der Wunsch zu wissen, woher unser Essen kommt und was es enthält, hat den Biobauern und organisch angebauten Produkten einen enormen Aufschwung gegeben, der ungebremst scheint. Viele Konsumenten entscheiden sich für Gemüse der Jahreszeit aus heimischem Anbau, statt Produkte zu kaufen, die Tausende von Kilometern vom Erzeuger zu uns unterwegs waren. In die Bewertung unserer Nahrung fließen heute auch die „Kosten" ein, die sie im Hinblick auf Umwelt und unsere eigene Gesundheit verursachen. Vielleicht haben Sie dieses Buch genau deswegen gekauft: Sie erhoffen sich Hilfestellung, wie Sie mehr biologische Produkte zu erschwinglichen Preisen auf den Tisch bringen können. Mit „Bio" ist es aber wie mit vielen anderen Schlagworten: Also, was bedeutet biologischer Anbau für Sie und Ihren Garten?

Einfach ausgedrückt, verzichtet der biologische Anbau komplett auf chemische Dünger oder Pestizide. Wenn Sie so vorgehen, sind Sie auf dem richtigen Weg. Außerdem ist es wichtig, den Garten mit und nicht gegen die Natur zu betreiben. Im Idealfall schaffen Sie so ein gesundes, nachhaltiges Gartenbiotop, in dem weder Krankheiten noch Schädlinge die Überhand gewinnen. Der Boden in einem Biogarten wird als lebende Einheit verstanden, die unterstützt und gefördert werden muss. Gesunder Boden ernährt gesunde Pflanzen, die aus eigener Kraft mit den meisten Problemen fertig werden. Chemische Dünger bewirken genau das Gegenteil: Während die Pflanzen kurzfristig besser wachsen, leiden langfristig die Boden- und andere Organismen.

In der Tat ist ein Biogarten weder besonders arbeitsaufwändig noch einschüchternd kompliziert. Wir reden hier nicht über einen 4 ha großen Profigarten. Auf dem Balkon einer Wohnung sind Schnecken kein wirkliches Problem und selbst in einem „Bodengarten", wo sich die Schnecken austoben dürfen, sparen Sie Arbeitszeit, weil jegliche Abwehr im Biogarten auf guter Vorbeugung basiert. Wer auf (unrealistische) Perfektion verzichtet, gewinnt Zeit, die Beine hochzulegen und die garantiert chemiefreien Produkte seiner Arbeit zu genießen!

Es geht los

Der erste Teil, „Trau Dich. Leitfaden für den Genussgarten", soll Sie dazu inspirieren, das Beste aus dem Raum zu machen, der Ihnen zur Verfügung steht. In den Kapiteln stelle ich die grundlegenden Arbeitsschritte vor, die aus einer Fläche einen funktionierenden Garten machen. Außerdem biete ich Lösungen für die Probleme an, die in jeder Art von Garten zwangsläufig auftreten.

Einen funktionierenden Garten anzulegen ist eine Sache, es kommt aber auch darauf an, darin die Bedürfnisse jeder einzelnen Pflanze zu erfüllen. Daher widmet sich der zweite Teil („Die Pflanzen") den Ansprüchen einer ausgewählten Zahl von Nutzpflanzen, damit sie eine köstliche Ernte liefern. Probieren Sie die faszinierenden alten Sorten von Nutzpflanzen aus, die nicht nur herrlich aussehen, sondern auch wunderbar schmecken. Richten Sie sich nach den Tipps und Tricks für den Anbau in Kübeln und im Boden. Hier können Sie später jederzeit nachschlagen, wenn Sie mit einer bestimmten Pflanze nicht weiterkommen oder etwas Neues ausprobieren möchten.

Die Arten in den drei Kapiteln von Teil 2 – „Gemüse", „Obst" und „Kräuter und essbare Blüten" – sind im Wesentlichen alphabetisch angeordnet. In einigen Fällen wurden Pflanzen derselben Familien oder mit den gleichen Ansprüchen zu Gruppen zusammengefasst. Jede Gruppe beginnt mit einem einleitenden Abschnitt, dann folgen die Wachstumsbedingungen und Tipps für die Ernte.

Haupterntezeit ist der Spätsommer; dann kann das Angebot mega-üppig werden – manchmal fast zu üppig. Es wäre eine Schande, die Ernte verkommen zu lassen. Daher sollten Sie den richtigen Zeitpunkt nicht verpassen, wenn beispielsweise die Tomaten oder

Gurken erntereif sind. Und was macht man, wenn der Ertrag an Tomaten und Chili explodiert? Auch hier gibt Teil 2 die richtigen Antworten. Allgemeine Hinweise auf die Ernte – die beste Tageszeit, wie oft ernten – gibt der dritte Teil des Buches („Die Ernte ist reif").

Teil 3 informiert darüber, wie man die Ernte früher gelagert oder konserviert hat und welche Möglichkeiten Sie heute haben. Ein wenig Know-How und ein paar Stunden Arbeit an einem Sonntagnachmittag sichern den Ertrag aus dem Garten für viele Monate.

Über Projekte und Rezepte

Die Zutaten in den Rezepten verraten etwas darüber, was meine Familie isst: Vollkornreis und -mehl, Biobutter und -milchprodukte und Backwaren mit wenig Zucker. Wir süßen nicht mit Zucker, sondern mit Ahornsirup, Honig und Agavensirup. Sollten Ihnen einige meiner gut bewährten Rezepte nicht süß genug schmecken, dann süßen Sie nach Geschmack nach. Das spezifische Aroma vieler Produkte richtet sich nach den örtlichen Gegebenheiten, dem Boden und sogar nach dem Wetter – passen Sie die Zutaten also ruhig an Ihren persönlichen Geschmack und Ihre individuellen Essgewohnheiten an.

Alle Projekte in diesem Buch sind nach ihrem Schwierigkeitsgrad mit 🌱 (besonders einfach) bis 🌱🌱🌱🌱 (besonders schwierig) markiert. Entscheiden Sie selbst, was Sie sich zutrauen.

Teil 1

Trau Dich.
Leitfaden für den
Genussgarten

Kapitel 1: Gärten überall

Terrassen, Balkone, Dächer, Sitzplätze, Mittelstreifen, Baumscheiben, Kübel oder Fenstergärten warten nur darauf, in einen Garten verwandelt zu werden.

Während der großen Weltwirtschaftskrise, im zweiten Weltkrieg und immer dann, wenn Geld und Nahrung knapp waren, haben die Nordamerikaner ihre Tomaten, Bohnen und anderes Gemüse auf jedem verfügbaren Fleckchen Erde selbst angebaut. Damals machte sich niemand Gedanken darüber, ob der Platz der „richtige" sei. Während sich diese Einstellung in vielen Ländern der Erde bis heute erhalten hat, träumen die Menschen in den hoch industrialisierten Ländern leider zu oft von einem romantischen Gemüsegärtchen auf idealem Standort mit gutem Boden und möglichst gleich hinter dem Haus – aber von der Terrasse aus nicht zu sehen.

Ich muss zugeben, dass ich diesen Traum vom eigenen Garten auch geträumt habe, den ich in einen Mini-Bauernhof hinter dem Haus verwandeln wollte. Doch wenn ich mich jetzt auf meinem Dachgarten mit seinen zahllosen Kübeln umsehe und an meinen Anteil unseres hübschen Gemeinschaftsgartens denke, habe ich wohl alles richtig gemacht. Meine Gärten sind zwar keine eingezäunten Rechtecke in der Ecke eines großen Grundstücks und verteilen sich auf mehrere Standorte, aber sie reichen völlig aus. Das sehe ich jeden Tag auf meinem Tisch.

Jede Pflanze „will" wachsen und manche erkämpfen sich den nötigen Platz selbst unter schwierigen Bedingungen. Natürlich stellen die meisten unserer hoch gezüchteten Nutzpflanzen größere Ansprüche als die Feld-Wald-und-Wiesen-Unkräuter. Aber viele Kräuter und Gemüse sind zäh und ausdauernd genug, selbst an ungewöhnlichen Orten zu gedeihen. Haben Sie einen Vorgarten mit Rasen? Graben Sie einen Teil davon um und legen Sie Hochbeete an. Der Rasen war vermutlich ohnehin nie besonders dekorativ. Und wie sieht es mit dem nutzlosen Erdstreifen hinter der Garage aus? Wer sagt, dass die Grenze zum Nachbarn mit einer Hecke bepflanzt werden muss? Wie wäre es mit Mangold oder Purpurbasilikum? Oder stehen Sie mehr auf dem unglaublichen Lavendel? Viele solcher „ungeeigneten" Stellen haben großzügiges Sonnenlicht und sind ideal für mediterrane Arten. Gehen Sie in sich: Vielleicht hatten Sie den „idealen" Platz täglich vor Ihrer Nase!

Selbstverständlich gibt es auch Möchtegern-Gärtner, die tatsächlich kein Stück freier Erde haben. Dann bleiben immer noch Schösslinge, die sogar in einer dunklen Küche oder in Blumenkästen (siehe „Minibeete auf kleinstem Raum", Seite 14) gedeihen oder Töpfe mit Schnittlauch auf der Fensterbank (siehe „Genussgarten auf der Fensterbank", Seite 16). So winzig solche „Gärten" auch sein mögen, sie sind der Einstieg in einen echten Gemüsegarten. Vielleicht bietet sich später die Gelegenheit, ehrgeizigere Pläne jenseits der Fensterbank zu verwirklichen. Heute ist es noch ein einziger Topf mit Tomaten auf der Treppe, doch vielleicht blättern Sie schon bald mit erwartungsvollem Blick durch einen Samenkatalog und markieren interessante Angebote.

Dieses winzige, von Abfallhölzern zusammengehaltene Tomatenbeet fiel mir hinter einer Garage in einer Gasse von Toronto auf. Ästhetisch lässt es zwar zu wünschen übrig, aber es ist ein Garten. Solche Versuche inspirieren mich immer wieder, meinem eigenen Weg zur Selbstversorgung zu folgen. Auf jedem Grundstück, in jeder Wohnung finden sich Orte, wo wirklich jeder ein paar Nutzpflanzen ziehen kann.

Minibeete auf kleinstem Raum

Jeder, und ich meine wirklich jeder, kann frische Keimsprossen in seiner Küche ziehen – auf kleinstem Raum und bei schlechtem Licht. Sprossen sind voll gepackt mit allen möglichen guten Dingen: Antioxidantien, Enzyme, Vitamin C, Ballaststoffe und Proteine. Sie schmecken wunderbar zu Suppen, Salaten und auf Sandwichs.

Wo eine Fensterbank ist, ist Licht. Dort können Sie die Keimsprossen zu Mini-Sprösslingen heranwachsen lassen; eine Woche oder mehr reichen aus. Solche Miniaturpflanzen haben schon Blättchen gebildet und unterscheiden sich in Farbe, Geschmack und Biss von den Sprossen. In den Spitzenrestaurants geben die Sprösslinge vielen Gerichten erst den letzten Schliff. Aus eigener Ernte kosten sie fast nichts. Viele Samenhändler bieten bereits fertige Samenmischungen an, Sie können sich aber leicht eine persönliche Mischung selbst zusammenstellen (siehe unten).

Alle Samen, von den winzigsten Körnchen bis zu den großen Bohnensamen, keimen in Erde. Die beste Qualität finden Sie in Bioläden oder Samenhandlungen, die „Bio-Samen" verkaufen. Die Samen dürfen auf keinen Fall gegen Pilzbefall gebeizt worden sein.

Sie brauchen

- Samen
- Blumen- oder einen anderen Kasten (mindestens 10 cm tief) mit Dränagelöchern im Boden
- Pflanzerde
- Untersetzer ohne Löcher, um überschüssiges Wasser aufzufangen

Sprossen & Sprösslinge

Erdig
Blattsalat, Spinat, Sonnenblume, grüne Erbsen, Adzukibohnen, Brokkoli, Linsen, Alfalfa, Rote Bete, Kopfkohl

Würzig
Senf, Kresse, Daikon, Radieschen, Zwiebeln, Grünkohl, Rukola

Saftig
Weizengras, Alfalfa, Mungbohnen

Wie wird's gemacht?

1. Wenn die Samen bei Zimmertemperatur 4–8 Stunden in Wasser quellen, keimen sie schneller aus. Bohnen mit harten Schalen müssen länger quellen als kleine Samen.

2. Gießen Sie das Wasser ab und spülen Sie die Samen kurz mit frischem Wasser ab.

3. Füllen Sie den Kasten zu zwei Dritteln mit feuchter Pflanzerde. Glätten Sie die Erde; sie muss aber nicht völlig eben sein. Ein paar Buckel verderben die Ernte nicht.

4. Streuen Sie den Samen gleichmäßig aus und decken Sie eine dünne Schicht Erde darüber. Auf Seite 25 wird genauer erklärt, wie gesät wird.

5. Stellen Sie den Kasten in den Untersetzer und gießen Sie ihn vorsichtig. Der Kasten gehört an einen warmen Platz; die Erde sollte stets etwa so feucht wie ein Schwamm sein. Bis zur Keimung brauchen die Samen kein Licht. Die Keimzeiten richten sich nach der Pflanzenart: Radieschen, Kresse, Kohl und Senf keimen in 4–8 Tagen, Sonnenblumen und Zwiebeln brauchen 10–14 Tage.

6. Sobald die Keimsprossen aus der Erde ragen, wird der Kasten auf eine sonnige Fensterbank gestellt. Die Erde muss weiter feucht sein, darf aber nicht nass werden.

Ernte: Keimsprossen können sofort geerntet werden, sobald sie aus der Erde schauen. Schneiden Sie sich Ihren Bedarf mit einer scharfen Schere ab. Nach ein paar Tagen bis zwei Wochen sind die grünen Mini-Sprösslinge erntereif (wenn sie vier und mehr Blattpaare gebildet haben).

Nach der Ernte: Sie können so lange ernten, bis keine neuen Pflanzen mehr austreiben. Weizengras kann mehrfach abgeschnitten werden. Danach wird der gesamte Kasteninhalt kompostiert – auf ein Neues (Seite 46).

Fröhliches Recyceln: Statt ständig neue Plastiktöpfe zu kaufen, recyceln Sie einfach Joghurtbecher, Margarine- und andere Dosen. Bohren Sie ein paar Löcher in den Boden, stellen Sie den Deckel als Untersetzer darunter und los geht's.

Hydrokultur: Das Keimen im Einweckglas oder auf einer feuchten Unterlage ist in Verruf gekommen, weil die Gefahr von *E. coli* und Salmonellen droht. Es ist in der Tat nicht leicht, die Sprosse vor Bakterien und Pilzen zu schützen. Wenn Sie sich für den Kasten mit Erde entscheiden, sind sie auf der sicheren Seite.

Genussgarten auf der Fensterbank

Kräuter, Grünzeug, Salate, essbare Blüten und sogar Chili gedeihen bestens in einem Blumenkasten auf der Fensterbank. Vor allem im Sommer, wenn die Tage länger und die Temperaturen höher werden, sind Fensterbänke perfekte Standorte. Im Schatten können Sie der Sonne mit künstlichem Licht – professionelle Pflanzenlampen, zur Not auch einfache Lampen mit Tageslichtcharakter – auf die Sprünge helfen.

Die Pflege

Pflanzen im Blumenkasten halten nicht ewig. Verlängern Sie die Lebensdauer durch regelmäßiges Gießen, gute Dränage und so viel Licht wie möglich. Gießen Sie immer dann, wenn die Erde etwa 2–3 cm unter der Oberfläche auszutrocknen beginnt. Wie oft die Gießkanne nötig ist, hängt von der Situation ab: Kästen und Töpfe an einem warmen, sonnigen Fenster oder über der Heizung trocknen schneller aus als ein Kasten am Nordfenster. Bevor Sie also zur Gießkanne greifen, erst den Finger in die Erde stecken und die Feuchtigkeit in 2–3 cm Tiefe prüfen.

Pflanzen, die in feuchter Atmosphäre wachsen, kommen im Sommer besser über die Runden. Erhöhen Sie die Luftfeuchtigkeit durch regelmäßiges Besprühen oder stellen Sie die Töpfe in eine Wasserschale mit Kieselsteinen.

Vorbeugung gegen Schädlinge und Krankheiten

Im Winter dürfen die Kästen nicht gedüngt werden. Die Tage sind zu kurz und die Pflanzen würden im schwachen Licht schwache, schüttere Triebe bilden. Schneiden Sie die Pflanzen lieber regelmäßig zurück, damit sie kompakt und buschig wachsen.

Welche Pflanzen?

Nebeneinander im selben Gefäß dürfen nur Pflanzenarten mit denselben Ansprüchen an ihre Umgebung wachsen. So lieben mediterrane Kräuter, wie Oregano, Majoran, Salbei und Thymian, direkte Sonne und gut durchlässige Erde. Auch die verschiedenen Salate passen gut zusammen, während Chili in einen eigenen Topf gehört.

Greifen Sie beim Zimmergarten möglichst auf vorgezogene Pflänzchen zurück – das erleichtert die Arbeit und geht am schnellsten. Nur Basilikum, Ringelblume, Veilchen, Stiefmütterchen und Koriander lassen sich problemlos auch aus Samen ziehen. Auch bei allen Formen von Schösslingen und Salaten sind Samen die bessere Wahl.

Welche Pflanzgefäße?

Dank ihrer schmalen, langen Form sind handelsüblige Blumenkästen ideal für die Fensterbank. Stöbern Sie aber ruhig in Geschäften und auf Märkten nach hübschen Alternativen, wie den quadratischen Töpfen auf der Abbildung. Kästen und Töpfe sollten allerdings mindestens 15 cm hoch sein; sie müssen Dränagelöcher am Boden haben und auf passenden Untersetzern stehen. Je höher der Topf, desto größer ist die Chance, dass Pflanzen lange durchhalten. Bei Töpfen ohne Bodenlöcher behelfen Sie sich mit einer 2–3 cm hohen Bodenabdeckung aus Kies oder Tonscherben, die als Wasserreservoir dienen. In diesem Fall müssen Sie aber sehr kontrolliert gießen, damit die Wurzeln nicht ertrinken – sinnvoll allenfalls für kurzlebige Arten.

1. Füllen Sie die angefeuchtete Erde bis etwa 5–10 cm unter den oberen Rand ein.

2. Bohren Sie für jedes Pflänzchen oder Ableger ein eigenes Loch in die Erde.

3. Nehmen Sie die Pflänzchen aus ihren Containern und setzen Sie sie in das neue Gefäß ein. Lassen Sie zwischen den Pflanzen genügend Platz, damit sich Wurzeln und Blätter ausbreiten können. In einen Kasten von 30 x 15 cm passen drei normalgroße Pflanzen.

4. Füllen Sie die restliche Erde ein; achten Sie darauf, dass umgetopfte Pflanzen nicht tiefer stehen als vorher. Der Wurzelhals – dort treffen sich Spross und Wurzel – muss gerade frei liegen. Zwischen Oberkante, Kasten und Erde bleibt ein etwa 3–5 cm großer Abstand für das Gießwasser.

5. Gießen Sie so lange Wasser nach, bis es unten aus den Löchern heraustropft.

Für Fensterbänke in voller Sonne:
- Thymian
- Oregano
- Salbei
- Majoran
- Chili (versuchen Sie die winzigen 'Chinese Ornamental' oder die wüchsige Sorte 'Red Rocoto')
- Basilikum (vorzugsweise kompakte Sorten wie 'Purpurbasilikum')
- Petersilie
- Kresse
- Ringelblume

Für Fensterbänke mit leichtem Schatten:
- Minze
- Schnittlauch
- Kopfsalat
- Spinat
- Petersilie
- Thymian
- Mizuna
- Winterportulak
- Veilchen und Stiefmütterchen

Platz ist überall

Wenn das Verlangen nach einem Garten größer ist als der Platz auf der Fensterbank, müssen Auswege her. Aber wohin mit den Pflanzen, wenn man keinen eigenen Garten hat? Sie könnten eine Gartenfläche pachten oder ein freies Stück Land mit Nachbarn und Freunden als Gemeinschaftsgarten bewirtschaften.

Gemeinschaftsgarten

In einigen Großstädten hat sich die Idee des Gemeinschaftsgartens bereits durchgesetzt. Die Stadt stellt Grundstücke zur Verfügung, die von Gartengemeinschaften genutzt werden. Die Pflege des Gesamtgartens übernimmt die Gemeinschaft, doch jedes Mitglied der Gemeinschaft bewirtschaftet auch sein privates Stückchen Gartenland. Anders als Schrebergartenkolonien – mit langjährigen Pachtverträgen und einer festen Satzung – sind Gemeinschaftsgärten lockerer organisiert und eher auf kurzfristige Nutzung angelegt.

Sollte es in Ihrer Gemeinde keine Gemeinschaftsgärten geben, schließen Sie sich mit ein paar Gleichgesinnten zusammen und erkundigen Sie sich bei der Gemeinde nach einem Stück Brachland – vielleicht haben Sie Glück.

Gärten auf der Straße

Auf Asphalt wachsen natürlich keine Pflanzen, aber an vielen Stellen – Mittelstreifen, Seitenstreifen, Bürgersteige, Baumscheiben, unbebaute Grundstücke – in der Stadt liegt nackte, ungenutzte Erde brach, die von Unkräutern erobert wird. Selbst solche „trostlosen" Flächen lassen sich eingeschränkt als Garten nutzen. Ähnlich wie eine Hausbesetzung ist auch diese Flächenbesetzung nicht legal, aber es muss ja nicht gerade der Mittelstreifen einer viel befahrenen, vierspurigen Schnellstraße sein. In Wohngebieten finden sich überall ruhige, nicht genutzte Ecken, die Platz für ein paar Samen bieten.

Schon immer hat es „Guerilla-Gärtner" gegeben, die Blumensamen in eine Baumscheibe gesät und dann sich selbst überlassen haben. Wer ein öffentliches Stück Erde sinnvoll nutzen möchte, beweist zumindest, dass er bereit ist, Verantwortung zu übernehmen. Sie sollten allerdings bedenken, dass Gemüse auf der Höhe von Auspuffgasen nicht unbedingt erstrebenswert ist. Aber vielleicht können Sie Ihre Nachbarn davon überzeugen, dass ein vernachlässigter Grünstreifen neben dem Bürgersteig als Wildblumenbeet viel freundlicher aussähe. Zur Sicherheit empfiehlt sich ein Anruf bei der Gemeindeverwaltung, denn was nützt das schönste Blumenbeet, wenn Sie sich dafür eine Anzeige einhandeln.

Vom Traum zum Plan

Lange Zeit galt der Kleingarten als spießig und kleinbürgerlich – praktisch und nützlich, aber gut versteckt hinter dem „richtigen" Garten. Hinter hübschen, nicht essbaren Blumen wuchsen die Salate und Gemüse auf einem sonnigen, aber unsichtbaren Fleckchen Gartenerde.

Nutzpflanzen als Zierpflanzen

Inzwischen hat sich unsere Einschätzung total geändert, denn gerade die traditionellen, alten Gemüsesorten haben hübsche Farben und sehen prächtig aus. Endlich erhalten der früher heiß geliebte Mangold und der Grünkohl wieder die Aufmerksamkeit, die sie verdienen. Moderne Gartengestalter werfen alte Vorurteile über den Haufen und setzen essbare Pflanzen neben die Zierpflanzen in den Vordergrund der heiligen Staudenrabatte. Außerdem hat sich gezeigt, dass sich viele Blüten auch im Essen gut machen. Sie sehen als Zutat zum Hauptgericht oder im Dessert nicht nur gut aus, sondern schmecken köstlich und sind nahrhaft. Gärtner mit wenig Platz müssen sich nicht mehr zwischen Schönheit und Nützlichkeit entscheiden, sie können die Blumenpracht genießen *und* sie aufessen!

Essbare Zutaten im Garten

Die einfachste Möglichkeit, Nutzpflanzen im Garten unterzubringen, bietet das Blumenbeet. Pflanzen Sie an Stelle von Ziergräsern oder Purpurglöckchen dekorative Gemüsesorten: Roter Mangold 'Rhubarb Chart' oder Grünkohl 'Redbor' sind während der Wachstumsphase ein wunderbarer Ersatz für Funkien und Buntnesseln. Hoher Dill mit seinen fedrigen Blättern und der metallische Bronzefenchel duften nicht nur aromatisch, sondern stechen die unverdaulichen Astilben auch optisch aus. Wenn Sie Nutzpflanzen als Blattschmuck einsetzen, sparen Sie sogar Geld.

Die großen Artischocken setzen genauso faszinierende Blickpunkte wie Zierdisteln und belohnen Sie am Ende der Vegetationsperiode mit den leckeren Blütenböden. Wenn Sie ganz gewöhnlichen Porree über Winter im Beet stehen lassen, treibt er im Frühling mit einem farbigen, kugelförmigen Blütenstand aus – ein preiswerter Ersatz für den teuren Zierlauch (*Allium giganteum*). Japanischer Basilikum (Shiso) oder Basilikum 'Dark Opal' übernehmen mit ihren roten Blättern an einem sonnigen Standort die Aufgabe der Blattschmuckpflanzen und liefern das Aroma für Tees und Pesto. Von vielen Arten sind panaschierte Sorten im Handel, die meist die Bezeichnung 'Variegata' tragen (Paprika, Minze, Oregano); auch die Kapuzinerkresse (*Tropaeolum* 'Alaska Mix') hat panaschierte Blätter. Es gibt sogar Tomaten mit weiß-grün panaschierten Blättern. Die Früchte gibt es gewissermaßen als Bonus nach dem Blattschmuck.

Linke Seite: Prachtvoller Purpurbasilikum 'Purple Ruffles'.

Oben links: Erdbeeren, Veilchen und Purpurbasilikum 'Purple Ruffles' teilen sich einen Erdbeertopf im Frühling.

Oben: Farbige Bohnen verschönern einen Zaun.

Links: Stattlicher Amaranth und Mangold schmücken einen sonnigen Randstreifen.

Der zeitgemäße Gemüsegarten

Gemüse als hübscher Blattschmuck zwischen den Blumen ist aber erst der Anfang. Planen, dekorieren und organisieren Sie gerne? Dann machen Sie sich an die Arbeit und gestalten Sie den gesamten Küchen- oder Gemüsegarten als Ziergarten. Die historischen Gemüsegärten waren formal aufgebaut, mit geometrisch angeordneten, rechteckigen Beeten. Doch was spricht dagegen, das Gemüse heute in lockeren Gruppen, Bögen oder Spiralen zu pflanzen? Die Kombination aus Nutzpflanzen und guten Nachbarn (siehe Seite 34) sieht nicht nur gut aus, sondern hilft auch, den Garten gesund zu halten.

Säumen Sie Ihren Gemüsegarten mit bunten, niedrigen Salaten, Kapuzinerkresse, Kamille, Thymian, Erdbeeren, krauser Petersilie oder Veilchen als Blickfänge. Oder halten Sie sich an traditionelle, rechteckige Beete, die von sauber beschnittenen Hecken aus Rosmarin, Lavendel oder Blaubeeren eingefasst werden.

Beziehen Sie die dritte Dimension mit ein: Rankgitter aus Holz oder Stangenzelte aus Bambus dienen als Kletterhilfe für hohe Stangenbohnen, Erbsen oder Tomaten. Konstruieren Sie eine organische Form aus abgeschnittenen Zweigen oder stabilen Ranken. Pflanzen Sie Salat, Thymian oder Purpurbasilikum 'Purple Ruffles' darunter, um den Boden zu schützen und Unkraut zu unterdrücken – Bodendecker erleichtern die Arbeit.

In kleinen Gärten spart „vertikales" Gemüse sehr viel Platz; es verkleidet Zäune und dient als Sichtschutz. Entscheiden Sie sich für problemlose, wüchsige Arten, wie mexikanische Minigurken (Melothria scabra) mit zierlichen Blättern und kleinen, sehr leckeren Früchten oder Feuerbohnen mit leuchtend roten Blüten und großen, hängenden Hülsen. Eine Reihe Topinambur wächst zu einem lebenden Sichtschutz aus 3 m hohen Pflanzen mit sonnenblumenartigen Blüten heran. Lassen Sie Hopfen (Humulus lupulus) über Stangen oder einen Zaun zu einem Schirm wachsen; die jungen Triebe werden im Frühling wie Spargel zubereitet. Da sich Hopfen extrem stark ausbreitet – wer Hopfen im Garten hat, wird ihn nie wieder los –, sollten Sie seinen Ausbreitungsdrang gehörig eindämmen: Pflanzen Sie ihn daher in einen großen Kübel.

◀ Zweige vom letzten Gehölzschnitt als Kletterhilfe für Erbsen.

Die leuchtend rosa Blüte dieser Knollenbegonie bringt den Topf zum Strahlen; außerdem ist sie essbar. Die saftigen Blütenblätter schmecken sauer wie Zitronen und lassen sich entsprechend verwenden. ▶

Kapitel 2: Pflanzen besorgen

Ohne Pflanzen geht selbstverständlich gar nichts. Im Idealfall kaufen Sie fertige Pflänzchen im Container, doch die nackte Erde in einem neuen Garten vollständig zu begrünen, kann eine ziemlich teure Angelegenheit werden.

Neben dem Gartencenter gibt es zum Glück Möglichkeiten, um kostenlos oder gegen einen minimalen Beitrag an Pflanzen zu kommen. Viele Gärtner geben überzählige Pflanzen lieber ab, statt sie zu kompostieren. Erkundigen Sie sich in der Nachbarschaft und suchen Sie gleich gesinnte Freunde, auch das Internet und lokale Anzeigeblätter können hilfreich sein. Statt alle Samen aus einer Tüte aufzubrauchen – bei vielen Sorten brauchen Sie ohnehin nur ein paar Samenkörner – kaufen Sie besser als Gruppe ein und teilen den Inhalt der Samentüten. Schließlich bietet sich auch das Teilen von Pflanzen an (siehe Seite 31).

Ungewöhnliche Jungpflanzen zu kleinen Preisen finden Sie manchmal auf Bauernmärkten, im Direkt-verkauf ab Hof, bei Ausstellungen oder sogar auf normalen Märkten.

Der sicherste Weg zu einem guten Grundstock an Pflanzen ist die Aussaat, denn Samen lassen sich einfach und sicher per Post bestellen. Selbst sehr begehrte, gute Sorten kosten vergleichsweise wenig, wenn man die Kosten für eine Tüte auf die Pflanzen umrechnet. Es gibt jede Menge Anbieter, deren bunte Kataloge wirklich jeden Wunsch erfüllen. Wenn Sie die Bestellung per Internet erledigen, sparen Sie viel Papier. Allerdings kann es sehr sinnlich sein, mit einem Samenkatalog in der Badewanne zu liegen und die gewünschten Sorten mit einem Textmarker zu markieren.

Vom Samen zur Pflanze

Auf manchen Samentüten stehen Bezeichnungen, wie „reinerbige alte Kultursorte", „offene Bestäubung" oder „Hybride". Reinerbig und offene Bestäubung bedeutet, dass die Blüten der Pflanzen natürlich bestäubt werden – ihre Samen lassen sich wieder aussäen. Alte Kultursorten sind bewährte Zuchtformen, die seit vielen Generationen immer wieder verwendet wurden. Die Samen einer einzigen Paprika-, Tomaten- oder Melonenpflanze reichen völlig aus, um im nächsten Jahr neu zu starten (den Rest geben Sie an Freunde ab). Die Hybriden (meist mit „F1" bezeichnet) sind dagegen nicht natürlich entstanden. Sie wurden gezielt durch Kreuzung aus verschiedenen Eltern gezüchtet, um bestimmten Ansprüchen zu genügen, beispielsweise Krankheits- oder Schädlingsresistenz. Sofern sie überhaupt Samen bilden, wächst daraus nicht die Kultursorte: Sie müssen Jahr für Jahr neue F1-Samen kaufen.

Das brauchen Sie

Samen gedeihen in allem, was Erde hält und wo überschüssiges Wasser aus Löchern ablaufen kann. Die billigsten Töpfe finden Sie nicht im Gartencenter, sondern in ihrer Einkaufstüte: Verschwenden Sie kein Geld auf Minigewächshäuser aus Plastik, recyceln Sie besser kleine Plastiktöpfe (Joghurt, Margarine, Quark). Sie müssen nur ein paar Löcher in den Boden bohren und ihre „Töpfe" in einen wasserdichten Untersetzer stellen. Säen Sie darin Salat und Zwiebeln aus. Schneiden Sie eine Plastikflasche in der Mitte durch und stecken Sie die obere Hälfte mit dem Flaschenhals nach unten in die mit Wasser gefüllte untere Hälfte: Ein simples Keimbeet, das sich auch noch selbst bewässert.

Die ersten Tage im Leben eines Sprösslings sind besonders wichtig für die spätere Gesundheit der Pflanze. Im Zimmer ausgesäte Pflanzen sind anfälliger gegen Krankheiten als im Freiland gesäte Exemplare. Der junge Keimling braucht Licht, Luft und einen feuchten, aber nie nassen Boden, der seinen Ansprüchen gerecht wird (Anzuchterde). Vergessen Sie auf keinen Fall, die kleinen Container zu beschriften, sonst fragen Sie sich beim Auspflanzen, welche Sorte Sie eigentlich eingesät hatten. Unterschiedliche Arten werden Sie zwar mit etwas Erfahrung erkennen, doch die meisten Sorten einer Art sehen sich sehr ähnlich. Ich bastele mir Schildchen aus Zahnstochern mit Fähnchen aus Klebeetiketten. In kleinen Töpfen sehen Mundspatel oder die farbigen Stiele von Lollies attraktiv aus (ein Farbencode erhöht den Wiedererkennungswert).

Säen und Pflanzen

Wie und wann ausgesät wird, richtet sich nach der Pflanzenart. Einige Arten müssen schon drei Monate vor den letzten Spätfrösten im Zimmer ausgesät werden, andere Samen kommen gleich im Frühling ins Freiland. Da sich niemand alle Termine merken kann, ist es mehr als sinnvoll, einen Zeitplan aufzustellen (Seite 202). Darin ist aufgeführt, wann welcher Samen in die Töpfe gesät und wann er ausgepflanzt wird. Der beste Plan nützt natürlich nichts, so lange er in der Schublade liegt – er gehört an eine gut sichtbare Stelle in der Wohnung. Auch wenn Ihnen das Ausfüllen der Liste lästig erscheint, eine gute Planung zahlt sich aus, wenn später alles reibungslos und ohne langes Grübeln abläuft.

Erbsen, Kopf- und andere Blattsalate, Bohnen und einige andere Sorten gedeihen am besten, wenn sie direkt an Ort und Stelle gesät werden, entweder im Garten oder im Topf. Mit der Direktsaat vermeiden Sie auch das lästige Hin und Her mit Töpfen und Töpfchen für die Keimpflanzen in Küche und Schlafzimmer. Im Teil 2 dieses Buches finden Sie genaue Informationen über die Aussaat der einzelnen Sorten.

Je nach Pflanzenart werden die Samen unterschiedlich tief in die Erde gesteckt; im Zweifelsfall hilft die Faustregel: Die Erdschicht über dem Samen ist so dick wie die/der Länge/Durchmesser der Samen.

Winzige Samen werden oberflächlich ausgestreut und gerade eben mit Erde bedeckt, während Sie für dicke Samen jeweils ein passendes Loch in die Erde drücken. Also, keine Panik. Zur Not helfen die Informationen auf den Samentütchen.

Gehen Sie bei Anzucht im Zimmer folgendermaßen vor: Füllen Sie den Topf mit feuchter Erde bis 2 cm unter den oberen Rand. Drücken Sie die Erde mit den Fingern oder einem anderen Topf leicht an. Sollten die Dränagelöcher zu groß sein, legen Sie den Boden mit Zeitungspapier aus. Jetzt kommen die Samen hinein, maximal zwei Samen für einen 10 cm breiten Topf. In einer großen Samenschale oder im Freiland folgen Sie den Anweisungen auf der Packung. Achten Sie darauf, die Samen mit möglichst gleichem, angemessenem Abstand auszusäen. Töpfe und Schalen kommen an einen warmen Standort. Während die Samen keimen, muss die Erde etwa so feucht wie ein ausgewrungener Schwamm sein. Die Keimzeiten unterscheiden sich je nach Art; es bringt nichts, die kleinen Babys ständig freizuscharren und nachzusehen.

Pflänzchen aus der Klorolle

Vergessen Sie Torfpellets und Jiffy-Töpfe; sie sind pure Geldverschwendung. Ich schlage als grüne Alternative einen Sack Anzuchterde und eine Handvoll Klorollen vor. Sie bieten dieselben Vorteile wie gekaufte Produkte und würden ohnehin in der Papiertonne landen. Dieser Trick eignet sich besonders gut für die Samen von Bohnen und Sonnenblumen, die sich nur ungern umpflanzen lassen.

1. Stellen Sie drei, fünf oder sieben Rollen eng zusammen auf eine Schale.

2. Wickeln Sie eine Schnur darum, damit sie nicht umkippen.

3. Füllen Sie die Rollen mit angefeuchteter Erde bis fast nach oben und drücken Sie die Erde mit den Fingern fest.

4. Setzen Sie einen Samen in jede Rolle und gießen Sie wenig.

5. Wenn das Keimpflänzchen ausgepflanzt werden kann, rollen Sie vorsichtig das Papier der Rolle bis auf einen kleinen Rest ab. Dann versenken Sie die gesamte Rolle in die Erde.

Die Babys wachsen

Sobald sich die ersten Blättchen zeigen, werden Deckel oder Folien über den Samentöpfchen entfernt. Jungpflanzen brauchen nicht nur Licht und Wasser, sondern auch eine gute Luftzirkulation.

Im Freien ist die Belüftung kein Problem, aber in unseren gut isolierten Häusern steht die Luft meist still – perfekte Bedingungen für die Umfallkrankheit (Seite 72), für die Jungpflanzen besonders anfällig sind. Ein elektrischer Miniventilator senkt das Risiko stehender, feuchter Luft.

Frisch ausgekeimte Pflänzchen brauchen Licht – täglich mindestens 12–16 Stunden Sonnenlicht – oder Neonlicht rund um die Uhr aus Röhren 5–10 cm über den Pflänzchen. Die Lampen müssen so tief hängen: Ist der Abstand zu groß, wachsen die Pflanzen mit dünnen Stängeln dem schwachen Licht entgegen. Im Notfall tut es auch eine Fensterbank nach Süden, doch im Frühling sind die Nächte noch kalt und das Sonnenlicht zu schwach. Besorgen Sie sich eine preiswerte Lampe für zwei Röhren (kaltes weißes und warmes weißes Licht) und hängen Sie die Lampe an einer Kette über den Keimpflänzchen auf. Eine Alternative: Stellen Sie die Töpfe auf gestapelte Steine oder Telefonbücher und verringern Sie nach und nach die Stapelhöhe.

Jungen Keimlingen geht es wie Hühnereiern: Sie enthalten alle Nährstoffe, die sie brauchen, um Keimblätter zu bilden, die ersten Blättchen einer neuen Pflanze. Zur Bildung der ersten richtigen Blätter (Primärblätter) ist dann Licht nötig. Sobald die Keimblätter kümmern und absterben, vertragen die Jungpflanzen etwas Dünger. In spezieller Anzuchterde sind die Nährstoffe vorhanden, alle anderen Erden werden jetzt mit einem Teelöffel Wurmkompost und Algendünger verbessert (Seite 65), um den Babys einen besseren Start zu geben.

Da fast immer mehr Samen keimen als erwartet, hilft nur brutale Auslese: Zupfen Sie zu dicht stehende Keimpflänzchen möglichst früh aus, bevor sie Seitenwurzeln gebildet haben – dann lassen sie sich leicht aus der Erde ziehen. Das ist wirklich keine angenehme Arbeit; auch ich würde die überschüssigen Pflänzchen am liebsten ausgraben und an anderer Stelle wieder einpflanzen. Keine Chance! Die Gefahr, dabei die anderen zu verletzen, wäre zu groß. Wollen Sie wirklich den Erfolg ihrer Mühe riskieren, nur um ein paar Keimlinge zu retten? Wenn das Auszupfen zu schwierig ist, schneiden Sie überzählige Pflanzen mit einer Schere dicht über dem Boden ab. Die zarten Schösslinge von Mangold, Grünkohl, Blattsalaten, Rote Bete, Möhren und Zwiebeln können Sie als aromatische Zutat zu Salaten verwenden. Statt Ressourcen zu vernichten, nutzen Sie den Überschuss als frühe Ernte!

Oben links: Diese Keimpflänzchen der Zwiebeln können umgepflanzt werden.

Oben rechts: Die Tomate wurde nicht richtig abgehärtet und ist im Freiland erfroren.

Links: Vergessen Sie niemals, die Aussaat zu beschriften; aus Mundspateln lassen sich preiswerte Namensschilder basteln.

Raus ins Freie

Wann eine Pflanze ihr warmes Plätzchen im Anzucht-
topf verlassen und in die große, weite Welt draußen
umziehen muss, richtet sich nach der Sorte. Einige
Arten dürfen sofort nach den letzten Spätfrösten ins
Freie, andere müssen vor oder nach diesem Datum
ausgepflanzt werden. Richten Sie sich nach den
Angaben zu den einzelnen Pflanzen.

Ehe sie dauerhaft draußen wachsen können,
müssen alle Keimpflanzen unbedingt abgehärtet
werden. Dabei gewöhnen sie sich nach den warmen,
gleichmäßigen Temperaturen im Zimmer langsam an
das wechselhafte Wetter im Freien. Werden sie ohne
Abhärtung ausgepflanzt, erleiden vor allem empfindliche Pflanzen einen Schock und könnten absterben –
all die Mühe für den Kompost.

1. Wenn die Temperaturen hoch genug sind, werden die
   Keimpflanzen mit ihren Töpfen jeweils für kurze Zeit
   täglich an einen geschützten Ort ins Freie gestellt.

2. Verlängern Sie die Zeit im Freien im Laufe von etwa
   zwei Wochen nach und nach.

3. Auch Sonnenpflanzen müssen so lange im Schatten
   stehen, bis sie sich an das hellere Licht im Freien
   gewöhnt haben.

Pflanzen vermehren

Wenn ich neue Pflanzen aus Stecklingen ziehe, komme ich mir regelmäßig wie ein aufmüpfiger Rebell vor. Ist dieser billige und einfache Weg zu mehr Pflanzen nicht irgendwie unfair?

Minze, Basilikum, Duftpelargonien, Lavendel, Thymian, Rosmarin, Zitronenstrauch, Oregano und einige andere Arten wurzeln besonders leicht. Schneiden Sie einen Stängel dicht unterhalb eines Blattansatzes mit einer Schere schräg ab. Zupfen Sie das unterste Blattpaar ab und stellen Sie den Steckling in ein Glas Wasser: In weniger als einer Woche erscheinen die ersten Wurzeln. Wenn Sie sich mit ein paar Freunden zusammentun und Stecklinge tauschen, profitieren alle: In kurzer Zeit hat jeder ein breites Spektrum von Pflanzenarten.

Töpfe säubern: Solange sie intakt sind, können Sie gebrauchte Töpfe immer wieder neu verwenden. Spülen Sie die Töpfe in heißem Wasser mit Seifenlauge aus. Geben Sie ein paar Verschlusskappen Essig, Desinfektions- oder Bleichmittel mit Wasserstoffperoxid hinzu, damit sie sauber und steril für die nächste Samengeneration sind.

Umgang mit den Pflänzchen: Fassen Sie möglichst nur die Blätter, nicht den Stängel an. Beschädigte Blätter wachsen nach. Wird dagegen der Stängel beschädigt – das war's.

Kapitel 3: Ab hier geht's los

Bevor Sie richtig loslegen, müssen Sie sich darüber klar werden, wie Sie den Platz in Ihrem Garten nützen möchten. Klingt nicht besonders aufregend? Sie brennen darauf, Erde zu kaufen und sich die Hände schmutzig zu machen und jetzt sollen Sie erst planen?

Dennoch, nehmen Sie sich die Zeit, selbst wenn sich dabei herausstellen sollte, dass Sie Ihre Vorstellung eines idealen Gartens nicht verwirklichen können. Nur wenn Sie verstehen, wie Sonne, Boden und Lage Ihres Grundstückes den Pflanzenwuchs beeinflussen, und Sie dieses Wissen konkret umsetzen, wird aus einem Plan auf dem Papier ein echter, blühender Garten.

Ein realistischer Plan zeigt auf, wo Sie sich einschränken müssen und wie Sie das Beste aus den Vorzügen Ihres Gartens machen können. Jammern Sie nicht über die Nachteile, sondern denken Sie positiv: In welche unerwartete Richtung könnte sich Ihr Garten entwickeln, wenn Sie mit und nicht gegen seine Natur arbeiten?

So sind die Lichtverhältnisse

Volle Sonne: Täglich sechs und mehr Stunden der direkten Sonne ausgesetzt.

Halbschatten: Täglich vier bis sechs Stunden der direkten Sonne ausgesetzt.

Die Exposition

Der beste Platz für einen Gemüsegarten ist eine Fläche in voller Sonne. Leider gibt es immer wieder Gärtner, die hoffen, Gemüse im schwachen Licht von Baumschatten oder vor einem Nordfenster zu ziehen – vergessen Sie's, keine Chance. Akzeptieren Sie Schattenflächen als Schatten und verzichten Sie dort auf Gemüse. Damit ersparen Sie sich Enttäuschungen, denn im Schatten gedeihen praktisch keine essbaren Pflanzen. Es gibt zwar einige Gemüsesorten und Kräuter, die ein gewisses Maß an Halbschatten tolerieren, doch bei Sonnenmangel müssen Sie mit geringerer Ernte rechnen. Gehen Sie daher besser auf Nummer Sicher: Beobachten Sie den Tagesgang der Sonne während der Jahreszeiten. Natürlich ist ein nach Süden zu gelegener Garten günstig, aber manchmal machen ein hoher Zaun, Gebäude oder Bäume aus dem Vor- wieder einen Nachteil. Legen Sie Dauerbeete und -kübel an der Stelle mit den besten Lichtverhältnissen an; ideal ist gutes Vormittagslicht.

Auch Wind und Luftaustausch werden durch die Exposition beeinflusst. Gemüsegärten, die starken Winden ausgesetzt sind, profitieren von einem guten Windschutz. Stellen Sie sich eine kühle Brise auf Ihrer Haut vor und dann, wie sich kräftig böige Winde in ihrem Gesicht anfühlen. Ähnlich geht es den Pflanzen. Eine leichte Brise sorgt für guten Luftaustausch und regelt die Temperatur, doch starke Winde werden durch Engstellen zwischen Häusern wie in einem Trichter gebündelt. Sie schütteln die Pflanzen gründlich durch, trocknen den Boden aus, werfen Töpfe um und brechen Zeige ab. Bäume, Sträucher, hohe Pflanzen und Mauern

sind zwar gute Windbrecher im Garten, doch für Balkone und Dachgärten gelten andere Regeln. Dort müssen Sie einen Windschutz einrichten, der den Luftstrom stört und bricht: Errichten Sie Rankgitter oder Zäune mit großen Maschen und setzen Sie die Pflanzen gruppenweise ein. Pflanzen Sie robuste Arten als zusätzlichen Schutz direkt hinter den Windschutz; empfindliche kommen ganz nach vorn.

Gebäude, Mauern und hohe Bäume lenken nicht nur den Windstrom um, sie schaffen auch innerhalb einer kleinen Fläche wechselnde Schatten- oder Sonnenflecke. Für das Mikroklima sind außerdem Autos, Teiche, Fußwege, Ziegelsteinmauern, Zäune oder andere Elemente verantwortlich. Ziegelsteine speichern die Wärme und eignen sich bestens als Hintergrund für Gurken oder Tomaten. Andererseits kann der kühle Schatten unter einem vorspringenden Balkon einen

Topf im Hochsommer vor dem Austrocknen bewahren und damit die Ernte verlängern. Wenn Sie erst verstanden haben, welches Mikroklima wo in ihrem Garten herrscht, können Sie zu Ihren Gunsten das Beste daraus machen.

Pflanzen Sie essbaren Windschutz

- Artischocken
- Brombeeren
- Grünkohl
- Heidelbeeren
- Himbeere
- Mais
- Mangold
- Rosmarin
- Stangenbohnen
- Topinambur

Die Kunst der Anordnung: Wie, wo und wann?

Tatsächlich ist die Anordnung der Pflanzen innerhalb einer Fläche fast so wichtig wie die Lage der Fläche im Garten. Säen oder pflanzen Sie die Pflanzen zu eng, konkurrieren sie um Wasser, Nährstoffe und Wurzelraum. Die Blätter überlappen und beschatten sich gegenseitig. Damit steigt die Luftfeuchte im Bereich der Pflanzen und die Anfälligkeit gegenüber Krankheiten an. Die Pflanzen so weit wie möglich auseinander zu setzen, ist allerdings auch keine sinnvolle Lösung: Je weniger Pflanzen pro Fläche wachsen, desto geringer fällt die Ernte aus. Eine leichte Beschattung ist durchaus sinnvoll. Der Boden bleibt kühler und trocknet nicht so schnell aus – gut für das Mikroklima und weniger Arbeit für Sie!

Wer soll mein Nachbar sein? Begleitpflanzen

Die Anordnung von Pflanzen und ihren Nachbarn ist so trickreich wie der Sitzplan einer großen Hochzeitsgesellschaft. Wer Streitgespräche (und Ärger) vermeiden möchte, überlegt sich besser vorher, wer neben wem sitzt. Der erzkonservative, katholische Onkel neben Schwägerin Sandra – eine bekennende Befürworterin der PID – wäre sicher keine gute Idee. Im Beet geht es aber um mehr als Diplomatie: Die Pflanzen einer Pflanzengesellschaft beeinflussen sich gegenseitig zu gegenseitigem Nutzen. Diese Kooperation funktioniert teilweise sogar noch, wenn geeignete Partner nicht im selben Boden, sondern nebeneinander in Töpfen wachsen.

Wenn Sie Pflanzen in Gruppen statt in Reihen anordnen, wachsen mehr Exemplare auf derselben Fläche, ohne dass Chaos entsteht. Stellen Sie sich das Beet als Schachbrett vor und verteilen Sie die Pflanzen in 3–2–3 oder 2–3–2 Mustern (nur auf die „weißen" oder „schwarzen" Felder):

Die Nachbarn ziehen um: Fruchtfolge

Die Fruchtfolge ist eine Art langfristige Reise nach Jerusalem im Garten. Jede Pflanzenart ist anders, braucht andere Nährstoffe, zieht andere Krankheiten und Schädlinge an. Wenn auf derselben Fläche Jahr für Jahr die gleichen Pflanzen wachsen, wird der Boden einseitig ausgelaugt. Computer-User kennen das Problem von ihrem Drucker: Wer immer nur Bilder mit viel Rot ausdruckt, hat bald eine leere Rotpatrone, während die gelbe noch voll ist. Im Garten schwächt die einseitige Belastung des Bodens die Widerstandskraft der Pflanzen. Außerdem setzen sich Schädlinge und Krankheitskeime im Boden um die Pflanzen fest. Ohne Fruchtfolge laden Sie die Schädlinge geradezu ein, auf die nächste Saison zu warten – auf ihre Lieblingspflanzen auf dem Silbertablett.

Schreiben Sie sich auf, welche Pflanzenarten auf einer Fläche wachsen und starten Sie im nächsten Jahr das große Bäumchen-Wechsle-Dich-Spiel. Damit tricksen Sie Schädlinge und Krankheitskeime aus und geben dem Boden Zeit zur Regeneration. Die Wahl, in welcher Reihenfolge der Wechsel erfolgen sollte, ist nicht ganz einfach. Halten Sie sich an die Faustregel: Niemals zwei Vertreter derselben Familie nacheinander. Genaueres finden Sie in Teil 2 des Buches, wo die Pflanzenfamilien und die besten Fruchtfolgen vorgestellt werden.

Welche Begleitpflanze ist das?

Gegensätze ziehen sich an: Pflanzen Sie Arten mit geringem und starkem Wurzelwerk und tief mit flach wurzelnden Arten nebeneinander. Damit wird der Boden optimal genutzt und Konkurrenz vermieden. Tiefwurzler holen sich die Nährstoffe tief aus dem Boden und lockern ihn auf, während Flachwurzler mit ihrem dichten Wurzelgeflecht unter der Oberfläche Bodenerosion verhindern.

Schädlinge abschrecken: Einige Schadinsekten lassen sich von kräftigem Duft bestimmter Pflanzen vertreiben. Vor allem empfindliche Arten profitieren von diesem „chemischen Schutzwall". Außerdem verwirren Zwiebeln, Knoblauch und andere stark duftende Pflanzen Insekten, die nach dem Duft ihrer Lieblingspflanzen suchen. Versuchen Sie: Studentenblume, Knoblauch, Knoblauch-Schnittlauch, Zwiebeln, Katzenminze, Lavendel, Minze und Koriander.

Allseits beliebt: Die Blüten einiger Pflanzenarten locken nützliche parasitische Wespen, Bienen, Schmetterlinge und andere Bestäuber in den Garten, halten die Schädlinge unter Kontrolle und sichern die Bestäubung der Nutzpflanzen. Versuchen Sie: Borretsch, Minze, Dill, Schafgarbe, Ringelblume und Basilikum; weitere Informationen auf Seite 74.

Fallen stellen: Manche Schädlinge haben eindeutige Favoriten. Mit solchen Lieblingspflanzen als Köder locken Sie Schadinsekten von den Nutzpflanzen weg. Eine befallene Köderpflanze wird komplett aus dem Garten entfernt – mit den Schädlingen. **Versuchen Sie:** Kapuzinerkresse und Sareptasenf.

Gründüngerpflanzen: Bohnen, Erbsen und andere Hülsenfrüchte wandeln den Stickstoff der Luft in Bodennährstoff um. Pflanzen Sie nach Hülsenfrüchten Arten, die viel Stickstoff brauchen – Kohlsorten, Brokkoli oder Grünkohl.

Schützende Blätter: Hohe, kräftige Pflanzen in der Windrichtung oder als Sonnenschirm schützen kleinere, empfindlichere Arten.

Geschmacksverstärker: Obwohl es nicht wirklich bewiesen ist, sollen einige Pflanzen andere Arten dazu anregen, ein besseres Aroma zu entwickeln. Versuchen Sie: Boretsch mit Erdbeeren, Kerbel mit Radieschen, Zitronenmelisse mit Tomaten.

Unterpflanzung: Pflanzen Sie niedrige, schnell wachsende Blattsalate unter hohe Arten, wie Tomaten oder Okra. Die Bodendecker halten die Erde kühl, bis sich die hohen Pflanzen etabliert haben. In der größten Sommerhitze fungieren die Großen dann als Sonnenschirme für die Kleinen. Versuchen Sie: Blattgemüse, Salate, Gewürztagetes (*Tagetes minuta*), Petersilie und Thymian.

Linke Seite: Nektarreiche Arten locken nützliche Insekten in den Garten.

Oben links: Wespen sind die Fleischfresser unter den Insekten.

Oben rechts: Hummeln sind wichtige Bestäuber.

Links: Die Larven von Marienkäfern räumen unter Blattläusen auf.

Folgesaaten

Viele Gärtner denken nur an den Frühling, wenn Sie die Aussaat für das nächste Jahr planen. Dabei ist der Frühling nur der Anfang einer Kette von zusätzlichen Ernten. Manche Samen können Sie je nach dem Klima in Ihrer Region sogar noch im Herbst oder Winter aussäen. Das Ende des Frühlings ist nicht das Ende der Ernteträume. Befolgen Sie die folgenden Tipps und säen Sie zu (fast) allen Jahreszeiten.

Tauschen Sie zu Sommerbeginn den Salat unter den Tomaten gegen Basilikum für eine spätere Ernte aus. Solche Fruchtfolgen nutzen auch dem Gärtner mit mobilem Garten.

Früh- bis Hochsommer

In den meisten Regionen bedeutet der Beginn der heißen Jahreszeit auch das Ende vieler Salate und Gemüse. Wenn die Erbsen keine Hülsen mehr bilden wollen und der Salat schlaff und bitter wird, gehören sie auf den Kompost. Jetzt schlägt die Stunde der „heißen" Pflanzenarten. Mit einer Fruchtfolge holen Sie das Beste aus Ihrem Garten heraus. Versuchen Sie: Busch- (Seite 26) und Stangenbohnen als Direktsaat, Soja (Edamame), Mais und Basilikum, wo immer sich eine Lücke auftut.

Spätsommer

Genauso wie Sie die Tage nach den Spätfrösten bis zur Aussaat gezählt haben, um endlich loslegen zu können (siehe die Aussaatzeiten auf Seite 202), zählen Sie im Sommer die Tage bis zu den ersten Frösten, um die letzten Pflanzen rechtzeitig für die kühle Jahreszeit ins Beet zu bekommen. Suchen Sie im Internet nach langfristigen Klimatabellen für Ihre Region, möglichst mit Daten für die ersten Nachtfröste. Tragen Sie in die Spalte der Erntetabelle (Seite 173) den Erntetermin ein und zählen Sie die Tage vom statistischen Frostbeginn zurück: Das ist der Termin für die Aussaat. Wenn Sie auf Nummer Sicher gehen möchten, rechnen sie noch eine Woche dazu, denn die Herbsttage sind kürzer. Versuchen Sie: Bohnen, Möhren, Erbsen, Spinat, Salate und Blattsalate, Zwiebeln, Stiefmütterchen und Veilchen, Radicchio, Koriander und Radieschen.

Winter

Folgende Pflanzen gedeihen in gemäßigten, frostfreien Regionen sogar im Winter. Versuchen Sie: Ringelblume, Mangold, Grüngemüse, Erbsen, Grünkohl, Kohl, Stiefmütterchen und Veilchen, Brokkoli, Steckrüben und Zwiebeln.

Auf einen Blick: Pflanztipps

Was haben Sie? Stellen Sie fest, was Ihr Garten den Pflanzen zu bieten hat: Lichtmenge, Exposition, Windrichtung, Mikroklima (Seite 33), Bodentyp und Nährstoffgehalt (Seite 42).

Lage, Lage, Lage: Pflanzen in Gruppen statt Reihen nutzen die Fläche besser aus, kühlen den Boden, halten die Feuchtigkeit länger fest und bieten die Möglichkeit, geeignete Begleitpflanzen nebeneinander zu setzen. (Seite 34 „Die Kunst der Anordnung: Wie, wo und wann?").

Die lieben Verwandten: Wenn Sie jedes Jahr Arten einer anderen Pflanzenfamilie pflanzen, kann sich der Boden erholen und Sie verhindern langfristig, dass sich Schädlinge und Krankheiten einnisten (Seite 35 „Die Nachbarn ziehen um: Fruchtfolge").

Danke für die Freundschaft: Pflanzengruppen aus Arten, die sich gegenseitig helfen, fördern die Gesundheit des Ganzen (Seite 34 „ Wer soll mein Nachbar sein? Begleitpflanzen").

Alles muss raus: Nutzen Sie den Platz optimal; ersetzen Sie Erbsen, Radieschen, Grüngemüse und andere kurzlebige Arten durch eine Folgefrucht, damit der Garten kontinuierliche Ernten liefert (Seite 38 „Folgesaaten").

Kapitel 4: Zwei Welten: Pflanzen im Boden und im Topf

Selbstverständlich gelten für Pflanzen, die im Gartenboden wachsen, andere Bedingungen als in einem Topf. Anderseits ist das Grundkonzept prinzipiell recht ähnlich und unterscheidet sich nur in einigen, wenn auch entscheidenden Strategien und Zutaten. Lesen Sie also zunächst beide Abschnitte durch und entscheiden Sie danach.

Pflanzen in Gartenerde

Das Grundstück, das Sie in einen Garten verwandeln möchten, hatte ein Vorleben: Dort wuchsen Pflanzen, Insekten und größere Tiere haben wohl dort gelebt, vielleicht hat sich auch der eine oder andere Gärtner betätigt. Der Boden hat alle Spuren dieser Vergangenheit bewahrt: von Umweltgiften einer alten Fabrik über die verdichtete Erde unter einer ehemaligen Terrasse bis zu den sauren Nadeln einer Fichte aus der Nachbarschaft.

Bis auf die Glücklichen, die es sich leisten können, schlechten Boden komplett auszutauschen, müssen wir anderen mit dem leben, was wir haben. Immerhin können Sie die Bedingungen nach und nach optimieren. So geht's:

Boden bewerten

Der Boden ist das A und O eines Gartens. Tatsächlich ist der Boden der Garten. Wir können uns noch so sehr mit Hingabe um unsere Pflanzen kümmern, über die

Gesundheit und Wüchsigkeit des Gartens entscheidet allein der Boden. Jeder Boden (sei er auch noch so mies) ist ein lebender Organismus aus mineralischen Nährstoffen, Pilzen, Bakterien, Luft, Wasser, organischem Material und einer Unmenge kleiner und kleinster Tiere, die auf komplexe Weise wechselseitig voneinander abhängig sind und zusammenarbeiten. Boden, Pflanzen und Tiere sind in Kreisläufe von Werden und Vergehen eingebunden. Die Pflanzen entziehen dem Boden Nährstoffe und geben einen Teil davon zurück, wenn sie sterben. In einem ungestörten

Stück Landschaft entwickelt sich langfristig ein stabiles Gleichgewicht. Und dann kommen wir! Wir wünschen uns einen schönen und ordentlichen Garten und greifen damit empfindlich in das Gleichgewicht ein. Die alten Pflanzen, die wir am Ende der Gartensaison aus den Beeten räumen, fließen nicht mehr in den Nährstoffkreislauf ein. Aus diesem Grund ist ein Komposthaufen (Seite 46) so wichtig, denn über den Kompost gelangen die Nährstoffe zurück in den Boden. Wer immer nur nimmt, ohne etwas zurückzugeben, verwandelt lebenden Boden in trockene, dürre,

Sandkörner, klebrig wie Ton, seidig wie feiner Schlick oder locker und krümelig wie Lehm? Mit Lehm gewinnen Sie den ersten Preis in der Bodenlotterie. Lehm ist ein Mischboden aus Sand, Schlick, Ton und organischem Material. Er ist weder zu weich, noch wird er bei Trockenheit hart, verwandelt sich bei Regen nicht in Matsch und seine zahlreichen Luftkanäle machen es den Wurzeln leichter, in die Erde einzudringen und zu atmen.

Sollte Ihr Boden nicht lehmig sein, kennen Sie zumindest das Ziel: Wenn Sie den Boden Jahr für Jahr mit Kompost anreichern, verwandelt er sich eines Tages in Lehm. Mehr zum Kompostieren steht auf Seite 46.

Holen Sie das Beste heraus

Sieht es in Ihrem Garten wie am Rand der Sahelzone aus? Wüste oder Sumpfgebiet? Werfen hohe Bäume, Zäune oder ein mehrstöckiges Haus Schlagschatten auf Ihren Garten oder Balkon? Wenn Sie keine sehr großen Summen investieren wollen (oder können), dauert es mehrere Jahre, einen schlechten Boden zu verbessern. Halten Sie sich bis dahin an die Arten der gegenüberliegenden Seite, die bewährten Nothelfer für schwierige Gartensituationen. Stellen Sie sich aber darauf ein, dass schlechte Voraussetzungen auch schlechtere Ernte bedeuten.

unfruchtbare Erde. Darin kümmern die Pflanzen, wachsen langsam und bieten Krankheitskeimen und Schädlingen nur geringen Widerstand.

Die Bodenverhältnisse unterscheiden sich nicht nur zwischen Gärten, sondern manchmal sogar innerhalb desselben Gartens. Bestimmen Sie zunächst die Qualität Ihres Bodens mit den folgenden Schritten:

1. Bestimmen Sie den pH-Wert Ihres Bodens; entsprechende Teststreifen oder ganze Sets bekommen Sie preiswert in Baumärkten oder Gartencentern.

Der Boden in einem Gemüsegarten sollte einen neutralen bis leicht sauren pH-Wert haben. Stimmt das für Ihren Boden? Glückwunsch – weiter mit Schritt 2. Sehr saure oder sehr basische pH-Werte zu verändern, ist eine aufwändige, langwierige Arbeit. Statt Jahr für Jahr Kompost, Mist, Kalk oder andere Zusatzstoffe in die Erde zu mischen, legen Sie besser gleich ein Hochbeet mit komplett neuer Erde an. Siehe unten: „Ein pflegeleichtes Hochbeet für Gemüse" (Seite 44).

2. Bestimmen Sie die Struktur Ihres Bodens.
Die Struktur eines Bodens lässt sich mit den Fingern erfühlen. Nehmen Sie etwas angefeuchtete Erde in die Hand und ertasten Sie den Widerstand zwischen den Fingern. Fühlt sich die Erde rau und fest an wie

Die Harten im Garten

Ausgelaugter Boden

Die folgenden Pflanzen geben sich auch mit nährstoffarmen Böden zufrieden; es sind die Kandidaten der Wahl für sandige Böden.

Anguriagurke *(Cucumis anguria)*
Boretsch *(Borago officinalis)*
Brombeeren *(Rubus fruticosus)*
Bronzefenchel *(Foeniculum vulgare 'Rubrum')*
Dill *(Anethum graveolens)*
Fenchel *(Foeniculum vulgare)*
Kapuzinerkresse *(Tropaeolum majus)*
Majoran *(Origanum majorana)*
Mexikanische Minigurke *(Melothria scabra)*
Oregano *(Origanum)*
Rettich *(Raphanus sativus)*
Rukola *(Eruca sativa)*
Salbei *(Salvia officinalis)*
Thymian *(Thymus)*
Zitronenmelisse *(Melissa officinalis)*

Nasser Boden

Wirklich nasse Böden lassen sich nur mit großem Aufwand trocken legen. Folgenden Pflanzen macht Nässe nicht viel aus.

Brunnenkresse *(Nasturtium officinale)*
Engelswurz *(Angelica)*
Indianernessel *(Monarda)*
Minze *(Mentha)*
Reis *(Oryza sativa)*
Zitronengras *(Cymbopogon citratus)*

Schattige Stellen

Ich weiß, dass Sie das nicht gerne hören, aber im tiefen Schatten gedeiht keine Nutzpflanze. Immerhin tolerieren einige Arten ein gewisses Maß an Halbschatten, doch auch sie brauchen mindestens 4–6 Stunden direktes Sonnenlicht (je mehr, desto besser).

Blattmangold *(Beta vulgaris var. cicla)*
Blattsalate *(Rukola, grüner Salat u. a.)*
Brombeeren *(Rubus fruticosus)*
Erbsen *(Pisum sativum)*
Feuerbohnen *(Phaseolus coccineus)*
Grünkohl *(Brassica oleracea convar. acephala)*
Johannisbeeren, Rote und Schwarze *(Ribes rubrum, R. nigrum)*
Kaplilie *(Tulbaghia violaceae)*
Kerbel *(Anthriscus cerefolium)*
Knoblauch-Schnittlauch *(Allium tuberosum)*
Minze *(Mentha)*
Petersilie *(Petroselinum crispum)*
Pimpinelle *(Sanguisorba minor)*
Radieschen *(Raphanus sativus)*
Rhabarber *(Rheum rhabarbarum)*
Sauerampfer *(Rumex acetosa)*
Schnittlauch *(Allium schoenoprasum)*
Spinat *(Spinacia oleracea)*
Stachelbeeren *(Ribes uva-crispa)*
Stiefmütterchen und Veilchen *(Viola x wittrockiana)*
Zitronenmelisse *(Melissa officinalis)*

Heißer als die Hölle

Die folgenden Pflanzen nehmen es nicht übel, wenn der Boden vorübergehend austrocknet und kommen auch bestens auf einer heißen Treppe zurecht.

Boretsch *(Borago officinalis)*
Dill *(Anethum graveolens)*
Duftnessel *(Agastache foeniculum)*
Fuchsschwanz *(Amaranthus)*
Knoblauch-Schnittlauch *(Allium tuberosum)*
Lavendel *(Lavandula)*
Majoran *(Origanum majorana)*
Nickender Zierlauch *(Allium cernuum)*
Okra *(Abelmoschus esculentus)*
Opuntie *(Opuntia)*
Oregano *(Origanum)*
Paprika *(Capsicum)*
Portulak *(Portulaca oleracea)*
Salbei *(Salvia officinalis)*
Thymian *(Thymus)*
Topinambur *(Helianthus tuberosus)*

Ein pflegeleichtes Hochbeet für Gemüse

Im Garten sind Hochbeete der Traum jedes Gärtners. Sie nutzen den verfügbaren Platz optimal aus und sind fast immer ertragreicher als gleich große ebenerdige Beete. Der Hauptgrund für diesen Unterschied ist die Erde. Die Erde im Hochbeet ist locker, nährstoffreich und von bester Qualität – ohne schweißtreibendes Lockern oder tiefes Umgraben (Holländern, Rigolen). Außerdem heizen sich Hochbeete im Frühling schneller auf (je höher, desto schneller) als Erde. Bei wirklich hohen Beeten fällt sogar das lästige Bücken weg und der Hund springt nicht gleich auf den Salat.

Die vorgestellte Methode ist ökonomisch und macht wenig Arbeit: Statt den Rasen abzutragen und den Boden säckeweise teuer einzukaufen, stellen Sie den Hochbeetrahmen einfach auf den Rasen und füllen ihn mit kompostierbarem Material. In gewisser Weise legen Sie also kein Hochbeet, sondern einen Komposthaufen an, der nicht umgeschichtet wird. Sobald das Material kompostiert ist, kommen die Pflanzen hinein. Allerdings dauert es eine Weile, bis der Verrottungsprozess abgeschlossen ist – je früher Sie loslegen, desto besser. Rechnen Sie von der Pflanzzeit im Frühling etwa 4–6 Monate zurück.

Sie brauchen

- Material für den Rahmen (siehe Nebenseite)
- Rostfreie Schrauben
- Große, rostfreie Nägel
- Plastikfolie zum Auskleiden (optional)
- Tacker und Klammern (optional)
- Jede Menge Zeitungspapier
- Noch mehr kompostierbares Material (siehe Nebenseite)
- Material zum Abdecken (siehe Schritt 5)

Der Bau des Rahmens

Solange Sie alle Pflanzen vom Rand aus erreichen, darf Ihr Hochbeet jede beliebige Größe und Form haben. Als Rahmen eignet sich alles (siehe Spalte nächste Seite), was stabil genug ist, die Erde festzuhalten und sich zusammennageln lässt. Natürlich sind Hochbeete aus hochwertigem, fäulnisresistentem Holz eine sehr elegante und dauerhafte Lösung, aber es gibt auch preiswertere Alternativen. Wenn es Sie nicht stört, den verfaulten Rahmen nach zwei bis drei Jahren zu ersetzen, stellen Sie einen einfachen Bettkasten als Beetrahmen in den Garten. Stabiler sind recycelte Betonbrocken, Steine oder Betonschalsteine, die zu einer Wand aufgetürmt werden.

1. Bauen Sie zuerst den Rahmen an, dann füllen Sie das Material ein. Legen Sie möglichst kleine Beete (Breite = zweimal Armlänge) an. Ideal sind von allen Seiten leicht zugängliche Beete, die Sie nicht zu betreten brauchen (Bodenverdichtung!). Stellen Sie den Rahmen direkt auf den Rasen oder die Erde und verbinden Sie die Bretter mit rostfreien Nägeln oder Schrauben. Nageln oder schrauben Sie kleine Holzklötze, Winkel oder Scharniere zur Stabilisierung in die inneren Ecken.

2. Kleiden Sie das Beet innen mit Folie aus und tackern Sie sie an den Brettern fest. Die Folie ist nicht zwingend erforderlich, hat aber zwei Vorteile: Sie verlängert die Lebensdauer des Rahmens, da er nicht mit feuchter Erde in Berührung kommt, und sie verhindert, dass möglicherweise schädliche Substanzen aus dem Rahmen in die Erde gelangen.

3. Legen Sie den Boden des Rahmens dick mit feuchtem Zeitungspapier aus, etwa zehn Lagen. Nicht mit dem Papier knausern! Die Papierschicht dient als Isolation gegen den Untergrund. Feuchtes Papier ist wichtig, sonst weht der Wind ständig die Zeitungen hoch – das kann echt nerven.

4. Füllen Sie danach alles kompostierbare Material ein, das Sie bekommen können. Es sollte den Rand des Rahmens um mindestens 25–30 cm überragen. Der Trick ist die Schichtung: Ganz nach unten kommt das gröbste Material (abgeschnittene, zerkleinerte Zweige); es braucht länger, bis es verrottet ist. Füllen Sie nach oben zu immer feinere Bestandteile ein. Schließen sie mit Muttererde oder

fertigem Kompost ab.

5. Decken Sie den „Kompost" ab. Alte Teppiche oder Bettvorleger eignen sich bestens, auch Decken mit Mottenlöchern oder Jeans, die nicht mehr passen. Nehmen Sie aber nur Stoffe aus 100% Naturfasern, wie beispielsweise Wolle oder Baumwolle. Schneiden Sie alle metallischen Teile vorher ab. Plastikfolie, insbesondere schwarze Folie, „kocht" den Kompost, weil sie sich in der Sonne aufheizt.

6. Nach 4–6 Monaten sollte das Material weitgehend verrottet sein; dann haben sich die obersten Lagen in duftenden, krümeligen Kompost verwandelt. Sollte das Material unterhalb der Oberfläche aus irgendeinem Grund noch nicht verrottet sein, kommt die Abdeckung wieder darüber und Sie müssen noch ein paar Wochen abwarten. Dann wird mit Erde bis zum Rand des Rahmens aufgefüllt – das Hochbeet ist bereit für die Bepflanzung.

Material für den Rahmen:	Material für den Kompost:
Alte Holzbalken	Zeitungen
Möbel	Zweige
Bettkästen	Grasschnitt
Betonschalsteine	Blätter
Felsbrocken und Steine	Holzschnipsel
Ziegelsteine	Ungekochte Speisereste (kein Fleisch)
Große Äste	Stroh
Zerbrochene Pflastersteine	Kompost
Verwitterungsfestes Holz (Rotzeder, Zypresse)	Nussschalen
Alte Holzpaletten	Eierschalen
	Kaffeesatz
	Muttererde
	Gartenabfälle
	Alter Stallmist

Gesunder Boden selbst gemacht: Kompostieren auf kleinem Raum

Das Kompostieren bietet Ihnen die einzigartige Möglichkeit, organische Abfälle zu Bodennährstoffen zu recyceln. Damit geben Sie dem Boden die Nährstoffe zurück, die Sie ihm bei der Ernte entzogen haben. Kompost ist preiswert, verbessert Bodenstruktur und Wasserdurchlässigkeit und lockt Würmer in den Garten – alles ohne Extrakosten!

Kompost fast von selbst

Einen Platz für den Komposthaufen zu finden ist das Schwierigste am Kompostieren. Viele Neugärtner scheinen von dem Gedanken besessen zu sein, die „perfekte" Methode und das „richtige System" zu finden. Dabei reicht es völlig aus, das organische Material in einen großen Behälter (alter Mülleimer) zu füllen, der am Boden und den Seiten großzügig durchlöchert wurde. Auch ein einfaches Loch im Boden erfüllt den Zweck. Schicke Systeme können den Vorgang zwar beschleunigen, sind aber nicht wirklich erforderlich. In unserem Gemeinschaftsgarten kompostieren wir zurzeit mit zwei Systemen: Das erfolgreichste ist ein simpler Rahmen aus alten Holzpaletten, die von Draht zusammengehalten werden. Das Ding sieht fürchterlich aus, belohnt uns aber jedes Frühjahr mit Kompost erster Klasse. Unser Plastikkomposter macht uns dagegen nichts als Schwierigkeiten: Oben und unten fallen regelmäßig die Abdeckplatten ab, der Kompost trocknet aus und die Verrottung kommt zum Erliegen. Vor ein paar Jahren war es so schlimm, dass sich in den trockenen Zweigen unten im Haufen Hornissen ihr Nest bauten.

Wenn Sie keinen Platz haben, stellen Sie eine kleine Tonne auf Ihren Balkon. Ein bisschen Kompost ist immer noch besser als gar keiner. Noch besser wäre ein Wurmkomposter, den Sie sogar im Schrank unter der Spüle abstellen können – er liefert ganzjährig den besten Kompost für Topfpflanzen.

Kompostieren – so geht's

1. Bauen Sie einen Kompostsammler aus Holzpaletten, Strohballen, Kaninchendraht, Betonschalsteinen, Ziegelsteinen, Reifen oder Ästen. Sogar einen handelsüblichen Komposter können Sie billig selbst herstellen: Kaufen Sie im Baumarkt eine Tonne (auch Mülltonnen, leere Kanister aus Metall oder Plastik) und bohren Sie in Boden, Deckel und Seiten mindestens 6–10 mm große Löcher. Sparen Sie nicht bei den Löchern; ohne gute Luftzirkulation beginnt der Kompost zu stinken.

2. Decken Sie den Kompost ab. Manche Leute verzichten darauf, aber ich habe festgestellt, dass sich Wärme und Feuchtigkeit mit einer alten Decke oder Folie besser regulieren lassen. Außerdem schützt die Abdeckung vor zu starken Niederschlägen. Alte Teppiche, Sackleinen, Abdeckplanen und Plastikfolien funktionieren prima. Beschweren Sie leichte Abdeckungen mit Steinen oder anderen Gewichten, damit sie nicht vom Winde verweht werden.

3. Wenn irgend möglich, sollte der Komposthaufen direkt auf der Gartenerde stehen. So können Bodentiere eindringen und überschüssiges Wasser fließt ab. Sollte das nicht möglich sein, stellen Sie den Kompostsammler in eine große Schale. Das Wasser, das in die Schale sickert, ist flüssiges Gold!

Erhöhen Sie den Nährstoffgehalt Ihres Komposts mit organischen Langzeitdüngern und Gesteinsmehl. Stallmist darf erst nach der Kompostierung im Garten verteilt werden.

Was gehört rein?

Braunes Material (trocken, reich an Kohlenhydraten)

- Trockenes Gras
- Nussschalen
- Holz
- Zweige
- Trockene Pflanzen
- Zeitungen und geschreddertes Papier
- Stoff
- Pappe und Toilettenrollen
- Eierkartons aus Pappe
- Heu und Stroh

Grünes Material (feucht, reich an Stickstoff)

- Gemüse- und Obstabfälle, Kerne und Schalen
- Kaffeesatz und Teebeutel
- Eierschalen
- Algen und Tang
- Pferde- oder Kuhmist
- Gebrauchte Streu aus Geflügel-, Kaninchen- und Hamsterställen (nur von Pflanzenfressern)
- Grasschnitt

Das gehört auf keinen Fall auf den Kompost

- Hunde- oder Katzenkot
- Milchprodukte und Fette
- Fleischreste
- Produkte mit Öl
- Laminierte Pappe oder Papier
- Tetrapacks
- Zeitschriften
- Gartenabfälle mit Krankheiten
- Gipskartons oder imprägniertes Holz

Sammeln Sie es als nährstoffreiches Gießwasser für Ihre Pflanzen.

4. Alle organischen Materialien lassen sich kompostieren. Allerdings haben die wenigsten Gärtner Platz für einen Riesenhaufen, der sich kräftig aufheizen kann. Daher sollten Sie auf alles verzichten, das langsam verrottet oder Nage- und andere unerwünschte Tiere anlockt. Der Schlüssel für guten Kompost ist die richtige Mischung aus grobem und feinem, grünem (stickstoffreichem) und braunem (kohlenhydratreichem) Material. Wenn sich das Gleichgewicht zu sehr auf eine Seite neigt, hört die Verrottung auf. Achten Sie beim Anlegen eines neuen Haufens also darauf, braunes und grünes Material in gleicher Menge einzufüllen (Grün unter Braun) und die großen Zweige oder kräftigen Gemüsereste zu zerkleinern. Je größer die Bestandteile, desto länger dauert ihre Verrottung.

5. Streuen Sie beim ersten Mal einen kommerziellen „Kompoststarter" aus dem Gartencenter über das

Material oder bitten Sie einen Bekannten um einen Eimer fertigen Kompost. Der Kompoststarter sorgt dafür, dass die Verrottungsprozesse schneller in Gang kommen – im Prinzip wie ein Grillanzünder. Auch Geflügelmist ist ein guter Starter und er enthält sehr viele Nährstoffe. Während einige Gärtner sogar auf menschlichen Urin schwören, gießen andere Tee aus Beinwell, Brennnesseln oder Weißer Spornblume darüber. Geben Sie mit jeder Ladung organischen Materials eine ordentliche Menge Ihres bevorzugten Kompoststarters dazu.

6. Damit die Verrottung in Gang kommt, braucht der Kompost viel Luft. Schichten Sie das Material im Kompostsammler daher möglichst oft um. Ohne Luft gehen die Abbauprozesse in Gärung unter Luftabschluss (Anaerobiose) über. Auch die Gärung zersetzt das organische Material, es dauert aber länger und die Masse beginnt zu stinken. Ein gut belüfteter Kompost stinkt nicht. Bei großen Komposthaufen ist das Umschichten eine echte Knochenarbeit, also ein weiterer Grund, den Haufen klein zu halten oder auf Wurmkompost umzusteigen.

7. Wie lange die Kompostierung dauert, richtet sich nach dem eingefüllten Material und der Art des Haufens. Bei der Hitze in einem großen Komposthaufen kann das Material schon innerhalb eines Monats verrottet sein. Da kleine Haufen deutlich kühler bleiben, nimmt die Verrottung mit sinkenden Umgebungstemperaturen ab. Auf jeden Fall sieht fertiger Kompost dunkel aus, er ist krümelig und riecht gut. Räumen Sie den Behälter immer bis zum Boden aus – dort sammelt sich der beste Kompost.

Kompostieren ohne Komposthaufen

Statt den Garten am Ende der Gartensaison aufzuräumen, lassen Sie die organischen Abfälle für das nächste Jahr liegen und kompostieren Sie an Ort und Stelle.

1. Schneiden Sie das oberirdische Grün von gesunden Einjährigen ab, beispielsweise von Tomaten und Bohnen; die Wurzeln verrotten in der Erde.

2. Breiten Sie Stängel und Blätter auf dem Beet aus und geben Sie etwa die gleiche Menge Gemüseabfälle, Kaffeesatz, Grasschnitt und anderen „Grünzeugs" dazu.

3. Gießen Sie gründlich, dann decken Sie das Beet mit angefeuchtetem Sackleinen oder einer alten Decke ab.

4. Bis zum Frühling sollte sich alles in Humus verwandelt haben. Größere Stücke werden ausgerecht und kommen auf den Kompost (oder nach dem Pflanzen wieder als Mulch aufs Beet).

Auf einen Blick: Probleme mit dem Kompost

Schädlinge im Komposthaufen: Fliegenlarven, Schnecken, Hundertfüßer, Ameisen, Ohrwürmer und Asseln stellen sich regelmäßig ein. Ein Komposthaufen besteht aus fressbarem Material, also ist es völlig natürlich, dass Tiere dort nach Futter suchen. Tatsächlich helfen manche sogar dabei, das Material zu kompostieren. Decken Sie frisches Grün stets mit trockenen Pflanzen ab und sorgen Sie durch gute Luftzufuhr für höhere Temperatur im Haufen: Das hält die Flut der Krabbeltiere unter Kontrolle. Nage- und andere Säugetiere bleiben fern, wenn Sie weder Fleisch noch öl- oder fetthaltige Reste einfüllen. Auch ein Komposter mit fest verschließbarem Deckel schafft Abhilfe.

Es stinkt: Unangenehmer Geruch ist fast immer ein Zeichen für Gärung unter Luftabschluss. Entweder ist der Haufen zu dicht gepackt, sodass keine Luft eindringen kann, oder er ist durchnässt (Regenwasser oder zu viel frisches Grün). Lockern Sie alles gründlich auf und mischen Sie braunes Material darunter.

Schleimiger Kompost: Auch dafür ist Luftabschluss verantwortlich, beispielsweise durch zu viel, zu dicht gepackten Rasenschnitt oder frische Blätter. Schichten Sie den ganzen Haufen um und mischen Sie dabei reichlich Zweige und braunes Material bei.

Nichts geschieht: Sehr trockene oder Haufen mit zu viel braunem Material verrotten nicht gut bis gar nicht. Mischen Sie grünes Material unter und gönnen Sie dem Haufen ein paar Gießkannen mit Wasser.

Gemüse ohne Garten: Mobile Gärten im Topf

Ein mobiler Garten fängt, anders als ein „echter" Garten, von Null an. Sie können ihn vollkommen nach Ihren eigenen Wünschen gestalten. Sie brauchen sich weder um möglicherweise verdichtete noch schlechte Erde kümmern, denn Sie füllen ihre Töpfe und Kübel mit der Erde, die sich am besten für die gewünschte Pflanze eignet. Gefällt Ihnen das Arrangement nicht mehr? Kein Problem, stellen Sie die Töpfe einfach um.

Alle Pflanzen, vom Salatkopf bis zum Obstbaum, wachsen auch in Töpfen und anderen Behältern. Sie brauchen nur die beste Erde und ein Gefäß, das groß genug ist, um das Wurzelwerk der ausgewachsenen Pflanze aufzunehmen. Fairerweise sollte ich sagen, dass es nicht nur auf Ihren grünen Daumen ankommt: Einige Pflanzen gedeihen im Topf bestens, während andere deutlich weniger tragen als ihre Vettern in der Gartenerde, ganz gleich, wie groß Sie den Topf auch wählen. Tatsächlich muss man Erfahrungen (auch schlechte) sammeln, was sich gut und was sich weniger gut macht. Damit Sie die gröbsten Fehler vermeiden, gebe ich in Teil 2 des Buches für jede Art die angemessene Topfgröße an.

Pflanzen, die im Topf wachsen, brauchen mehr Raum zum Atmen als Gartenpflanzen. Zu viele Pflanzen im selben Topf konkurrieren um den Wurzelraum und die Nährstoffe, sodass am Ende alle verlieren. Ein paar Arten vertragen überhaupt keine Konkurrenz und brauchen einen eigenen Topf. Dazu gehört der Blumenkohl, der keine Konkurrenz mit anderen Kohlsorten duldet – sein Nährstoffbedarf ist einfach zu hoch. Andere Arten sind nicht ganz so fordernd; sie vertragen sich ganz gut mit „Mitbewohnern" mit ähnlichem Wasser- und Lichtbedarf. Ihr Zusammenleben klappt besonders gut, wenn sie unterschiedliche Nährstoffe benötigen. Auf der sicheren Seite sind Sie mit einer großen, Früchte tragenden Art mit tief reichenden Wurzeln (Tomaten) in Kombination mit flach wurzelnden Pflanzen (Basilikum).

Das richtige Substrat

So verlockend die Idee auch sein mag, die Töpfe ganz oder doch teilweise mit billiger Erde aus dem Garten zu füllen: Lassen Sie es! Was im Garten gut ist, wird zur Katastrophe im Topf. Selbst die lockerste Gartenerde verdichtet sich im Topf sehr schnell und verwandelt sich in einen festen Klumpen, der den Wurzeln ihrer Pflanzen die Luft abschnürt. Entscheiden Sie sich für eine gute Topferde: Kommerzielle Topferde hält die Feuchtigkeit, ohne staunass zu werden, und bleibt leicht und luftig.

Wenn Sie mehrere Pflanzen im selben Gefäß ziehen möchten, kombinieren Sie eine Früchte bildende Pflanze (Tomate, Paprika) mit zwei oder mehr Blattpflanzen (Salate, Basilikum); oder kombinieren Sie mehrere Blattpflanzen.

Zuerst die gute Nachricht: Die geeigneten Substrate werden fertig angeboten, Sie brauchen also keine Mischtabellen. Die schlechte Nachricht ist, dass sich Topferden sehr in Preis und Qualität unterscheiden – ich plädiere dafür, nicht an der Erde zu sparen. Einige Produkte enthalten zu viel Torf, Perlit oder Vermiculit. Diese Zusatzstoffe sorgen zwar für gute Luftzirkulation im Substrat, enthalten aber keinerlei Nährstoffe. Vor allem der Torf ist nicht unproblematisch: Er kann den pH-Wert nach sauer verschieben und bei seiner Gewinnung werden

Moorgebiete zerstört. Andere Produkte enthalten zu viel preiswertes Füllmaterial, das sich im Laufe der Zeit verdichtet – genau das wollen Sie vermeiden.

Ein gutes Substrat enthält organische Anteile, wie Kompost, Reishülsen, Holzchips und/oder Wurmkompost als Nährstofflieferanten; Perlit, Vermiculit und/oder Sand, um die Dränage und Durchlüftung zu verbessern; Kokosfasern (nachwachsender Rohstoff als Ersatz für Torf) als Wasserspeicher.

Einige Substrate enthalten Langzeitdünger; bei organischen Produkten ersetzen Algen, Tierdung

oder Pilzkompost die chemisch hergestellten Dünger. Wenn Sie mit dem Angebot Ihres Gartencenters nicht zufrieden sind, kaufen Sie ein Basisprodukt ohne Zusätze und mischen Sie sich Ihr eigenes Substrat zusammen. Gehen Sie aber mit der Zugabe von Gartenkompost sparsam um – immer nur kleine Mengen. Nach einer Faustregel besteht ein gutes Substrat aus zwei Teilen Kokosfasern, zwei Teilen Gartenkompost und einem Teil grobem Material (Sand oder Perlit).

Das richtige Gefäß

Jedes Gefäß, das Erde festhält, eignet sich als Topf – gut für die Geldbörse und gut für die Umwelt, weil sich damit viele Behälter recyceln lassen. Eimer, undichte Wasserkanister und Schubladen lassen sich direkt verwenden, offene Behälter, wie Körbe oder Obstkisten, lassen sich nur mit einer Verkleidung aus umweltverträglicher Folie in ein Pflanzgefäß verwandeln. Sie können viel Geld sparen, wenn Sie nicht im Gartencenter, sondern im Baumarkt auf die Suche gehen: Aufbewahrungskästen und Mülleimer (Bodenlöcher bohren!) sind ein preiswerter Ersatz für „echte" Pflanzgefäße.

Terrakotta: Atmendes Material; durch Verdunstung geht dem Boden viel Wasser verloren, daher nicht gut für Pflanzen mit hohem Wasserbedarf geeignet (Salat, Blattgemüse).

Plastik: Hält das Wasser fest; gute Alternativen sind recycelte Gefäße oder biologisch abbaubare Töpfe aus Bambus, Fasern, Stroh oder Reishülsen; mehr über Plastik auf Seite 57.

Metall: Hält das Wasser fest, heizt sich in der Sonne aber extrem auf; nicht gut für einen exponierten Balkon; recyceln Sie undichte Gießkannen oder Eimer.

Jedem Töpfchen sein Pflänzchen

- Berücksichtigen Sie, wie groß das Wurzelwerk der ausgewachsenen Pflanze sein wird (Tiefe, Umfang).
- Große Gefäße halten mehr Wasser fest und müssen seltener gegossen werden.
- Schnell wachsende Salate und Blattgemüse fühlen sich auch in kleineren Gefäßen wohl.
- Wurzelgemüse, hohe Pflanzen und rankende Pflanzen brauchen tiefe Töpfe.

Substrate wieder verwenden

Am Ende der Gartensaison ist das alte Substrat in den Töpfen völlig ausgelaugt und nur noch bedingt tauglich. Es muss aber keineswegs entsorgt werden, wie häufig behauptet. Bedenken Sie aber, dass die Erde Krankheitskeime oder Larven enthalten kann, daher müssen alle Substrate entsorgt werden, in denen im laufenden Jahr Probleme aufgetreten sind. Wie im Freiland reduziert eine Fruchtfolge (Seite 35) das Krankheits- und Schädlingsrisiko.

1. Füllen Sie die Erde bis zum nächsten Frühling in einen Sack oder lassen Sie die mit Substrat gefüllten Gefäße draußen stehen. Terrakotta und Keramik könnten allerdings bei Frost springen; sie gehören ins Haus.

Do it yourself – kreative Tarnung: Nicht alle recycelten Gefäße sind Schmuckstücke. Werden Sie mit Strohmatten, Bambus oder Holzleisten (Rollläden) kreativ und verkleiden Sie Tonnen und Eimer. Binden Sie alles mit fester Schnur oder Draht zusammen.

2. Mischen Sie der Erde im Frühling ein Viertel frischen Kompost oder kompostierten Mist zu.

3. Fügen Sie Kokosfasern, Sand oder Perlit zu, wenn das Substrat zu dicht ist.

4. Mischen Sie etwas Langzeitdünger bei; mehr Details unter „Düngen" (Seite 62).

Einpflanzen und (fast) vergessen

Jeder Gärtner träumt von einem Blumentopf, der sich selbst bewässert, doch die Realität sieht anders aus: Je nach Wetter muss ein Topf ein- bis zweimal täglich gegossen werden. Mit einem automatischen System fiele diese Arbeit aus. Selbstverständlich bietet der Fachhandel fertige Systeme an, aber die haben ihren Preis. Dieser selbst gebaute Kasten aus preiswerten oder recycelten Teilen ist billiger.

So funktioniert's

Ein geschickter Heimwerker dürfte mit dem Bau keine Probleme haben; Sie müssen nur genau messen und mit einer Bohrmaschine umgehen können. Die Außenkiste bildet das Wasserreservoir, die darin versenkte innere Kiste (der „Träger") hält das Substrat für die Pflanzen fest und saugt über zwei Einsätze (Töpfe) wie ein Docht Wasser aus dem Reservoir nach oben in die Substratschicht.

Pflege

Das System ist simpel und gehorcht nur einer einzigen Regel: Das Reservoir darf niemals austrocknen. Sobald kein Wasser mehr hoch gesaugt werden kann, trocknet das Substrat aus und das System bricht zusammen. Komplett trockene Erde wieder feucht zu bekommen ist lästig: Füllen Sie zuerst das Reservoir auf und gießen Sie dann die Erde, bis sie gründlich durchfeuchtet ist. Das Wasser muss ausreichen, um die beiden Einsätze bis unten zu durchnässen. Sobald die feuchte Erde erneut in Kontakt mit dem Wasserreservoir kommt, wirken die beiden Einsätze wieder als Schwamm und saugen Wasser nach.

Mischen Sie dem Substrat beim Bepflanzen organischen Langzeitdünger, wie Algenkonzentrat,

Sie brauchen

- Bohrer (6 mm)
- Bohrmaschine
- Zwei gleich große runde oder quadratische Plastiktöpfe (mindestens 12–15 cm tief)
- Zwei gleich große, konische Aufbewahrungskisten aus Plastik
- Wasserfeste Filzstifte
- Lineal
- Fuchsschwanz oder Stichsäge
- Bohrer (50 mm)
- Reichlich Substrat

Knochenmehl oder Fertigprodukte bei. Während der Vegetationsperiode können Sie das Wasser für das Reservoir mit organischen Flüssigdüngern anreichern.

Bau des „Trägers"

1. Durchlöchern Sie mit einer Bohrmaschine (6 mm Bohrer) alle Seiten der beiden Plastiktöpfe – mindestens 20 pro Seite. Dabei kommt es nicht auf Schönheit an. Da die Töpfe als „Dochte" die Verbindung zwischen dem Wasserreservoire und der Substratschicht herstellen, sollten es aber möglichst viele Löcher sein.

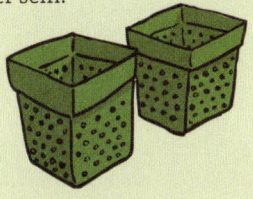

2. Stellen Sie einen der Plastiktöpfe neben eine Aufbewahrungskiste und markieren Sie die Höhe des Topfes (plus 1 cm) mit einem wasserfesten Filzstift auf der Wand der Kiste. Setzen Sie den Strich mit einem Lineal rund um die Kiste fort.

3. Sägen Sie den oberen Rand der Kiste entlang der Linie ab. Werfen Sie den abgesägten Rand in die gelbe Tonne.

4. Stellen Sie die Kiste mit dem Boden nach oben ab; diese Kiste wird zum „Träger".

5. Die beiden durchlöcherten Töpfe werden in den Boden des Trägers so eingesenkt, dass sie bis in das Wasserreservoire der Außenkiste reichen und das Wasser in die Substratschicht leiten. Stellen Sie einen der Töpfe auf den Boden des Trägers (in eine Ecke, etwa 5 cm von der Kante) und zeichnen Sie den Umriss mit dem Filzstift ein.

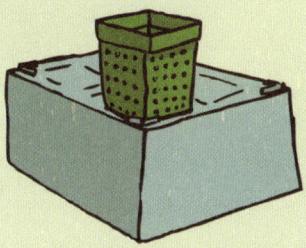

6. Wiederholen Sie Schritt 5 mit dem zweiten Topf an der gegenüberliegenden Ecke.

7. Schneiden Sie entlang der Umrisslinie ein Loch in den Boden des Trägers (etwas zugeben, damit der Topf fast ganz darin verschwindet).

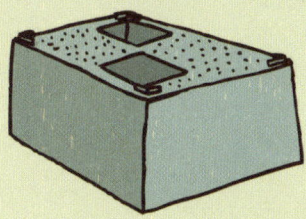

8. Bohren Sie mit dem 6 mm Bohrer so viele Löcher wie möglich in den Boden des Trägers. Es kommt weder auf den Abstand noch auf die Zahl der Löcher an; bohren Sie, bis Sie keine Lust mehr haben.

9. Drücken Sie die beiden Töpfe in die ausgesägten Löcher des Trägers.

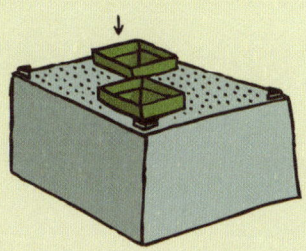

Zusammenbau

10. Stellen Sie die Konstruktion aus Träger mit den beiden Töpfen in die intakte Kiste (das spätere Wasserreservoir). Achten Sie darauf, dass die beiden dicht aneinander schließen, sonst fällt Erde in das Wasserreservoir. Stopfen Sie eventuelle Lücken mit Unkrautfolie zu.

11. Bohren Sie nun mit dem 50 mm Bohrer ein Loch, das durch die Wand der äußeren Kiste und die Wand des Trägers reicht (etwa 1 cm Abstand vom Boden des Trägers). Durch dieses Loch wird das Wasserreservoir gefüllt. Es dient aber auch als Überlauf, damit der Wasserspiegel immer tiefer liegt als die Substratschicht.

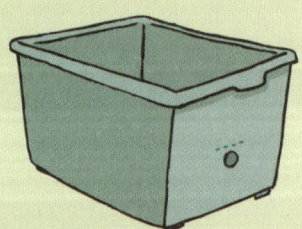

Füllen und Bepflanzen

12. Füllen Sie angefeuchtete Erde in die beiden Töpfe; gut festdrücken. Dann wird die Kiste über dem Träger bis 2–3 cm unter den oberen Rand mit feuchter Topferde gefüllt.

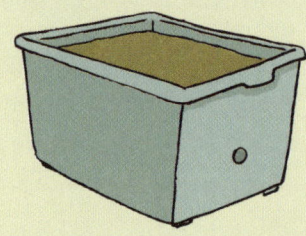

13. Gießen Sie durch das seitliche Loch mit der Gießkanne oder einem Schlauch Wasser in das Reservoir; danach muss die Erde nicht mehr gegossen werden.

14. Jetzt können Sie pflanzen! Das Wasser aus dem Reservoir hält die Erde feucht. Bepflanzen Sie die Kiste aber nicht zu dicht: Eine mittelgroße Aufbewahrungskiste bietet Platz für eine große und mehrere kleine Pflanzen, beispielsweise eine Tomate mit drei Basilikumpflanzen oder eine Melone mit zwei bis drei Kapuzinerkressepflanzen.

Plastik: Nicht alles ist brauchbar

Obwohl Pflanzen in wirklich jedem Behälter wachsen, gelten für Lebensmittel besondere Bedingungen. Viele Plastikgrundstoffe sind nicht ungefährlich. Bei starker Sonnenstrahlung, mechanischer Belastung oder durch Alterungsprozesse werden Chemikalien freigesetzt, die in den Boden und über die Wurzeln in die Pflanzen eindringen und dann auf Ihrem Teller landen. Im Kasten rechts stehen die Kunststoffe, mit denen Sie auf der sicheren Seite sind und welche Sie besser vermeiden. Überprüfen Sie auf dem Plastikbehälter, aus welchem Material er hergestellt wurde.

Als sicher gelten:

(Polyethylen-Terephthalat), PETE
(High-Density Polyethylen), HDPE
(Low-Density Polyethylen), LDPE
(Polypropylen), PP

Besser nicht:

(Polyvinylchlorid), PVC
(Polystyrol), PS
(Polycarbonat), PC

Kapitel 5: Pflege: Gesunde Pflanzen ziehen

Im Wesentlichen folgt ein biologisch-organischer Garten den Regeln der Natur. Ein guter Gärtner lernt, die Zeichen der Pflanzen zu „lesen" und setzt diese Erfahrungen in seinem kleinen Garten Eden um. Dann fehlt nur noch eine Portion gesunder Menschenverstand, der uns sagt, dass Pflanzen, die zur rechten Zeit richtig gepflegt wurden, die besten Ernten liefern.

Wer ein guter Gärtner werden möchte, muss zuerst lernen, alle Veränderungen in seinem Garten genau zu registrieren. Alles Weitere ist dann eine Sache des Bauchgefühls und der zunehmenden Erfahrung. Und ein erfahrener Gärtner werden Sie am ehesten, wenn Sie gnadenlos und mehrfach scheitern – ständige, gut gemeinte Ratschläge bringen kaum etwas.

Zum Glück sind die meisten Pflanzen eher unproblematisch; sie wollen einfach nur wachsen. Viele überleben, gedeihen und werden auch ohne oder trotz unserer Hilfe erntereif. Wenn Sie das nächste Mal vor einem verwelkten Basilikum oder einer mäßig tragenden Tomatenpflanze stehen, sagen Sie sich einfach, dass jeder hin und wieder scheitert. Man verdient sich seinen „grünen Daumen" nicht, indem man alles richtig macht, sondern vor allem damit, dass man sich sein Scheitern eingesteht.

Wann gießen?

Fehler beim Gießen dürften für die meisten Probleme im Garten verantwortlich sein. Während sich vergessliche Gärtner regelmäßig Vorwürfe machen, sie hätten zu wenig gegossen, sterben andererseits viele Pflanzen gerade daran, dass sie im Wasserüberfluss regelrecht ertrinken. Leider kenne ich keine magische Formel. Pflanzen sind genauso unterschiedlich wie die Bedingungen, unter denen sie täglich wachsen.

Pflanzen verändern sich, während sie reifen, und brauchen je nach Jahreszeit unterschiedliche Wassermengen. Das Wetter ändert sich kurz- und langfristig; leider können Sie nicht von den Wetterbedingungen des einen auf das Wetter des nächsten Jahres schließen. Zum Glück gibt es ein paar Faustregeln, an die Sie sich halten sollten:

- Junge Pflanzen, vor allem kurz nachdem sie umgepflanzt wurden, sind durstiger als gut etablierte Pflanzen.
- Pflanzen, die Blüten oder Früchte ansetzen, brauchen mehr Wasser; das gilt besonders für Arten mit großen, saftigen Früchten, wie Tomaten oder Gurken.
- Große Pflanzen brauchen mehr Wasser als kleine.
- Topfpflanzen müssen täglich bewässert werden, in Hitzeperioden sogar mehrmals täglich.
- Topfpflanzen mit sehr dichtem Wurzelwerk brauchen besonders viel Wasser, denn den Wurzeln bleibt nur wenig Erde, aus der sie Wasser saugen können.

Wie gießen?

Es mag unglaublich klingen, doch zu viel Wasser ist genauso kritisch wie zu wenig Wasser. Pflanzen, die regelmäßig überschwemmt werden, wachsen langsamer oder gehen sogar ein. Pflanzen, die häufig, aber immer nur mit kleinen Wassermengen versorgt

Auf einen Blick: Clever gießen

Verwandeln Sie den Boden in einen Schwamm: Mischen Sie dem Substrat reichlich Kompost bei, damit er mehr Wasser aufnehmen und speichern kann.

Sammeln Sie so viel Regenwasser wie möglich: Fangen Sie das Regenwasser von Ihrem Dach in einer Tonne auf und Sie haben kostenloses Gießwasser.

Größer ist besser: In größeren Töpfen mit viel Substrat haben Wurzeln mehr Platz; sie können mehr Wasser aufnehmen.

Gründlich gießen: Gießen Sie so lange, bis das Substrat im Topf vollständig durchfeuchtet ist; so bilden die Pflanzen tief reichende, gesunde Wurzeln.

Gießen Sie die Wurzeln, nicht die Blätter: Verteilen Sie das Wasser aus Gießkanne oder Schlauch nicht über die Blätter, sondern lassen Sie es direkt in den Topf fließen. Feuchte Blätter sind eine Brutstätte für Pilzkrankheiten.

werden, bilden ein flaches Wurzelwerk aus. Es nimmt nur das Wasser aus den obersten Bodenschichten auf. Während einer Trockenperiode fehlt solchen Wurzeln der Kontakt zu tiefen, feuchteren Bodenschichten. Gießen Sie ihre Pflanzen besser seltener, aber stets lange und gründlich. Wenn Sie sich die Arbeit mit der Gießkanne oder dem Schlauch ersparen möchten, investieren Sie in ein Tröpfelsystem oder einen perforierten Schlauch. Das Wasser muss auf jeden Fall bis in die tiefen Bodenschichten versickern. Es nützt wenig, einen Wasserschlauch kurz über das Beet zu halten oder nur die Blätter mit einem Regner anzufeuchten. Damit verschwenden Sie nur Wasser und schaffen einen idealen Lebensraum für schädliche Pilze.

Was mit einer Pflanze geschieht, die zu wenig gegossen wird, weiß jeder: Sie wird schlaff und vertrocknet. Wasser sorgt aber nicht nur für die nötige Blattspannung, sondern ist auch das Transportmittel, um mineralische Nährstoffe aus dem Boden in alle Pflanzenteile zu schaffen. Pflanzen unter Wassermangel sind gestresst; sie werden anfällig für Frucht- und Blattkrankheiten oder schalten verfrüht auf Samenbildung um. Eine total vertrocknete Pflanze hat das Endstadium eines langen „Leidensweges" erreicht.

Wunderbarer Mulch

Stellen Sie sich den Mulch als eine kuschelige, schützende Decke über dem Garten vor. Er bewahrt den Boden und später die Pflanzenwurzeln vor der heißen, austrocknenden Sonne, Platzregen, starkem Wind oder Kälteeinbrüchen. Mulch hält die Feuchtigkeit im Boden zurück und deckt die Unkrautsamen ab. Sogar Topfpflanzen profitieren von einer dünnen Mulchschicht.

Das ist aber längst nicht alles. Kompost, Stroh, Blätter und anderes organisches Mulchmaterial verrotten an Ort und Stelle, reichern den Boden mit Nährstoffen an und verbessern seine Struktur. Nochmals in Kürze: Mulch spart Zeit, Arbeit und Wasser und verbessert die Bodenstruktur, ohne dass Sie auch nur einen Finger rühren müssen. Sie mulchen immer noch nicht? Dann wird es aber Zeit! Vielen Dank und Auf Wiedersehen.

Welcher Mulch?

Grundsätzlich gibt es organischen und anorganischen Mulch, dazu einige Übergangsformen. Gemüsegärtner bevorzugen meist Stroh als organischen Mulch, weil es gut aussieht und den Boden verbessert. Auch ich verteile auf den Beeten in meinem Gemeinschaftsgarten Stroh in einer mindestens 15 cm dicken Schicht, wenn ich eine günstige Quelle auftue. Ich habe Stroh auch schon mit sehr schlechter Erde abgedeckt; es verrottete sehr schnell und verbesserte die Erde nachhaltig. In ländlicher Umgebung dürfte es nicht schwierig sein, preiswert an genügend Stroh zu kommen. Für einen Stadtgärtner sieht das schon anders aus. Fragen Sie bei Gartencentern und Baumärkten nach, wo Stroh manchmal als Dekoration verkauft wird (dann allerdings zu Spitzenpreisen). Aber keine Panik, es gibt in einer „strohlosen" Stadt gute Alternativen.

Kompost ist reichlich und in guter Qualität verfügbar und ergibt einen wundervollen Mulch. Das Gleiche gilt für kompostierten Mist. Allerdings würde ich Geflügelmist aus dem kommerziellen Gartenhandel nur

Mulch-Tipps

Verteilen Sie den Mulch locker um die Pflanzen; der Wurzelhals (Spross-Wurzel-Übergang) muss aber unbedingt frei bleiben, sonst könnte die Wurzel verfaulen.

Nehmen Sie nur Stroh, nicht etwa das Samen tragende Heu. Mit Heu säen Sie nur neues Gras in die Beete.

Vergessen Sie nicht, die Töpfe zu mulchen; nehmen Sie dafür leichtes Material (Stroh, Rasenschnitt), das nicht verdichtet wird.

Setzen Sie unter größere Pflanzen schnell wachsende, flach wurzelnde Arten, die den Boden beschatten und Unkraut unterdrücken (siehe „Unterpflanzung", Seite 36).

kaufen, wenn die Quelle eindeutig belegt ist. Da die Hühner in Geflügelfarmen unter teilweise schrecklichen Bedingungen leben, könnte Mist von zweifelhafter Herkunft allerlei Chemikalien oder Keime in Ihre Erde übertragen – und genau das möchten Sie vermeiden. Schichten Sie Kompost oder „guten" Mist über zerrissene Zeitungen oder streuen Sie Grasschnitt als Feenstaub zwischen eng stehenden Möhren aus. Auch Nadeln eignen sich als Mulch, obwohl sie den pH-Wert des Bodens in den sauren Bereich verschieben. Sie sind ein idealer Dünger für Heidelbeeren und Erdbeeren, die einen leicht sauren Boden mögen. Zwischen Kartoffeln wirken Nadeln dem verbreiteten Kartoffelschorf entgegen. Auch Blätter sind im Garten reichlich vorhanden, sind als Mulch aber zu schade, denn sie verrotten zu wunderbarem Laubkompost: Rechen Sie das Herbstlaub zusammen und füllen Sie damit Einkaufstüten aus Plastik (ein paar Löcher hinein bohren). Stellen Sie die Tüten neben den Kompost oder an eine andere unauffällige Stelle. Nach etwa einem Jahr haben sich die Blätter in Kompost verwandelt.

Unkraut jäten

Ein unkrautfreies Gemüsebeet ist nicht nur eine Frage der Ästhetik. Unkräuter konkurrieren mit den Nutzpflanzen um Bodennährstoffe, Sonne und Wurzelraum. Während viele Pflanzen durchaus etwas Konkurrenz vertragen können, bleiben die meisten Wurzelgemüse und Knoblauch bei zu starker Konkurrenz klein.

Unkräuter sind typische Opportunisten. Sie nutzen jede Chance, die sich ihnen bietet, und siedeln sich an. Eine dicke Mulchschicht, aber auch schnell wachsende Nutzpflanzen, wie Radieschen oder Salat, machen es ihnen zumindest schwerer, jede sich bietende Lücke zu erobern. Auch in Gruppen statt in Reihen gepflanztes Gemüse oder die Unterpflanzung von größeren Arten (Seite 36) erschwert es den Unkräutern, sich festzusetzen. Beim tiefgründigen Auflockern des Bodens gelangen Unkrautsamen an die Oberfläche, die sofort die Chance

Essbare Unkräuter

- Brennnessel
- Hirtentäschel
- Löwenzahn
- Sauerampfer
- Sauerklee
- Vogel-Sternmiere
- Weißer Gänsefuß

Kräuter, die nützliche Insekten anlocken

- Goldrute
- Hahnenfuß
- Katzenminze
- Wiesenkerbel
- Wilde Margerite

ergreifen und keimen. Dieses Problem lässt sich reduzieren, wenn Sie Kompost um die Pflanzen verteilen (Seite 65), statt ihn in die Erde einzuarbeiten. Allerdings steckt auch im Kompost selbst ein Problem. Die Unkrautsamen, die im organischen Ausgangsmaterial stecken, werden nur durch starke Hitze in großen Komposthaufen abgetötet. Werfen Sie daher ausschließlich Unkräuter auf den Kompost, die noch keine Samen gebildet haben – Ackerwinden sind besonders lästig.

Düngen

Leider lässt sich das alte Vorurteil nicht ausrotten, dass Dünger der Schlüssel für gutes Gemüse sei: Je mehr Dünger auf dem Beet ausgestreut wird, desto besser wachsen die Pflanzen – das Prinzip „Viel hilft viel". Das ist völlig falsch! Vermutlich wurde diese Fehlinformation von den Düngerfirmen ausgestreut, die möglichst viele ihrer Produkte verkaufen möchten. In einem Punkt hat die Werbung allerdings Recht. Wenn Sie Ihren Garten mit chemischen Düngern versorgen, wachsen die Pflanzen besser. Aber: Wer einmal düngt, muss immer düngen! Was sich wie ein kleines Problem

anhört, hat in der Tat weit reichende Folgen, denn der Dünger reichert sich im Boden an und tötet Mikroorganismen. Während Sie sich anstrengen, den Boden langfristig zu verbessern, macht der Dünger alle Ihre Mühen zunichte. Im Topf ist alles noch schlimmer. Dünger sind Mineralsalze, die sich als Salzkruste an den Töpfen niederschlagen. Zu viel Salz erhöht den Wasserbedarf der Pflanzen – denken Sie an Ihren Durst, wenn Sie eine Tüte Chips gegessen haben.

Ein Biogarten ist ein gesundes, nachhaltiges System, in dem die Pflanzen gleichmäßig wachsen. Ein gesunder, lehmiger Boden enthält alle Nährstoffe, die eine Pflanze braucht und stellt sie den Pflanzen langsam, aber stetig zur Verfügung. Die Pflanzen nehmen die Nährstoffe auf, verarbeiten sie und wachsen. Wenn Sie eine Portion Flüssigdünger ins Beet oder in den Topf gießen (auch aus biologischer Produktion), reagieren die Pflanzen mit einem enormen Wachstumsschub, den sie möglicherweise nicht verkraften. Das Ganze erinnert mich an einen Kindergeburtstag, bei dem Sie Zehnjährigen eine Schüssel voll Süßigkeiten hinstellen: Die Kleinen werden alles in sich hineinstopfen und am nächsten Tag ist ihnen schlecht.

Was ist was?

Auf den Flaschen und Beuteln mit chemisch erzeugtem Fertigdünger stehen die Zusammensetzung und Anteile der darin enthaltenen Komponenten, wie die Nährstoffangaben auf einer Tiefkühlpizza. Die wichtigsten Inhaltsstoffe sind Stickstoff (N), Phosphat (P) und Kalium (K), denn Pflanzen brauchen diese Hauptnährstoffe während jeder Phase ihrer Entwicklung.

Organische Düngemittel enthalten zusätzlich kleinere Mengen weiterer Nährstoffe und Spurenelemente. Fischemulsion enthält beispielsweise sehr viel Stickstoff, etwas weniger Phosphat, Kalium und noch weniger Schwefel. Algenprodukte enthalten dagegen besonders viel Kalium, aber auch jede Menge andere Inhaltsstoffe – von Vitaminen bis zu Mineralien.

Kochen Sie einen Tee aus Algen und halten Sie einen Vorrat für die Zeit bereit, wenn eine Pflanze viel Kalium braucht.

Notwendige Nährstoffe

Stickstoff (N)

Stickstoff ist wichtig für üppige, gesunde Blätter. Blattgemüse, wie Mangold und Salat, aber auch Zwiebeln, brauchen viel Stickstoff. Bei Stickstoffmangel kümmern die Pflanzen, ihre Blätter sehen nicht grün, sondern fahl bis gelblich aus.

Obwohl eine Pflanze in jeder Phase ihrer Entwicklung Stickstoff braucht, ist gerade bei diesem Element die Gefahr der Überdüngung besonders groß: Zu viel Stickstoff forciert schnelles Wachstum und üppigen Blattwuchs, aber die Pflanzen setzen kaum Blüten und Früchte an. Tomaten brauchen beispielsweise in der ersten Phase ihrer Entwicklung sehr viel Stickstoff, doch rechtzeitig vor der Blütenbildung und dem Fruchtansatz muss die Stickstoffmenge reduziert werden. Pflanzen mit zu viel Stickstoff schießen stark in die Höhe und werden kraftlos – ideale Bedingungen für Scharen von Blattläusen.

Woher? Wurm- und normaler Kompost enthalten ausreichende Stickstoffmengen; auch Blutmehl, Fischemulsion, Kaffeesatz und Mist enthalten viel Stickstoff (in absteigender Menge). Erbsen, Bohnen und andere Hülsenfrüchte als Vorkultur reichern den Boden mit Stickstoff an.

Kalium (K)

Kalium fördert robuste, wüchsige Pflanzen, die sich nach einer Stressperiode gut regenerieren. Das Element spielt eine wichtige Rolle in der Photosynthese und beim Nährstofftransport in der Pflanze.

Kaliummangel lässt sich nur schwer feststellen, doch meist sind die Früchte kleiner, haben eine dünne Schale oder bleiben ganz aus. Pflanzen mit Kaliummangel sind schwach, wachsen schütter und werden anfällig gegenüber Krankheiten.

Woher? Gesteinsmehle mit hohem Kaliumanteil enthalten zusätzlich Spurenelemente, die für mehrere Jahre ausreichen. Mein persönlicher Favorit ist aber getrockneter Algendünger. Sie können ihn direkt in den Boden einstreuen oder als Tee aufkochen; gießen oder über die Blätter sprühen.

Phosphor (P)

Im Gemüsegarten sind Phosphate (Phosphorsalze) verantwortlich für gesunde, kräftige Wurzeln. Versorgen Sie also vor allem Ihr Wurzelgemüse in der ersten Zeit mit genügend Phosphat. Die meisten Phosphorquellen bleiben sehr lange im Boden, geben das Element aber nur langsam an die Umgebung ab. Außerdem können Pflanzen das Element nur schwer aufnehmen. Besonders schwer fällt es ihnen in trockenen Böden oder bei zu basischem pH-Wert.

Pflanzen mit Phosphormangel wachsen langsamer und haben ein verkümmertes, schwach entwickeltes Wurzelwerk. Tomaten verraten Phosphormangel durch purpurn schimmernde Blattunterseiten. Auch Maispflanzen bekommen leicht purpurne Blätter, wenn ihnen Phosphor fehlt.

Woher? Knochenmehl enthält viel Phosphat, das langsam an den Boden abgegeben wird. Natürlich stammen die zu Pulver gemahlenen Knochen aus dem Schlachthaus. Wenn Sie damit nicht leben können, weichen Sie einfach auf andere Produkte aus. Knochenmehl wird einmal pro Jahr in den Boden eingearbeitet. Rohphosphat aus gemahlenem Gestein ist besonders gut für einen neu angelegten Garten geeignet, es wird über mehrere Jahre langsam an den Boden abgegeben. Wenn Sie einen Gartenboden mit basischem pH-Wert haben, sollten sie allerdings kein Rohphosphat einsetzen.

Sekundärnährstoffe

Kalzium: Kalzium ist wichtig für das Zellwachstum, vor allem für den Aufbau der Zellwände. Bei Kalziummangel droht verstärkt die Blütenendfäule an Früchten; siehe „Blütenendfäule" (Seite 71). Woher? Eierschalen, Muschelschalen, Kalkstein.

Eisen: Eisen wird für die Bildung von Chlorophyll gebraucht, daher verrät sich Eisenmangel durch die gelbe Farbe der austreibenden Blätter. Woher? Blattdüngung mit Algendünger (Seite 65).

Magnesium: Pflanzen mit Magnesiummangel wachsen verkümmert und ihre älteren Blätter verfärben sich gelb; nur die Blattadern bleiben dunkelgrün. Bei Magnesiumüberschuss können die Pflanzen andere Nährstoffe nur eingeschränkt aufnehmen. Woher? Bittersalz; siehe „Spritzmittel mit Bittersalz" (Seite 76).

Dünger selbst gemacht

Kaffeesatz

Kaffeesatz ist eine kostengünstige Stickstoffquelle und enthält außerdem geringere Mengen Kalium und Phosphat (in dieser Reihenfolge). Und das Beste ... Schnecken hassen Kaffee. Streuen Sie Kaffeesatz um Ihre Lieblingspflanzen aus, um die Schleimer fern zu halten.

Kaffeesatz hat allerdings einen Nachteil: Er ist leicht sauer. Der pH-Wert des Bodens wird sich sicher nicht verändern, wenn Sie gelegentlich etwas Kaffeesatz um die Salate und Gemüse verstreuen, aber Kaffee-Junkies sollten sich auf Säure liebende Pflanzen, wie Blaubeeren, beschränken. Auf der sicheren Seite sind Sie, wenn Sie größere Mengen Kaffeesatz kompostieren und dann als Kompost im Garten verteilen. So kommt der Stickstoff auch empfindlichen Pflanzen und Keimlingen zugute.

Schalentiere (Garnelen, Krebse, Hummer)

Zerstoßen Sie die Überreste Ihres Festmahls und vergraben Sie die Schalen in einem 60 cm tiefen Loch im Garten. Darin zersetzen sich die Schalen innerhalb einiger Wochen und geben Stickstoff, Phosphor und Kalk direkt an den Boden ab. Wenn Sie die Stelle markiert haben, können Sie nach einem Monat die kompostierten Reste wieder ausbuddeln und im Garten verteilen.

Geflügelmist

Geflügelmist stinkt bestialisch, ist aber ein ausgezeichneter, nährstoffreicher Dünger. Wenn Sie selbst Geflügel halten, sollten Sie die Hinterlassenschaften Ihres Federviehs auf keinen Fall verkommen lassen: Packen Sie den Mist zusammen mit dem Stroh auf den Kompost. Dort muss er mindestens ein halbes Jahr kompostieren, denn frischer Mist enthält zu viel Stickstoff und würde die Pflanzen verbrennen.

Beinwelltee

Beinwell (*Symphytum officinale*) kann sich als aggressives Unkraut erweisen, hat aber auch sein Gutes: Es enthält große Mengen Phosphate, Kalium, Magnesium und Spurenelemente. Statt sich über den Beinwell im Garten zu ärgern, sollten Sie einen Düngertee daraus machen und damit seine Nährstoffe an die Pflanzen zurückgeben. Füllen Sie einen Eimer mit 1 Teil Beinwellblättern und 2 Teilen Wasser und stellen Sie ihn ein bis zwei Tage in die Sonne. Gießen Sie den Sud durch ein Sieb und düngen Sie damit die Pflanzen. Nach Verdünnung mit Wasser (1:1 oder dünner) können Sie den Sud auch auf die Blätter sprühen.

Fischabfälle

Ungekochte Fischabfälle (Köpfe, Schwänze, Innereien) enthalten reichlich Stickstoff, Spurenelemente und etwas Kalzium. Um neugierige Tiere fern zu halten, graben Sie ein etwa 60 cm tiefes Loch und werfen Sie Abfälle hinein; beim Verrotten geben sie ihre Inhaltsstoffe an den Boden ab. Sie können die Fischabfälle auch zwischen den Reihen von Gemüsepflanzen oder in der Nähe von Tomaten, Mais und anderen Pflanzen eingraben, die viel Stickstoff brauchen.

Tee aus Wurmkompost

Wurmkompost ist ein ausgewogener, perfekt zusammengesetzter Dünger für den Garten. Er wirkt noch besser, wenn er direkt auf die Pflanzen gesprüht wird. Wenn Sie einen eigenen Wurmkomposter haben, entnehmen Sie einige Teelöffel der Wurmausscheidungen. Lösen Sie den Kompost in 4 Liter warmem Wasser auf und lassen Sie den Ansatz etwa 24 Stunden lang stehen; sieben und in eine Sprühflasche füllen. Wenn Sie mögen, können Sie die Wurmausscheidungen auch direkt auf Papier oder Mull sammeln und dann auflösen.

Stellen Sie einen kleinen Behälter mit Kompostwürmern in die Küche. Sie verwandeln die anfallenden Gemüseabfälle das ganze Jahr über in kostenlosen Dünger. Kompostwürmer sind pflegeleicht, riechen nicht und sind irgendwie auch niedlich.

Wie düngen?

Ähnlich wie zu viel Wasser eine Pflanze ertränken und zu Problemen im Garten führen kann, macht zu viel Dünger die Pflanzen anfällig und krank. Gehen Sie sparsam mit Dünger um; die meisten Pflanzen kommen sogar besser mit zu wenig als mit zu viel Dünger zurecht. Achten Sie auf jedes Anzeichen von Überdüngung, insbesondere auf Stickstoffüberfluss, und schalten Sie rechtzeitig einen Gang zurück.

Kopfdüngung

Düngerhungrige Pflanzen freuen sich in kritischen Zeiten über eine Extraportion Trockendünger oder andere Zusätze, die den Boden verbessern. Diese so genannte Kopfdüngung wird direkt an der Pflanze

gegeben, meist ein- bis zweimal pro Jahr, wenn der Bedarf besonders hoch ist: Die erste Düngerportion gibt man zur Pflanzzeit, die zweite, nachdem die Pflanze Blüten gebildet hat.

Kommerzielle Düngerpackungen: Folgen Sie den Packungsanweisungen.

Kompost, Wurmkompost und Algenprodukte: Je nach Größe und Bedarf eine bis maximal zwei Handvoll.

So geht's:

1. Ziehen Sie etwa im Abstand einer Handbreite mit der Hand, einer Hacke oder Löffel einen Kreis um den Stängel der Pflanze; es kommt nicht auf Genauigkeit an.
2. Verteilen Sie darin den Dünger gleichmäßig und arbeiten Sie ihn vorsichtig in den Boden ein.

Blattdüngung

Alle Düngerformen, von der Fischemulsion über Algen, Kompost und Wurmkompost bis zum Beinwell lassen sich auch als Tee mit der Sprühflasche über die Blätter verteilen. Zusätzlich zur routinemäßigen Düngung versorgt die Blattdüngung Pflanzen, denen es gerade nicht so gut geht, in kürzester Zeit wieder mit den notwendigen Nährstoffen. Oben habe ich zwar davon abgeraten, die Blätter nass zu machen, doch in diesem Fall überwiegt eindeutig das Positive. Da die Blattdüngung mehr nutzt als schadet, ist sie die berühmte Ausnahme von der Regel.

Versprühen Sie den Blattdünger zum Schutz der Pflanzen während der kühlsten Tageszeit und verdünnen Sie den Dünger, damit die Blätter nicht verbrennen.

Kapitel 6: Angriffe auf den Garten

Selbst auf die Gefahr hin, wie eine kaputte Schallplatte zu klingen, aber der sicherste Weg zu einem Garten, der nicht von Schädlingen und Krankheiten überrannt wird, ist der ganzheitliche Ansatz: In einer gesunden Umgebung gedeihen gesunde Pflanzen.

Jeder kennt das Problem: Wenn man gestresst ist und bis an die Grenze belastet, wirft uns schon die kleinste Erkältung um. Ist man dagegen ausgeruht, fit und vitaminreich ernährt, nimmt man es mit der ganzen Welt auf.

Schadinsekten und Krankheitskeime werden von schwachen, kränklichen Pflanzen wie ein Magnet angezogen. Unter vielen Gärtnern ist der Irrglaube verbreitet, man müsse nur alle Schädlinge und Keime komplett wegspritzen, dann sei der Garten sicher vor allen negativen Einflüssen und seine Pflanzen prächtig und gesund. Leider hängt dieses keimfreie, schädlingslose Utopia am Drücker einer Spritze mit chemischen Giften. Selbst wenn es gelänge, alle Schädlinge mit Pestiziden und Insektiziden zu töten oder zu vertreiben, fielen dem Gift auch zahllose nützliche Räuber, Bestäuber und andere Organismen zum Opfer, die im Garten wichtige Aufgaben erfüllen. In der Tat brauchen Pflanzen sogar einen gewissen „Angriffsdruck", um Resistenzen und Abwehrkräfte zu entwickeln. Wer jegliches Leben in seinem Garten tötet, macht seine Pflanzen „faul" – beim nächsten kleinen Angriff eines Schädlings oder Keimes geben sie widerstandslos auf. Auch wenn Sie sich noch so anstrengen, solche Angriffe kommen garantiert!

Natürlich gibt es auch in einem ökologischen Gleichgewicht Schädlinge und Krankheitskeime, aber sie haben gegen gesunde, resistente oder widerstandsfähige Pflanzen und eine Armee von räuberischen, hungrigen Nützlingen keine Chance, einen Totalschaden anzurichten. Locken Sie die Nützlinge durch geeignete Begleitpflanzen in den Garten. Sie führen den intensiven Kampf gegen die Schädlinge an Ihrer Stelle und Ihnen bleibt mehr Zeit, beim entspannten Ausruhen über den Sinn des von Ihnen geschaffenen ökologischen Gleichgewichtes zu meditieren.

Jeder Garten schmerzt ... manchmal

Ich will ehrlich sein: Es gibt keinen perfekten Garten ohne Krankheiten und Schädlinge. Auch wenn Sie sich noch so sehr bemühen, eine gelegentliche Massenvermehrung von Blattläusen ist unvermeidlich. Manchmal reicht schon ein Wetterumschwung aus, das mühsam aufgebaute Gleichgewicht zu stören. In diesem Kapitel geht es um einige der üblichen Probleme im Gemüsegarten, um vorbeugende Maßnahmen und Lösungen, wenn das Schicksal in Form hungriger Tiere zuschlägt.

Der Gestreifte Gurkenkäfer sieht zwar hübsch aus, ist aber leider kein freundlicher Gartenbewohner. Sowohl seine Larven als auch die erwachsenen Käfer machen sich über die Kürbisgewächse her und verbreiten Viruskrankheiten.

Erkenne deine Feinde

Ein frühzeitig erkanntes Problem ist bereits die halbe Lösung für die Abwehr einer kleineren Infektion. Selbst wenn es für diesmal zu spät sein sollte, sind Sie beim nächsten Angriff besser vorbereitet und können zielgerichtet reagieren.

Für die mobilen Gärtner gibt es eine gute Nachricht: In neu angelegten Töpfen stellen sich so gut wie nie Krankheitskeime und Schädlinge ein. Es bleibt Ihnen also genügend Zeit, sich mit den Grundlagen vertraut zu machen, bevor die Schädlinge Ihre Pflanzen aufspüren.

Schadinsekten

Hier folgen ein paar der gängigsten Feinde Ihrer Gemüsezucht und Tipps, was Sie dagegen unternehmen können.

Blattläuse

Diese Schädlinge müssen nicht vorgestellt werden, denn man kann ihnen nicht entgehen. Früher oder später suchen sie jeden Garten heim. Vermutlich kennen Sie Blattläuse als leuchtend grüne, birnenförmige Sauger, doch es gibt Arten in allen möglichen Farben. Blattläuse dürften zu den hartnäckigsten Schädlingen gehören. Sie können bei Massenbefall zu einer echten Plage werden; dann saugen sie den Pflanzen wie Minivampire regelrecht den Lebenssaft aus.
Was tun dagegen? Ringelblumen und Pflanzen aus der Zwiebelfamilie sollen sie abschrecken, während Kohl und Kapuzinerkresse sie anlocken und von anderen Pflanzen abhalten. Machen Sie Ihren Garten mit „Lockpflanzen" für Insekten attraktiv, die Hunger auf Blattläuse mitbringen: Florfliegen, Marienkäfer, Spinnen und Raubwanzen (mehr Information auf Seite 74).

Kohlweißlinge und ihre Raupen

Die kleinen, weißen, hektisch um die Kohlpflanzen tanzenden Schmetterlinge sehen im Sommer eigentlich hübsch aus. Dabei haben die Kohlweißlinge Gutes nur für ihre Nachkommen und Übles für uns Gärtner im Sinn: Sie legen gelbe Eier auf den Blättern ab, aus denen grüne Raupen schlüpfen. Diese sehr hungrigen Raupen machen sich über die Blätter von Kohlpflanzen her.
Was tun dagegen? Decken Sie die jungen Kohlpflänzchen gleich nach dem Pflanzen mit Insektennetzen ab und schrecken Sie die erwachsenen Schmetterlinge mit Sellerie, Ysop, Minze, Salbei und Thymian ab. Streifen Sie die auffälligen Eier mit der Hand von den Blättern und pflanzen Sie Blumen aus der Korbblütenfamilie in die Nähe. Sie locken parasitische Solitärwespen an – große Feinde der Larven.

Möhrenfliege

Wie bei den Kohlweißlingen sind die erwachsenen Fliegen völlig ungefährlich. Sie fliegen nur zu einem einzigen Zweck im Garten umher: Sie suchen einen guten Platz für ihre Eier. Die Maden, die daraus schlüpfen, fressen Gänge durch junge Möhren und anderes Wurzelgemüse.
Was tun dagegen? Wenn Sie Möhrenfliegen erwarten, decken Sie schon die ausgesäten Wurzelgemüse mit Insektennetzen ab. Entfernen Sie nach der Erntezeit alle Möhren aus dem Boden; damit nehmen sie den Nachzüglern das sichere Winterquartier. Pflanzen Sie in die Nähe der Möhren abschreckende Arten, wie Zwiebeln, Rosmarin oder Salbei.

Die erwachsenen Kohlweißlinge sehen zart und unschuldig aus, eigentlich sogar hübsch, doch ihre zahlreiche Nachkommenschaft fällt als hungrige Armee von Raupen über alle Formen von Kohl her.

Kartoffelkäfer

Trotz ihres scheinbar eindeutigen Namens fallen Kartoffelkäfer auch über eine ganze Reihe anderer Nutzpflanzen her, darunter Tomaten, Paprika und Aubergine – natürlich auch über die namensgebenden Kartoffeln. Sowohl die Käfer als auch die Larven verraten sich im Garten durch leuchtende Farben und ihre gedrungenen Körper. Das muss an den Kohlenhydraten liegen! Die Käfer haben einen orangefarbenen Kopf und gelb-schwarz gestreiften Rücken, die Larven sind orange mit kleinen, schwarzen Punkten an den Seiten. Die Weibchen kleben ihre orangefarbenen Eier an die Unterseite der Blätter.

Was tun dagegen? Drehen Sie jedes Blatt um (wirklich jedes) und streifen Sie Eier und Larven mit der Hand ab. Locken Sie mit einer dicken Strohschicht räuberische Laufkäfer an, die sich über die erwachsenen Kartoffelkäfer hermachen. Pflanzen Sie abwechselnd mit den Kartoffeln Buschbohnen und in der Nähe Knoblauch, Katzenminze, Rainfarn und Schafgarbe, die Kartoffelkäfer abschrecken und räuberische Insekten anlocken.

Gurkenkäfer

Es gibt verschiedene Arten von Käfern (mit Streifen oder Punkten), die sich über die Gurken und andere Mitglieder der Kürbisfamilie hermachen. Sie fressen die Blüten, Blätter, manchmal auch die jungen Früchte, zarten Stängel und Wurzeln. Mais, Bohnen, gelegentlich sogar Erbsen sind ebenfalls gefährdet.

Was tun dagegen? Radieschen sollen die Gurkenkäfer abschrecken. Da sich die Käfer problemlos mit der Hand fangen lassen, führt der sicherste Weg zum schädlingsarmen Beet aber über die Handarbeit. Locken Sie räuberische Insekten, wie Marienkäfer, Soldatenkäfer und parasitische Wespen in Ihren Garten (siehe „Allseits beliebt", Seite 36). Legen Sie eine dicke Strohschicht als Mulch aus, um den Larven den Weg aus dem Boden zu versperren.

Saateulen

Die unterirdisch (2–3 cm tief) lebenden Raupen der Saateulen fressen sich durch die Stängel von Jungpflanzen. Im Verhältnis zu ihrer winzigen Größe richten sie verheerende Schäden an und können in einer einzigen nächtlichen Fressorgie ein gesamtes Beet vernichten. Wenn Sie am anderen Morgen nach Ihren Jungpflanzen sehen, finden Sie nur die Reste – sauber abgeschnitten wie mit einem Messer.

Was tun dagegen? Locken sie Schwarzkäfer mit einer dicken Lage Stroh in den Garten und schützen Sie Ihre Jungpflanzen mit einem „Kragen" (Seite 75).

Flohkäfer

Diese winzigen Käfer sind nicht wählerisch. Sie hüpfen im Garten herum und bohren kleine Löcher in die Blätter von Radieschen, Auberginen, Kartoffeln und einigen anderen Arten. Die Blätter sind zwar noch essbar, sehen aber aus, als seien sie von der winzigsten Schrotflinte der Welt durchlöchert worden.

Was tun dagegen? Decken Sie die Pflanzen mit einer Insektenfolie ab. Senf, Kapuzinerkresse und Zwiebeln sollen die Flohkäfer abschrecken. Da sich Flohkäfer am liebsten in der Sonne aufhalten, wäre ein Beet im lichten Schatten ideal.

Erbsenwickler

Die unscheinbaren Nachtfalter machen kaum den Eindruck, Bohnen oder Erbsen ernsthaft schaden zu können, doch im Schutz der Nacht kleben sie ihre Eier an die Blüten oder jungen Hülsen. Die schlüpfenden Raupen bohren sich in die Hülsen ein und machen sich mit Genuss über die zarten Gewebe her. Da sie von außen kaum zu sehen sind, verraten sie sich erst bei der Ernte durch angefressene Erbsen und Bohnen.

Was tun dagegen? Die erwachsenen Falter werden nachts von Fledermäusen gejagt, die in den meisten Stadtgärten leider als Fressfeinde ausfallen. Die Raupen sind aber interessant für die insektenfressenden Nützlinge, wie Vögel, Igel, Spitzmäuse oder Laufkäfer.

Breiten Sie zur Schwärmzeit (Mai bis Juni) Insektennetze über den Beeten aus oder säen sie sehr früh oder spät. Entfernen Sie sofort jede angeknabberte Hülse (nicht auf den Kompost), um Entwicklung und Verpuppung zu hemmen.

Schnecken

Unter dem Strich sind Schnecken wirklich die übelsten Schädlinge im Garten. Sie fressen alles, was zart und grün ist und scheinen sich über Nacht zu vermehren. Wenn man ein Dutzend einsammelt, übernehmen 20 andere ihren Platz. Schnecken lieben dunkle, feuchte Verstecke und sind daher vor allem in regenreichen Jahren eine echte Plage.

Was tun dagegen? Schaffen Sie Bedingungen, in denen sich die natürlichen Feinde der Schnecken – Laufkäfer, Vögel, Enten, Schlangen, Kröten, Hundertfüßer und Eidechsen – wohl fühlen. Stellen Sie Fallen und Barrieren auf: Graben Sie Bierbecher ein, legen Sie Ringe aus Kupfer oder Aluminiumfolie um die Pflanzen oder mulchen Sie mit zerdrückten Eierschalen.

Spinnmilben

Die winzigen Spinnmilben kommen in vielen Arten vor und sind in den meisten Gärten allgegenwärtig. Besonders übel ist die Gemeine Spinnmilbe oder Rote Spinne, weil sie überhaupt nicht wählerisch ist; insgesamt befällt sie 200 Pflanzenarten, darunter auch Gurken, Tomaten, Beerenobst und Kartoffeln. Das erste Anzeichen sind kleine, helle Flecken auf der Blattoberseite, die zu großen Flecken verschmelzen; letztlich sterben die Blätter ab. Bei starkem Befall sind feine Gespinste auf den Blattunterseiten ein sicheres Kennzeichen.

Was tun dagegen? Wegen ihrer winzigen Größe nützen Insektennetze nicht viel. Manche Gärtner empfehlen Knoblauch- oder Basilikumtee als Spritzmittel bei Befall. Die beste Vorbeugung ist ein gut belüfteter Standort mit relativ hoher Luftfeuchte, da Spinnmilben die Trockenheit lieben; außerdem sind viele Nützlinge hinter den Spinnmilben her.

Schützen Sie anfällige Pflanzen vorbeugend vor Braunfäule und Viruskrankheiten: Sprühen Sie verdünnte Milch oder Komposttee über die Blätter der Jungpflanzen. Entfernen Sie infizierte Exemplare, damit sich die Krankheit nicht ausbreiten kann.

Krankheiten

Es sind nicht nur Schädlinge, die unseren Pflanzen zu schaffen machen. Hier folgen einige besonders häufige Krankheiten und Tipps, wie sie zu kurieren sind.

Blütenendfäule

Die Blütenendfäule äußert sich, meist bei Tomaten, als ein eingesenkter, dunkler Fleck an der Basis der reifenden Frucht. Der eigentliche Grund ist ein Mangel in der Kalziumversorgung, doch in der Regel entsteht diese Mangelkrankheit eher durch zu große Trockenheit als durch Kalziummangel im Boden.
Was tun dagegen? Gießen Sie die Tomaten, vor allem Kübelpflanzen, wirklich tiefgründig. Die Erde darf auf keinen Fall vollständig austrocknen. Ziehen Sie immer nur eine Tomatenpflanze pro Gefäß.

Kohlhernie

Die Kohlhernie ist eine Pilzkrankheit, die alle Kohlsorten befallen kann; besonders gefährdet sind Brokkoli, Kopfkohl und Blumenkohl. Die Krankheit äußert sich in Form von missgebildeten, deformierten Wurzeln und welken Pflanzen mit Zwergwuchs.
Was tun dagegen? Kohlhernie tritt vorwiegend bei Pflanzen auf, die in sauren Böden wachsen. Senken Sie das Risiko durch Zugabe von Kalk und verbessern Sie die Durchlässigkeit des Bodens. Pflanzen Sie keine Kohlsorten in ein Beet, in dem Kohlhernie aufgetreten ist.

Gurkenmosaikvirus (GMV)

Das Gurkenmosaikvirus wird von Blattläusen übertragen. Es kann Tomaten, Paprika und Melonen, aber auch Gurken infizieren. Der Befall äußert sich als gelbe Sprenkel auf den Blättern und schreitet fort zu verdrehten, deformierten Blättern.
Was tun dagegen? Einer Pflanze, die sich mit dem GMV infiziert hat, ist nicht mehr zu helfen. Sie muss komplett entfernt und entsorgt werden (keinesfalls auf den Kompost!). Fördern Sie Nützlinge, die Blattläuse fressen und halten Sie eine Fruchtfolge ein.

Umfallkrankheit

Die Umfallkrankheit wird von Pilzen verursacht und betrifft Keimpflanzen in den ersten Lebenswochen. Die Ausbreitung der Pilze wird durch Feuchtigkeit, fehlende Luftzirkulation und unsaubere oder infizierte Erde gefördert. Die Pilze dringen in die Stängelbasis ein; sie wird weich und die Pflanze fällt um. Für befallene Pflanzen gibt es keine Rettung.

Was tun dagegen? Gegen die Umfallkrankheit hilft vor allem Vorbeugung. Verwenden Sie in Töpfen nur saubere, sterile Erde und sorgen sie für gute Belüftung. Sprühen Sie kein Wasser über die Keimpflanzen ein: Wässern Sie von unten, über den Untersetzer. Schütten Sie dann überstehendes Wasser ab. Kamillentee beugt dem Pilzbefall vor, wenn er rechtzeitig mit dem Gießwasser gegeben wird.

Mehltau

Im Gemüsegarten tritt am häufigsten der Echte Mehltau auf. Er äußert sich als graues bis weißes Pulver auf den Blättern und Blüten der infizierten Pflanzen. Mehltau breitet sich vorwiegend in feuchter Atmosphäre aus, wenn die Pflanzen ohne gute Luftzirkulation wachsen. Es gibt allerdings auch besonders anfällige Arten, wie Salbei oder Gurken.

Was tun dagegen? Halten Sie ausreichende Abstände zwischen den Pflanzen ein und entfernen Sie einige Blätter für bessere Luftzirkulation. Sprühen Sie die Pflanzen mit einer Brühe gegen Mehltau (Seite 76) ein.

Das beste Mittel gegen den Echten Mehltau ist Vorbeugung, denn eine infizierte Pflanze wird den Pilz kaum wieder los.

Garten-Kreuzspinnen sind Ihre besten Verbündeten, in deren Netze sich zahlreiche Schädlinge verfangen.

Barrieren, Brühen und Helfer aus der Natur

Auch im gesündesten Garten treten hin und wieder Probleme auf. Diese Brühen, vorbeugende Maßnahmen, und Partner aus der Natur helfen Ihnen dabei, die größten Probleme zu vermeiden, noch ehe sie auftreten. Und sollten die Dinge doch außer Kontrolle geraten, kommen Sie damit zumindest wieder über den Berg.

Gegen fliegende Insekten

Hilfstruppen sammeln

Nützliche Insekten in den Garten zu locken, geht ganz einfach: Pflanzen Sie die Blumen, die sie lieben, und sie kommen von selbst. Lernen Sie die „Guten"

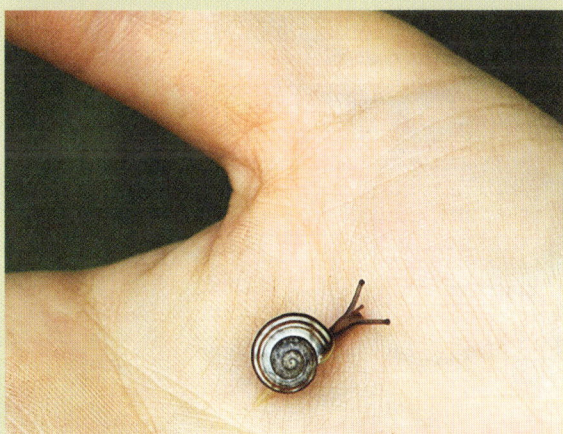

Schnecken sammeln Sie am besten einzeln mit der Hand ein.

kennen, ihre Eier und Larven, damit Sie beim Absammeln von Schädlingen nicht aus Versehen Ihre Helfer entfernen. In vielen Fällen sind die Larven mehr hinter den Schadinsekten her als die ausgewachsenen Stadien. Jedes erwachsene, nützliche Insekt hat Vorlieben für bestimmte Pflanzen. Da sie sich nur für die Blüten interessieren, müssen Sie dafür sorgen, dass stets einige Exemplare blühen.

Das Fünf-Finger-System

Auch wenn es sich grausam anhört, die Insekten einzeln und gezielt mit der Hand einzusammeln, ist die effizienteste und umweltfreundlichste Lösung. Pflücken Sie die Raupen und Käfer direkt von der Pflanze, zertreten Sie sie oder werfen Sie sie in einen Eimer mit Seifenlösung. Die Natur kann grausam sein, es steht uns nicht zu, darüber zu lamentieren. Noch schneller geht es, wenn Sie Zeitungen oder eine Plane auf der Erde ausbreiten und die befallene Pflanze vorsichtig schütteln.

Jeder einfache Plastikbecher eignet sich als Kragen, um Larven der Saateule abzuwehren.

Kragen gegen Saateulen

Jedes Objekt, das sich in eine Röhre verwandeln lässt, kann als „Kragen" um eine Jungpflanze die Raupen der Saateulen von den zarten Stängeln fernhalten. Eine alte Klorolle geht gut, lässt sich aber kaum über eine größere Pflanze bis auf die Erde schieben. Das klappt andererseits ziemlich gut mit einer oben und unten abgeschnittenen Plastikflasche (zur Not längs einschneiden, um den Stängel legen und mit Paketband wieder fixieren) oder einer beiderseits geöffneten Dose.

Drücken Sie den Kragen mindestens 5 cm tief in die Erde, denn die Raupen halten sich in den oberen 2–3 cm auf. Während eine Papröhre von selbst zerfällt, können Sie Kragen aus Plastik mit der Schere aufschneiden, wenn der Stängel dicker wird als 1 cm.

Insektennetz im Eigenbau

Statt ein Insektennetz (auch „Gemüsenetz") fertig zu kaufen, decken Sie die Beete mit einer alten, aus der Mode gekommenen, nicht zu fein gewebten Gardine zu. Insektennetze eignen sich für alle Gemüse, die anfällig gegen Kohlweißlinge und andere fliegende Schädlinge sind. Die Eltern suchen nach speziellen Wirtspflanzen, auf denen sie ihre Eier ablegen können – das feine Netz versperrt ihnen den Weg. Ist die Zeit der Eiablage vorüber, wird das Netz entfernt. Die dünnen Gardinen verhindern nur die Eiablage, sie lassen sowohl Licht als auch Feuchtigkeit durch.

Schneckenfallen

Schnecken brauchen Feuchtigkeit und werden von feuchten, dunklen Verstecken angelockt wie Fliegen von einem Kuhfladen. Der vergrabene Margarinen-/Joghurtbecher mit Bier ist eine klassische Schneckenfalle, sie können sie aber auch mit einem feuchten Mahl ködern: Legen Sie ein Kohlblatt oder eine leere Melonenschale direkt auf die Erde und die Schleimer sammeln sich bald unter dem dunklen Köder. Bieten Sie die umgedrehte Falle den Vögeln auf dem Rasen an oder werfen Sie alles in einen Eimer mit Seifenlauge.

Nützliche Gegenspieler

- Florfliegen
- Gallmücken
- Ohrwürmer
- Laufkäfer
- Marienkäfer
- Raubmilben
- Raubwanzen
- Raupenfliegen
- Schlupfwespen
- Schwebfliegen
- Spinnen
- Solitärwespen

Blüten, die Nützlinge anlocken

- Doldenblütengewächse wie
    Dill
    Koriander
    Wiesenkerbel
    Wilde Möhre
- Korbblütengewächse wie
    Kamille
    Margarite
    Schafgarbe
    Zinnien
- Sonnenblumen
- Basilikum
- Bienenfreund
- Borretsch
- Goldrute
- Katzenminze
- Minze
- Ringelblume
- Weiße Spornblume

Tierische Schädlinge eindämmen

Ob im „echten" oder im mobilen Garten auf dem Dachgarten, früher oder später werden sich Tiere einstellen. Ich mag die Stare, die sich ihr Nest im Dachboden unseres Hauses gebaut haben. Dass sie sich allerdings über meine Lieblingstomatenpflanze hergemacht und sie für ihren Nestbau geplündert haben – sie ging danach ein –, habe ich ihnen kurzfristig ziemlich übel genommen. Halten Sie sich an die folgenden Tipps, um die wilden Tiere von ihrem Salat und Gemüse abzuhalten, denn sie sind in Ihrem sicheren, tierfreundlichen Garten selbstverständlich willkommen. Kein Tier wird verletzt!

– Binden Sie zur Abschreckung von Vögeln Alufolie, CDs und Büchsen zusammen. Sie machen im Wind abschreckende Geräusche.

– Katzen lieben frisch umgegrabenen oder geharkten Boden. Streuen Sie Zitronenschalen aus, das hält sie sogar von ihrem Lieblingsplatz fern.

– Schützen Sie ihre Jungpflanzen vor grabenden Eichhörnchen auf Futtersuche mit einem Kragen aus dem Mittelstück einer alten Plastikflasche (Boden und Spitze abschneiden).

– Biegen Sie sich aus Kaninchendraht Schutzkäfige, die Sie über Töpfe und Pflanzen stellen, legen Sie ihn wie einen kratzfesten Mulch aus Metall über das Beet oder wickeln Sie ihn um die Basis von Blumentöpfen.

– Streuen Sie Katzenkot vor allen Eingängen von Wühlmausgängen aus. Der Geruch hält sie manchmal davon ab, sich den Garten vorzunehmen. Um Wühlmäuse dauerhaft los zu werden, müssen Sie die Gänge täglich kontrollieren.

Ein Zaun aus Kaninchendraht um den Blumentopf hält neugierige Eichhörnchen und Katzen von der Erde fern.

Mit Hausmitteln gegen Krankheiten

Brühe gegen Echten Mehltau

In Wasser gelöstes Backnatron ist ein klassisches Spritzmittel gegen Mehltau, sofern es frühzeitig angewandt wird. Ich habe herausgefunden, dass verdünnte Milch sogar noch besser funktioniert, sowohl zur Vorbeugung als auch zur Bekämpfung, falls die Pflanze bereits Mehltau hat. Verdünnen Sie schlechte oder fast abgelaufene Milch 1:1 mit Wasser und gießen Sie die Mischung um die Pflanze auf den Boden oder sprühen Sie damit die Blätter der infizierten Pflanze ein. Zu Beginn der Gartensaison verdünne ich die Mischung sogar noch stärker mit Wasser und spritze vorbeugend. Wenn es im Sommer wärmer und feuchter wird, mische ich weniger Wasser bei. Meine Milchmischung wirkt Wunder an Tomaten, Zucchini und Gurken. Wenn Sie gelegentlich etwas Algenextrakt oder Tee aus Wurmkompost (Seite 64) beimischen, ist das Spritzmittel Abwehr und Blattdünger zugleich.

Spritzmittel mit Bittersalz

Das preiswerte Bittersalz ist nicht nur ein beliebtes Badesalz, es versorgt Pflanzen auch mit dem notwendigen Magnesium, wenn sie Früchte ansetzen. Lösen Sie einen Teelöffel Bittersalz in 1 L Wasser auf und sprühen Sie die Mischung über Paprika-, Auberginen- und Tomatenblüten. Sie können auch die Blätter einsprühen, sobald die ersten Knospen erscheinen.

Auf einen Blick: Vorbeugung gegen Krankheiten und Schädlinge

Fruchtfolge: Wechseln Sie jährlich, zumindest aber alle paar Jahre die Bepflanzung, damit nicht eine Pflanzenfamilie am selben Ort Insekten und Krankheiten anzieht; außerdem kann sich der Boden besser erholen (Seite 35).

Kennen und erfüllen Sie die Ansprüche: Zu viel oder zu wenig Wasser, zu kleine Gefäße oder falsche Kulturbedingungen setzen Pflanzen unter Stress und machen sie anfällig gegen Angriffe (Seite 71).

Guter Boden: Guter Boden bedeutet gesunde Pflanzen mit hoher, natürlicher Widerstandskraft (Seite 46).

Begleitpflanzen: Achten Sie auf gute Nachbarschaft durch geeignete Begleitpflanzen (Seite 34).

Gartenhygiene: Entsorgen Sie erkrankte Pflanzen und halten Sie Ihre Werkzeuge sauber; das gilt besonders, wenn diese mit kranken Pflanzen in Berührung gekommen sind.

Bloß nicht übertreiben: Auch im Garten kann zu viel einer guten Sache ins Negative umschlagen. Pflanzen, die zu viel gedüngt werden, vor allem mit Stickstoff, schießen und werden anfällig (Seite 63).

Teil 2

Die Pflanzen

Kapitel 7: Gemüse

Kennen Sie den Spruch, dass man nichts geschenkt bekommt? Wie wahr das ist, erlebe ich immer wieder in meinem Gemüsegarten. Einerseits verlangen Gemüse besonders viel Aufmerksamkeit und Arbeit, andererseits sind sie aber in vielerlei Hinsicht besonders dankbar. Obwohl oder vielleicht sogar weil sie mich fordern, bereue ich keine Minute Arbeit, wenn ich zum ersten Mal mein frisch geerntetes Gemüse probiere.

Mit wenigen Ausnahmen zieht sich der Weg vom Säen bis zur Ernte ewig lang hin – es vergehen Monate, bis ich endlich die saftigen Tomaten ernten kann, auf die ich mich so lange gefreut habe. Bis dahin müssen die Pflanzen wachsen und gedeihen und erwarten ständige Pflege. Dabei kommt es vor allem auf richtige Düngung, Wasser, Licht und Platz zum Ausbreiten an. Solange die Pflänzchen im Frühling noch winzig sind, scheint der Platz im Beet völlig ausreichend zu sein, doch später bezahlen Sie für das Gedränge mit kleinerer Ernte. Ein Tomatenpflänzchen, das gerade noch winzig in Ihrer Hand aussah, ist im Handumdrehen zu einem mächtigen Strauch herangewachsen.

Da wir gerade beim Platzbedarf sind: In einem Kasten („Kultur im Topf") habe ich jeweils aufgelistet, wie sich die entsprechende Pflanze in der wunderbaren Welt des mobilen Gartens macht. Zuerst die gute Nachricht: Alle Pflanzen wachsen auch im Topf. Andererseits, auch wenn Sie sich noch so sehr anstrengen: Nicht alle lohnen uns die Mühe mit derselben Ernte wie im Freiland und einige Arten sind sogar besonders anfällig gegen den Stress eines Lebens im Topf. Als Maßstab für die Planung Ihres mobilen Gartens habe ich die Pflanzen in Ertragsgruppen untergliedert: „geringer", „mittlerer" und „hoher Ertrag". Machen Sie die Auswahl aber nicht ausschließlich vom Ertrag abhängig. Neben der Produktivität gibt es andere Kriterien, die den Anbau einer Art lohnend machen. Manche sehen einfach großartig aus und machen viel Spaß, selbst wenn zur Erntezeit nichts als ein paar Sojabohnen herausspringen. Daher habe ich auch Arten aufgenommen, die gut in Töpfen gedeihen und wunderbare Blickpunkte abgeben.

Denken Sie bei Pflanzgefäßen stets daran, dass die meisten Pflanzen am besten und gesündesten in einem ausreichend großen Topf gedeihen. Wählen Sie möglichst Gefäße aus, die tiefer sind als die empfohlene Mindesttiefe. Zusätzlich habe ich Tipps, Tricks und Ratschläge aufgenommen, die Ihnen bei den empfindlicheren Sorten helfen dürften.

Die winzige Schälerbse 'Tom Thumb' hat die Idealgröße für einen kleinen 20–25 cm tiefen Topf. Die roten Veilchen bringen das Grün der Erbsen zum Strahlen.

Bohnen

Bohnen gelten völlig zu Unrecht als langweiliges Gemüse, kein Vergleich mit den aufregenden Tomaten oder dem leuchtend bunten Mangold. Völliger Unfug, sage ich! Natürlich sehen die üblichen grünen Bohnen ziemlich öde aus, aber es gibt viele echte Hingucker – bunte Sorten, die wie kostbarer Schmuck an den Ranken hängen.

Wachsen & Gedeihen

Bohnen gehören zu den Leguminosen (Hülsenfrüchte) oder Schmetterlingsblütengewächsen. Diese Pflanzenfamilie lebt in Symbiose mit den Bodenbakterien *Rhizobium*, die Stickstoff aus der Luft in mineralischen Stickstoff umwandeln können – eine eingebaute Düngerfabrik. Allerdings dauert dieser Prozess lange, sodass Bohnenbeete vor der Aussaat eine ordentliche Portion Kompost brauchen. Damit wird gleichzeitig die Durchlässigkeit des Bodens verbessert, was wiederum Fäule, Rost und anderen Pilzkrankheiten vorbeugt. Halten Sie den Boden feucht, aber keinesfalls nass; wenn die Saat aufgeht, ist die Gefahr der Fäule besonders groß. Gießen Sie danach weniger, aber stetig, bis die ersten Blüten erscheinen. Dann verträgt die Bohnenpflanze etwas mehr Wasser. Achten Sie auf Kleinzikaden.

Bohnen vertragen sich mit den meisten Pflanzen, mit Ausnahme von Zwiebeln und ihren Verwandten.

Die Samen kommen in den Boden, wenn die Luft-temperatur 15 °C übersteigt (Sojabohnen brauchen noch höhere Temperaturen). Ich säe meine Bohnen, kurz bevor die Erbsen auflaufen. Bis auf Sojabohnen werden die Samen über Nacht in Wasser, Komposttee oder Algenlösung eingelegt. Säen Sie direkt in den Boden oder in Klorollen (siehe „Pflänzchen aus der Klorolle" Seite 27).

Grüne Bohnen werden täglich geerntet, wenn die Hülsen dicker sind als 5–6 mm, Dicke Bohnen, sobald sich die dicken Samen innerhalb der Hülsen abzeich-nen. Bohnen zum Trocknen werden erst geerntet, wenn die Hülsen braun und trocken sind.

Kultur im Topf

Bohnen wachsen bestens in mittelgroßen bis großen Eimern und Plastikmülleimern; für kletternde Bohnen sind Hochbeete besser geeignet.

Buschbohnen
Eignung (Ertrag): hoch
Topftiefe mindestens: 30 cm
Sorten: 'Royal Burgundy', 'Contender'
Tipps: Gestaffelt säen für längere Ernte.

Stangenbohnen
Eignung (Ertrag): mittel
Topftiefe mindestens: 40 cm
Sorten: 'Neckarkönigin', 'Blauhilde'
Tipps: Stangenbohnen brauchen mehr Platz, Wärme und Feuchtigkeit als Buschbohnen.

Sojabohnen
Eignung (Ertrag): niedrig
Topftiefe mindestens: 35 cm
Sorten: 'Envy', selten angeboten (Internet)
Tipps: Vertragen keinen feuchten, kalten Boden; gute Dränage nötig.

▲
Bohnen in den Farben des Regenbogens.

◀ Meine Ausbeute an Sojabohnen aus einem einzigen, 15 cm hohen Topf.

Wunderschön farbige Borlotti-Bohnen. ▶

Busch- und Stangenbohnen

(Phaseolus vulgaris) – Schmetterlingsblütengewächse (Fabaceae)

Die niedrigen Buschbohnen liefern nur eine Ernte, dann geben sie ihren Geist auf. Daher müssen Sie für eine kontinuierliche Ernte rechtzeitig alle paar Wochen neu säen. Probieren Sie auch Sorten mit ungewöhnlichen Blüten und Hülsen aus. 'Royal Burgundy', 'Sequoia' und 'Purple King' haben violette, 'Purple Teepee' blauschwarze Hülsen. Mein absoluter Liebling ist aber 'Dragon's Tongue' mit flachen Hülsen und rötlich-purpurnen Markierungen.

Bei den Stangenbohnen geht es zwar nicht so märchenhaft zu wie bei Hans, dessen Bohnen in den Himmel wuchsen, aber sie klammern sich auf ihrem Weg ins Licht an allem fest, was sie umwinden können. Stellen Sie ein Rankgitter auf – damit wächst Ihr Garten in die dritte Dimension und Sie ernten jede Menge Bohnen auf kleinstem Raum. Ich übertreibe nicht! Verschönern Sie Garten und Teller mit der goldgelben 'Goldmarie'; 'Bernerlandfrauen' haben grüne Hülsen mit unregelmäßiger, schwarzer Zeichnung; 'Trionfo Violetto' ist eine leckere Sorte mit purpurnen Blüten und Hülsen. Eine ungewöhnliche Sorte ist auch 'Cherokee Trail of Tears' mit rötlich-braunen Hülsen und schwarzen Samen. Diese Bohne war das Hauptnahrungsmittel der amerikanischen Cherokee-Indianer, die 1838 auf einem langen Marsch in ein Reservat in Oklahoma ziehen mussten.

Feuerbohnen

(Phaseolus coccineus) – Schmetterlingsblütengewächse (Fabaceae)

Die sehr attraktiven Feuerbohnen sind nostalgische Kletterpflanzen mit großen Hülsen und wunderschönen Blüten, die Bienen, Schmetterlinge und Hummeln in den Garten locken. Sie brauchen ähnlich große Töpfe wie normale Stangenbohnen; natürlich wachsen sie auch im Boden. 'Preisgewinner' und 'Butler' bilden leuchtend rote Blüten aus, während 'Painted Lady' zweifarbig rot-weiß blüht; ihre trockenen Samen sind hübsch gesprenkelt.

Sojabohnen

(Glycine max) – Schmetterlingsblütengewächse (Fabaceae)

Die delikaten Sojabohnen (japanisch Edamame) schmecken am besten frisch geerntet: Sie werden aus den Hülsen geschält, gekocht und mit etwas Salz serviert. Sojabohnen sind zwar an wärmeres Klima gewöhnt, der Samenhandel bietet aber auch Sorten für nördlichere Breiten an (beispielsweise 'Envy'). Dennoch brauchen sie einen sonnigen, warmen Standort.

Sojabohnen werden wie Buschbohnen kultiviert, sie sind allerdings, insbesondere während der Keimung, sehr mäkelig in Bezug auf Bodenwärme und -feuchte. Wenn die Temperatur 21 °C übersteigt, werden die Samen einzeln 2,5–5 cm tief und mit einem Abstand von 5 cm in den Boden gelegt. Sojabohnen dürfen nicht quellen, sondern kommen direkt aus der Packung in den Boden.

Sehr junge Grüne Bohnen schmecken besonders köstlich, wenn sie mit einem Spritzer Olivenöl und Salz im Backofen gebacken werden. Lecker!

Kohl & Co.

Kohlpflanzen, die alle zur Pflanzengattung Brassica gehören, werden besonders gerne schlecht gemacht. Kleine Kinder mögen Brokkoli ebenso wenig wie ehemalige Präsidenten der USA. Vielleicht beruhen diese Vorurteile darauf, dass wir alle mit einigen wenigen, langweiligen Rezepten aus Omas Küche gequält wurden. Wer zum ersten Mal an einem orangefarbenen Blumenkohl oder einem purpurnen Brokkoli genascht hat, wird akzeptieren müssen, dass sogar Politiker irren!

Wachsen & Gedeihen

Alle Sorten Kohlgemüse, sie gehören wie Senf zur Familie der Kreuzblütengewächse, stellen dieselben Ansprüche an den Standort: Am liebsten mögen sie nährstoffreiche Böden in voller Sonne, akzeptieren aber auch leichten Halbschatten. Sparen Sie bei der Vorbereitung des Beetes nicht an Stickstoff, denn nur so bilden sich die großen, gesunden Blätter. Arbeiten Sie im zeitigen Frühjahr große Mengen Kompost in den Boden ein und gönnen Sie zur Pflanzzeit jedem Pflänzchen noch eine Extraportion.

Alle *Brassica*-Arten und Sorten sind Pflanzen kühlerer Regionen, reagieren aber zur Blütezeit empfindlich auf tiefe Temperaturen. Andererseits schießen sie bei hohen Temperaturen. Der Trick ist daher, die Samen so früh wie möglich, aber nicht zu früh in den Boden zu säen. Ringelblumen, Möhren, Gurken, Dill, Salat, Minze, Zwiebelgewächse und Salbei sind gute Begleitpflanzen. Kohl verträgt sich nicht mit Stangenbohnen und Erdbeeren.

Blumenkohl und Brokkoli werden zwar wegen ihrer Köpfe gepflanzt, aber wer weiß schon, dass auch ihre Blätter und Stängel köstlich schmecken – nur nichts verschwenden! Die Köpfe sind große Blütenstände. Sie werden geerntet, so lange die Knospen noch fest sind, also lange bevor sich die Blüten öffnen. Sobald Sie den großen Kopf abschneiden, treiben an den Seitensprossen kleinere Köpfe aus. Je schneller Sie diese saftigen Köpfe ernten, desto mehr neue Köpfe werden gebildet: Halten Sie sich dran!

Obwohl Kohlweißlinge für alle Mitglieder dieser Gattung die größte Bedrohung sind, machen sich auch Blattläuse, Schnecken, Flohkäfer und die Blumenfliege über die Blätter her. Die sicherste Abwehr ist ein Insektennetz (Gemüsenetz) über den Beeten; mehr dazu auf Seite 74. Auf andauernd niedrige Temperaturen, zu große Hitze oder Stickstoffmangel reagieren Brokkoli und Blumenkohl mit kleinen Köpfen. In sauren Böden tritt relativ häufig die Kohlhernie (Seite 71) auf.

Brokkoli

(*Brassica oleracea* var. *italica*) – Kreuzblütengewächse (Brassicaceae)

Ob man ihn nun mag oder nicht, Brokkoli ist gut für den Körper, er ist voller Vitamine, Kalzium und Antioxidantien.

Brokkoli verträgt leichten Frost und wächst am besten in kühlerem Wetter (um 18 °C). Versuchen Sie statt des üblichen 'Calabrese' den etwas spannenderen 'Romanesco' mit limonengrünen Blüten, die an ein dreidimensionales Fraktal erinnern; er ist allerdings etwas empfindlicher.

In Regionen mit milden Wintern können Sie riskieren, Brokkoli im Winter wachsen zu lassen. Er verträgt Temperaturen bis -12 °C und gibt einen interessanten Blickpunkt ab. Die Pflanzen werden 50–60 cm hoch und bilden zahlreiche kleine, saftige weiße oder purpurne Sprosse neben dem Blütenkopf. Pflanzen Sie Setzlinge im Spätsommer ins Beet; sie bleiben den Winter über im Beet stehen (u.U. mit leichtem Frostschutz) und werden im zeitigen Frühjahr geerntet.

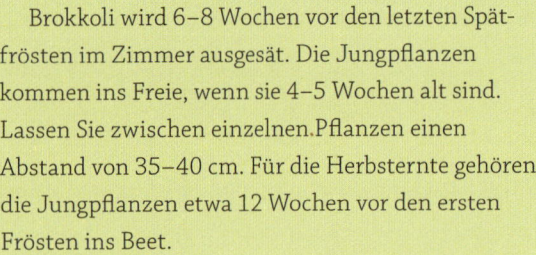

Brokkoli wird 6–8 Wochen vor den letzten Spätfrösten im Zimmer ausgesät. Die Jungpflanzen kommen ins Freie, wenn sie 4–5 Wochen alt sind. Lassen Sie zwischen einzelnen.Pflanzen einen Abstand von 35–40 cm. Für die Herbsternte gehören die Jungpflanzen etwa 12 Wochen vor den ersten Frösten ins Beet.

Sobald die Köpfe ausgewachsen, aber noch geschlossen sind, werden die Stängel 15 cm unter dem Kopf abgeschnitten. Wenn sich die gelben Blüten öffnen, ist es zu spät. Schneiden Sie auch die Köpfe an den Seitensprossen rechtzeitig ab, damit die Pflanze lange trägt.

Kopfkohl

(*Brassica oleracea* var. *capitata*) – Kreuzblütengewächse (Brassicaceae)

Kopfkohl liefert reiche Ernte – viel Gemüse in kompakter Form. Das Angebotsspektrum ist riesig: enorme, blattreiche Riesen bis zu kleinen, kompakten Formen. Wählen Sie nach dem verfügbaren Platz aus. Wenn Sie große Probleme mit Kohlweißlingen haben, sollten Sie die Kohlpflanzen konsequent mit Gemüsenetzen abdecken. Eine interessante Alternative ist Wirsing mit später Ernte ('Vertus' wird im Herbst, 'Advent' im Frühling des Folgejahres geerntet).

Säen Sie Kopfkohl 6–8 Wochen vor den letzten

Spätfrösten im Zimmer aus; 3–4 Wochen vor dem letzten Frost dürfen sie ins Freie. Pflanzen Sie die Setzlinge mit 25–30 cm Abstand; große Sorten mit entsprechend größerem Abstand. Keine Sorge um die „Jünglinge", sie vertragen leichten Frost. Die Jungpflanzen für die Herbsternte kommen 12 Wochen vor den ersten Frösten ins Freie.

Schneiden Sie die Köpfe ab oder ziehen Sie die ganze Pflanze aus dem Boden, solange die Blätter noch dicht gepackt sind. Nachzügler werden vor den ersten strengen Frösten geerntet.

Blumenkohl

(*Brassica oleracea* var. *botrytis*) – Kreuzblütengewächse (Brassicaceae)

Bei starker Sonne verfärben sich die Köpfe der meisten weißen Sorten gelblich. Diese Köpfe sind essbar, doch wenn Sie Wert auf schneeweiße Köpfe legen, müssen Sie die inneren Blätter über den Blütenstand legen und mit einem elastischen Band befestigen. Mit der Sorte 'Snowball' können Sie sich die Mühe sparen, sie ist „selbst-bleichend", da sich ihre Blätter über die Blüte legen. Besonders hübsch sehen die Sorten 'Grafitti' und 'Violetter Sizilianer' mit blauvioletten Blütenständen aus.

Blumenkohl ist etwas heikler als die übrigen Kohlsorten. Er braucht im Frühling wärmeren Boden

Von links nach rechts: Die kleinen Köpfe an den Seitentrieben verlängern die Erntesaison des Brokkoli; der bunte Blütenstand des Blumenkohls 'Violetter Sizilianer' bringt Farbe in langweilige Beete; die Blätter des Grünkohls 'Lacinato' sind dekorativ blau-grau gefärbt.

und beginnt bei heißem Wetter während der Blütenbildung sofort zu schießen. Säen Sie die Samen 4–6 Wochen vor den letzten Spätfrösten im Zimmer aus und setzen Sie die Jungpflanzen bei 15–18 °C ins Freie um. Die Samen für die Herbsternte werden im Hochsommer direkt an Ort und Stelle gesät, etwa 18 Wochen vor den ersten Frösten. Lassen Sie 35 cm Abstand zwischen den Pflanzen.

Ernten Sie die Köpfe, wenn sie noch kompakt, aber nicht mehr steinhart sind. Im Unterschied zum Brokkoli bildet Blumenkohl keine Seitensprosse. Wenn der Kopf ab ist, ist die Ernte beendet.

Grünkohl

(*Brassica oleracea* var. *sabellica*) – Kreuzblütengewächse (Brassicaceae)

Die großen gekräuselten Blätter eines Grünkohls im Garten sind ein ebenso sicheres Zeichen für den Herbst wie bunte, vom Baum fallende Blätter. Grünkohlblätter sind nicht nur sehr dekorativ, sie halten auch problemlos Frost und Schnee aus. Sie liefern noch frisches Grün, wenn alle anderen Gemüse längst geerntet oder erfroren sind. Wählen Sie unter mehreren farbigen Sorten mit attraktiven Blättern: 'Lacinato' ist eine Sorte aus der Toskana, 'Redbor' hat gekräuselte, tiefrote Blätter, die Blätter der 'Lerchenzungen' sind lang und schmal und 'Frostara' schmeckt erst richtig gut nach den ersten Frösten.

Säen Sie Grünkohl 6 Wochen vor dem letzten Frost im Zimmer oder 4 Wochen vor dem letzten Frost ins Freiland. Halten Sie für die ausgebreiteten Blätter 35–40 cm Abstand.

Grünkohl kann jederzeit geerntet werden. Die Miniblätter (schon nach 4–6 Wochen) eignen sich für Salate, die ausgereiften Blätter bis in den Winter hinein.

Kultur im Topf

Pflanzen Sie pro Topf immer nur ein Exemplar ein, in größere Aufbewahrungskisten passen auch zwei bis drei.

Brokkoli
Eignung (Ertrag): niedrig
Topftiefe mindestens: 30–40 cm
Sorten: Am besten eignen sich kleinwüchsige Sorten.

Kopfkohl
Eignung (Ertrag): mittel
Topftiefe mindestens: 30 cm
Sorten: 'Erstling', 'Eisenkopf', 'Braunschweiger'
Tipps: Ideal sind kleine Sorten mit gestaffelter Reifezeit.

Blumenkohl
Eignung (Ertrag): niedrig
Topftiefe mindestens: 30–40 cm
Sorten: 'Idol', 'Cheddar'

Grünkohl
Eignung (Ertrag): hoch
Topftiefe mindestens: 25–30 cm
Sorten: alle

Gurken *(Cucumis sativus)* – Kürbisgewächse (Cucurbitaceae)

Der Geschmack einer saftigen, knackigen, frisch von der Pflanze geernteten Gurke ist nicht zu schlagen – in Scheiben schneiden, salzen, fertig. Sie sind aber keineswegs auf die typischen grünen, länglichen Früchte angewiesen, denn es gibt Sorten in allen möglichen Formen, Größen und Farben. Für den Gärtner mit Platzproblemen haben die Samenhändler auch Miniversionen im Angebot.

Wachsen & Gedeihen

Gurken gedeihen am besten an hellen, warmen Standorten, vertragen allerdings auch Halbschatten, solange sie mindestens 4–6 Stunden direktem Sonnenlicht ausgesetzt sind. Ideal ist ein windgeschützter Platz vor einer Mauer, die die Wärme der Sonne speichert. Beim Gießen sind Gurken Primadonnen; wenn Sie die richtige Wassermenge hinkriegen, ist der Rest ein Kinderspiel. Die saftigen Früchte brauchen sehr viel Wasser, sonst werden sie trocken, schmecken bitter und bleiben klein und zäh. Während der Fruchtreife verbrauchen sie sogar noch mehr Wasser.

Klassiker sind die 'Chinesische Schlange', 'Riesenschäl' oder 'Delikatess'. Kleinere Sorten, wie 'Charlotte', 'Vorgebirgstrauben' oder 'Diamant' werden sauer eingelegt. Sehr ungewöhnlich sind 'Dickfleischige Gelbe' (als Senfgurke einlegen), die fast kugelige 'Lemon', 'White Wonder' (fast weiß) und andere farbige Sorten.

Leider sind Gurken notorisch anfällig für Echten Mehltau (Seite 72). Fehlende Luftzirkulation und trockener Boden machen sie besonders empfänglich – achten Sie auf feuchte Erde und gute Durchlüftung. Besonders ärgerlich sind Schädlinge, wie Blattläuse und Gurkenkäfer, weil sie die Pflanzen nicht nur direkt schädigen, sondern auch den Gurkenmosaikvirus übertragen, gegen den es kein Gegenmittel gibt. Kombinieren Sie die Gurken mit Buschbohnen, Dill, Salat, Kapuzinerkresse, Erbsen und Radieschen; mit Kartoffeln vertragen sie sich nicht.

Kultur im Topf

Halten Sie das Substrat stets gut feucht, damit die Ernte reich und die Gurken saftig werden.

Kleine Sorten
Eignung (Ertrag): mittel
Topftiefe mindestens: 20 cm
Sorten: 'Ministars', 'Picolino', 'Bush Champion'
Tipps: Kein Vergleich mit den „Großen", aber gut für kleine Balkons.

Rankende Gurken
Eignung (Ertrag): mittel
Topftiefe mindestens: 35–40 cm
Sorten: 'Alcor', 'Bella', 'Sandra'
Tipps: Gut für ein Rankgerüst oder eine Stütze; Ranken vom Boden abheben.

Zwergsorten wie 'Ministar' wachsen sogar in kleinen Töpfen.

Meine erste kalte Suppe habe ich bei einem Job während der Highschoolzeit kennengelernt, als ich in einer heißen Küche gearbeitet habe. Bis dahin hätte ich die Idee einer Suppe aus Rohkost für verrückt erklärt.

Gurken sind eine klassische Zutat kalter Suppen. Sie werden mit Dill oder Minze abgeschmeckt, die während der Gurkensaison reichlich im Garten vorhanden sind. Ich habe schon viele Gazpacho-Suppen für Sonntag ausprobiert, doch dieses schnelle Rezept schmeckt mir immer noch am besten.

1. Füllen Sie Gurken, Minze, Joghurt, Koriander, Zitronensaft (optional) und eine Tasse Wasser in einen Mixer und pürieren Sie die Zutaten zu einer glatten Masse (geht auch mit einem Stabmixer).

2. Bis zum Servieren kühlen.

3. Würzen Sie mit Salz nach und füllen Sie die Suppe in Schalen; dekorieren Sie mit Borretschblüten (wenn Sie mögen).

Für 4 Personen

1 Pfund Gurken, geschält und grob zerkleinert
   (das sind etwa 8 kleine Gurken)
4 Esslöffel frische Minze, gehackt
1 ½ Tassen Naturjoghurt
1 Teelöffel Zitronensaft (optional)
Salz
½ Tasse Borretschblüten (optional)

Säen & Pflanzen

Säen Sie die Gurken etwa 2–4 Wochen vor den letzten Frösten im Zimmer in Töpfe (Samen 1–2 cm tief). Nach den Spätfrösten – die Temperatur sollte mindestens 24 °C betragen – werden die Jungpflanzen ins Freiland gesetzt. Reichern Sie den Boden vor dem Auspflanzen mit viel Kompost an und versuchen Sie, die Wurzeln so wenig wie möglich zu stören. Warten Sie auf einen milden Tag mit bedecktem Himmel.

Ernte

Im Hochsommer dürfen Sie mit den ersten Gurken rechnen. Wenn Sie regelmäßig ernten, liefern Gurkenpflanzen Früchte bis zu ersten Frösten. Auch die Gurken der größeren Sorten werden bereits abgedreht oder abgeschnitten, wenn sie etwa 15 cm lang sind.

Eine junge 'White Wonder' in einem 40 cm hohen Topf. ▶

Mexikanische Minigurken (*Melothria scabra*) bilden kleine, säuerliche Früchte, die wie Melonen für die Puppenstube aussehen (es soll abenteuerlustige Gärtner geben, die regelrecht süchtig nach Minigurken sind). ▼

Auberginen (*Solanum melongena*) – Nachtschattengewächse (Solanaceae)

Auberginen sind ziemlich exotische Gemüse, die in ihrer traditionellen langen, tief-violetten Form aus der italienischen und griechischen Küche bekannt sind. Manche Sorten erinnern dagegen eher an Aliens der Pflanzenwelt. Auberginenpflanzen sind eine attraktive Bereicherung des Gemüsegartens. Ihre auffallend samtig-weiche Blätter und hübsche Blüten passen gut zu purpurnen und roten Pflanzen.

Wachsen & Gedeihen

Auberginen haben nur an einem geschützten, warmen, sonnigen Plätzchen eine Chance; auch gut durchlässiger, nährstoffreicher Boden ist ein Muss. Sie reagieren empfindlich auf Temperaturschwankungen: Am wohlsten fühlen sie sich zwischen 21 °C und 30 °C. Jeder Temperatursturz wäre fatal, denn die Pflanzen gehen bei Kälte ein. Allerdings wäre zu viel des Guten auch nach-teilig, denn bei großer Hitze bilden sie keine Früchte; ihr Standort muss also vor direkter heißer Sonne geschützt sein. Außerdem gibt es vermutlich keinen Schädling – von Blattläusen bis zu Flohkäfern –, der sich nicht an Auberginen vergreift und auch Tomatenkrankheiten greifen gerne auf Auberginenpflanzen über. Versorgen Sie die Pflanzen mit ausreichend Stickstoff und gelegent-lich mit Phosphat und Kalium. Hohe Sorten müssen mit Stäben gestützt werden, damit die schweren Früchte die Zweige nicht auf den Boden ziehen. Auberginen wachsen gerne neben Basilikum, Bohnen, Erbsen und Paprika, mögen aber keinen Fenchel.

Ernte

Schneiden Sie die letzten neuen Blüten etwa einen Monat vor den ersten Frösten ab, damit die Pflanze ihre gesamte Energie in die restlichen Früchte steckt. Überreife Auberginen sehen matt aus, sind bitter und schlaff. Ernten Sie, solange die Schale noch glänzend ist wie der Lack eines neuen Autos.

Säen & Pflanzen

Säen Sie Auberginen mindestens 6–9 Wochen vor den letzten Frösten im Zimmer aus. Da sich die Jungpflan-zen nur ungern verpflanzen lassen, wählen Sie 10 cm tiefe Töpfe und setzen Sie die Jungpflanzen mindestens drei Wochen nach dem letzten Frost mit 40 cm Abstand ins Freie um (die Nachttemperaturen dürfen nicht konti-nuierlich unter 20 °C fallen). Schützen Sie die Jungpflan-zen mit einem Kragen gegen Erdraupen (Seite 74).

Kultur im Topf

Gut geeignet für Regionen, wo die Wetterbedingun-gen für das Wachstum im Garten zu schlecht sind.

Eignung (Ertrag): hoch
Topftiefe mindestens: 25 cm
Sorten: 'Black King', 'Little Finger', 'Lao Purple Stripe', 'Striped Toga'
Tipps: Kleine Früchte kommen besser mit Trocken-heit zurecht.

Kopfsalat und Blattgemüse

Köstliche und abwechslungsreiche Grünpflanzen sind bestechend einfach zu ziehen. Selbst auf kleinstem Raum – eine helle Fensterbank und etwas Erde in Töpfen – wachsen sie zu frischen, stets verfügbaren Zutaten für selbst gemachte Salate heran.

Wachsen & Gedeihen

Damit Salate und Blattgemüse knackig frisch und lecker schmecken, muss die Erde stets feucht gehalten werden. Das größte Problem stellt übermäßige Hitze dar: Grünzeug hasst tropische Temperaturen. Die meisten Sorten sind an kühl-gemäßigtes Klima angepasst. Sie fühlen sich in der Sonne zwar durchaus wohl, schalten dann aber rasch auf Blüten- und Samenbildung um und schießen bei stark ansteigenden Temperaturen.

Im Sommer sind die Pflücksalate ideal („Mesclun-Mischungen"), die regelmäßig geerntet werden und frisch nachwachsen, bevor sie schießen können. Decken Sie größere Pflanzen mit einem Schatten spendenden Tuch ab und lassen Sie sie im Schatten von hohen, blattreichen Pflanzen wachsen – davon profitieren alle.

Säen Sie im zeitigen Frühling an Ort und Stelle, sobald die Bodentemperaturen ausreichen. Halten Sie sich nicht mit vorgezogenen Jungpflanzen auf; Salate aus Direktsaat werden gesünder und halten länger.

Säen Sie während des Frühlings regelmäßig neue Salate und Blattgemüse aus. Ab dem Spätsommer, wenn die Temperaturen kühler werden, folgen die späten Saaten. Viele Sorten keimen bei hohen Temperaturen nicht aus. Streuen Sie die Samen auf dem Beet aus und decken Sie alles mit einer dünnen Lage Erde ab. Nach dem Auflaufen werden die zartesten Pflanzen entfernt, bis die anderen 15–20 cm Abstand haben.

Ernten Sie, wann immer Sie Lust auf Salat haben: Ungeduldige können schon nach einem Monat Sprösslinge und Miniblättchen zupfen; Gärtner mit längerem Atem warten, bis die Köpfe groß und reif sind. Solange noch ein Stumpf aus der Erde wächst, regeneriert sich die Pflanze wieder. Wiederholen Sie das Spiel noch zwei- oder dreimal, bis der Salat endgültig wie ein Gummiball schmeckt. Dann wird die Pflanze ausgerupft und für den Nachschub neu gesät.

Kultur im Topf

Ziehen Sie junge Salate für die schnelle Ernte auf der Fensterbank. Halten Sie die Erde feucht und rupfen Sie die Babyblätter ab, sobald sie 8–15 cm lang werden; siehe „Genussgarten auf der Fensterbank" (Seite 16).

Eignung (Ertrag): hoch
Topftiefe mindestens: 15 cm
Sorten: Alle erhältlichen Sorten eignen sich auch für den Blumentopf.
Tipps: Blumentöpfe trocknen zwar gefährlich leicht aus, lassen sich in Hitzeperioden rasch an einen schattigeren Ort versetzen.

Who is who an der Salatbar?

Kopfsalat (Buttersalat): Kopfsalate mit dickeren, butterweichen Blättern in einer lockeren Rosette.

Eissalat oder Eisbergsalat: Sorten mit ausgeprägt knackigem Biss ('Iceberg', 'Laibacher Eis' u.a.). Diese Sorten vertragen etwas mehr Hitze und schießen nicht so schnell.

Pflücksalate: Zarte, delikate Blätter, die in einer sehr lockeren Rosette wachsen und etwas mehr Halbschatten vertragen als andere Salate. Die Blätter werden je nach Bedarf von außen nach innen abgepflückt; die Sorte 'Red Sails' schießt nicht so schnell.

Römersalat: Diese beliebten Sorten sind fester Bestandteil des bekannten „Caesar-Salats". Die länglichen Köpfe bestehen aus knackigen, festen Blättern; auch sie schießen kaum und eignen sich gut für heißes Wetter.

Wintersalat: Sorten, die im Winter geerntet werden; in wintermilden, frostfreien Regionen im Freiland, sonst im abgedeckten Frühbeet.

Linke Seite: Ein alter Obstkorb findet als Beet für Feldsalat eine neue Bestimmung.
Links: Im zeitigen Frühjahr gesäter Spinat wird bei kühlem Wetter geerntet.
Ganz oben: Säen Sie Salat und seine Zutaten zusammen in einen Topf, hier Eichblattsalat 'Mascara' und Dill.
Oben: Die Kombination von grünen und roten Sorten setzt farbliche Akzente.

Rukola

(*Eruca sativa*) – Kreuzblütengewächse (Brassicaceae)

Wenn der Platz im (mobilen) Garten stark eingeschränkt ist, rate ich unbedingt zu Rukola. Der Salat ist robust, sehr kälteresistent und er liefert, je nach Region, vom Frühling bis in den Spätherbst und darüber hinaus zarte, aromatische Blättchen. Wenn die Blättchen in der Sommerhitze eine pfeffrige Würze annehmen, dämpfe ich sie vorsichtig, lege sie auf eine Pizza oder verarbeite sie zu Pesto. Reißen Sie schießende Pflanzen aus und säen Sie neu; lassen Sie ein paar Pflanzen blühen – die Blüten schmecken köstlich.

Rukola ist leicht zu ziehen und sät sich selbst wieder aus, wenn sie blühen und fruchten darf. Alle Sorten haben dasselbe, pfeffrige Aroma; 'Rocket' wächst schnell und üppig.

Kopfsalat

(*Lactuca sativa*) – Korbblütengewächse (Asteraceae)

Kopfsalat ist alles andere als langweilig. Wer sich bei der Unmenge an Sorten, die der Handel anbietet, auf eine einzige festlegt, ist selbst Schuld. Ich probiere mich durch die Kataloglisten durch und mag vor allem die roten Sorten, wie 'Lollo Rosso', roter Bataviasalat, 'Navara', 'Amerikanischer Brauner' oder 'Barbarossa'. Dazu pflanze ich als leuchtenden Kontrast hell- oder chartreuseblättrige Sorten, wie 'Forellenschluss', 'Till', 'Lollo bionda' oder 'Maikönig' – und das alles für ein paar Cent pro Salatschüssel.

Allerdings leiden selbst die robustesten Sorten unter starker Sommerhitze, schießen und blühen. Ich lasse stets einige Exemplare stehen, weil die zierlichen Blütenstände sehr attraktiv aussehen. Außerdem bilden Sie Unmengen von Samen, die ich im nächsten Jahr wieder aussäen kann.

Feldsalat

(*Valerianella locusta*) – Baldriangewächse (Valerianaceae)

Ich hielt den Feldsalat stets für überschätzt und für zu teuer – bis ich ihn selbst angebaut und zusammen mit Käse und einer reifen Pflaume probiert hatte.

Feldsalat, der auch als Rapunzel oder Rapünzelchen bekannt ist, gilt manchen als prätentiös, aber eigentlich ist er ein bodenständiger Salat, der sich einfach und preiswert anbauen lässt. Er ist zwar empfindlicher und wächst etwas langsamer als andere Salate, dafür aber sehr winterhart (bis -18° C). Damit erweist sich Feldsalat als ein Wintergrün, das sogar bei Frost geerntet werden kann.

Im Unterschied zu den meisten anderen grünen Salaten keimt Feldsalat nur bei kühlem Wetter. Säen Sie ihn erst im Spätsommer direkt ins Beet und ernten Sie von Herbst bis Frühwinter.

Schneiden Sie die Pflänzchen dicht über dem Boden komplett ab; Feldsalat treibt zwar nicht mehr aus, gibt mit seinen Wurzeln aber Nährstoffe zurück an den Boden.

Spinat

(Spinacia oleracea) – Gänsefußgewächse (Chenopodiaceae)

Erst dieses vielseitige und gesunde „Supergemüse" macht den Gemüsegarten vollkommen. Spinat wächst fast das ganze Jahr, ist völlig unproblematisch und mit so gut wie jedem Standort zufrieden. Säen Sie im Frühling Sorten wie 'Matador' aus; er schießt selten und liefert bis in den Sommer Blätter. 'Monnopa' kann von Frühling bis Frühherbst gesät werden und ist winterfest. Andere Sorten liefern sogar im Winter ('Mazurka'); wer das Risiko scheut, kann sie mit etwas Erde aufhäufeln und locker mit Stroh mulchen.

Am besten schmecken die Spinatblättchen, solange sie noch zart sind. Sobald sich ein Blütenstand entwickelt, werden sie abgeschnitten.

In der Hitze des Sommers gedeihen Neuseeländer Spinat *(Tetragonia tetragonioides)* oder Malabarspinat *(Basella rubra)* besser als der echte Spinat.

Noch mehr Grünzeug

Amaranth *(Amaranthus)*
Endivie *(Cichorium endivia)*
Kopfiger Erdbeerspinat *(Chenopodium capitatum)*
Krähenfuß- oder Hirschhorn-Wegerich *(Plantago coronopus)*
Kresse *(Lepidium sativum)*
Kronen-Wucherblume oder Speisechrysantheme *(Xanthophthalmum coronarium)*
Nusskraut *(Corchorus olitorius)*
Pimpinelle *(Sanguisorba minor)*
Portulak *(Portulaca oleracea)*
Quinoa *(Chenopodium quinoa)*
Radicchio *(Cichorium intybus var. foliosum)*
Rote Gartenmelde *(Atriplex hortensis 'Rubra')*
Sauerampfer *(Rumex acetosa)*
Weißer Gänsefuß *(Chenopodium album)*
Winterportulak *(Montia perfoliata)*

Sareptasenf und Senfgemüse

(Brassica juncea) – Kreuzblütengewächse (Brassicaceae)

Die Blätter des Sareptasenfs geben jedem Salat eine aromatisch-scharfe Note. Der verwandte Tsa Tsai (Chinesisches Senfgemüse) schmeckt milder, aber ausgeprägter als Feldsalat. Auch Mizuna schmeckt ziemlich mild und eignet sich dank seines leichten Aromas bestens als „normaler" Salat. Die Sorte 'Red Giant' macht einen besonders spektakulären Eindruck im Beet: Sie bildet große, kräftige Rosetten mit dunkelrot glänzenden, fast schimmernden Blättern, aus denen ein hoher Blütenstand mit gelben Blüten wächst. Blätter und Blüten schmecken scharf wie Rettiche.

Sareptasenf ist widerstandsfähig gegen Kälte, lockt aber manchmal Schädlinge, wie Miniermotten oder Blattläuse an, vor allem wenn er vernachlässigt wird.

Viele der Senfgemüse schmecken am besten als Sprosse oder Sprösslinge. Sie können das ganze Jahr über ohne Schwierigkeiten auf der Fensterbank gezogen werden (siehe „Minibeete auf kleinstem Raum", Seite 14). Schneiden Sie ruhig schon winzige Blättchen ab; je größer sie werden, desto fester und schärfer schmecken sie.

Machen Sie das Beste aus schießenden Pflanzen: Der Spargelsalat 'Cracoviensis' bildet knackige, süße Stängel, die besser schmecken als Sellerie.

Lebender Mulch: Säen Sie schnell wachsende Salate unter hohen Pflanzen aus, wie Tomaten, Okra oder Auberginen – sie beschatten den Boden und vergrößern das Angebot auf dem Teller.

Zwiebelgewächse

Selbst wenn Sie Zwiebeln, Knoblauch, Schnittlauch oder andere Mitglieder aus der großen Zwiebelfamilie nicht auf Ihren Tellern mögen, sollten Sie ihnen dennoch einen Platz im Garten einräumen. Alle Zwiebelgewächse sondern einen kräftigen, charakteristischen Duft ab, der Schadinsekten abschreckt oder von den anderen Pflanzen ablenkt. Mit Zwiebelgewächsen als Nachbarn werden Ihre Nutzpflanzen seltener zum Festmahl für Schädlinge.

Wachsen & Gedeihen

Zwiebeln und ihre Verwandten sind extrem robust. Ich habe Zwiebeln und Schnittlauch an längst vergessenen und vernachlässigten Stellen im Garten gefunden. Ein paar Zwiebeln, die mir auf dem Weg zum Kompost heruntergefallen waren, hatten sich sogar mitten im Rasen angesiedelt. Zwiebelgewächse geben sich mit fast jedem Plätzchen im Garten (oder im Topf) zufrieden und kommen auch mit weniger gutem Boden oder Halbschatten zurecht. Zum Start brauchen sie allerdings eine möglichst unkrautfreie Fläche und auch später muss der Boden regelmäßig gejätet werden, denn unter großem Konkurrenzdruck bleiben Zwiebelgewächse klein und mickrig.

In trockenen Phasen müssen Sie die Erde tiefgründig gießen. Sobald sie auch nur kurzfristig austrocknet, das gilt insbesondere für Töpfe, reißen die Zwiebeln auf. So lange das Substrat feucht bleibt, gedeihen Schnittlauch und andere Zwiebelgewächse sehr gut im Topf.

Schnittlauch und Schnittknoblauch

(*Allium schoenoprasum* und *Allium tuberosum*) – Zwiebelgewächse (Alliaceae)

Obwohl sie meist als „Kräuter" angesprochen werden, sind Schnittlauch und Schnittknoblauch die kleinsten Vertreter des Zwiebelgemüses. Für die Küche werden zwar vorwiegend die grünen Blätter und die Blüten verwertet, doch Sie können auch die Zwiebelchen ernten, wenn sie sich zu stark ausbreiten. Sogar die Samen sind noch zu etwas nutze: Lassen Sie die

Oben: Die jungen Triebe des Schlangenknoblauchs sind eine Sommerdelikatesse; die Blütenknospen werden zu einem prächtigen, kugelförmigen Blütenstand auswachsen.

Rechte Seite:
Oben: Rote Zwiebeln werden im Frühling gesteckt.
Mitte: Etagenzwiebeln (*Allium cepa* Proliferum-Gruppe) bilden kleine Brutzwiebeln, aus denen neue Pflanzen wachsen.
Unten: Die jungen Triebe des Schlangenknoblauchs sind eine Sommerdelikatesse.

Kultur im Topf

Das Substrat sollte feucht, aber nie nass sein, sonst verfaulen die Zwiebeln.

Schnittlauch

Eignung (Ertrag): hoch
Topftiefe mindestens: 10–15 cm
Sorten: alle erhältlichen Sorten
Tipps: Sogar im Topf sehr kälteresistent; stellen Sie den Topf auf eine Fensterbank und schneiden Sie die Blätter nach Bedarf.

Knoblauch

Eignung (Ertrag): mittel
Topftiefe mindestens: 20–25 cm
Sorten: an das Klima angepasste Sorten aus dem Fachhandel
Tipps: Setzen Sie Knoblauchzehen im zeitigen Frühjahr in besonders tiefe Töpfe, wenn Sie Knollen wünschen; im Sommer können Sie die grünen Teile ernten.

Porree

Eignung (Ertrag): mittel
Topftiefe mindestens: 25 cm
Sorten: 'Elefant', 'Carentan'
Tipps: Häufeln Sie die Erde auf, wenn die Pflanzen wachsen.

Zwiebeln und Schalotten

Eignung (Ertrag): hoch
Topftiefe mindestens: 10–20 cm
Sorten: Steckzwiebeln ('Birnenförmige') und Schalotten ('Griselle')
Tipps: Große Sorten werden auch gesät; wenn die Pflanzen 15 cm hoch sind, ernten Sie besonders zarte Zwiebeln.

Winterzwiebeln

Eignung (Ertrag): hoch
Topftiefe mindestens: 15 cm
Sorten: 'Winterhecke', 'Pal'

Samen auf der Fensterbank keimen und streuen Sie die Keime über Salate und Butterbrote (siehe „Minibeete auf kleinstem Raum", Seite 14).

Im Unterschied zu anderen Zwiebelgewächsen ist Schnittlauch eine mehrjährige Pflanze, die Jahr für Jahr aus winzigen Zwiebeln neu austreibt und sich ausbreitet. Außerdem sät er sich durch die Samen freigiebig selbst aus. Wenn Sie keinen Schnittlauchgarten planen, müssen Sie die Blüten also rechtzeitig abschneiden und essen. Die Sortenauswahl ist eher bescheiden. Versuchen Sie eine rosa blühende Sorte zu bekommen, die zur Blütezeit attraktiver aussieht als die üblichen weiß blühenden Sorten.

Schneiden Sie Schnittlauch und Schnittknoblauch während der gesamten warmen Jahreszeit frische Blätter nach Bedarf mit der Schere ab.

Knoblauch

(*Allium sativum*) – Zwiebelgewächse (Alliaceae)

Neben dem Echten Knoblauch (*Allium sativum* var. *sativum*), der die bekannten Knollen liefert, sollten Sie auch den milderen Schlangenknoblauch oder Rocambole (*A.s.* var. *ophioscorodon*) ausprobieren. Im Unterschied zu Sorten südlicher Länder überstehen die heimischen Sorten auch den Winter.

Stecken Sie die Zehen im Herbst in den Boden, etwa ein bis zwei Monate, bevor der Frost einsetzt. Brechen Sie dazu die Knollen vorsichtig in Zehen auseinander: Die kräftigsten Zehen werden gesteckt, die kleineren kommen auf den Tisch. Bohren Sie im Abstand von 10 cm etwa 5–7,5 cm tiefe Löcher in die Erde (Stock oder Pflanzholz) und stecken Sie in jedes Loch eine Zehe mit dem spitzen Ende nach oben. Füllen Sie die Löcher mit Erde und decken Sie alles mit Stroh ab.

Im nächsten Vorfrühling wird die Erde vorsichtig aufgelockert, mit Kompost angereichert und gegossen; der Boden sollte gleichmäßig feucht bleiben. Wird zu wenig gegossen, bleibt die Knoblauchknolle klein, gießen Sie zu viel, könnte die Knolle verfaulen.

Etwa in der Sommermitte wächst ein Blütentrieb aus. Wenn sich die Knollen kräftig entwickeln sollen, müssen Sie diesen Trieb abschneiden; die frischen Blütentriebe schmecken köstlich.

Sobald die Blätter zwischen Spätsommer und Frühherbst braun und trocken werden, ist die Knolle reif zur Ernte. Binden Sie mehrere Knollen zusammen und lassen Sie den „Zopf" in einem trockenen Raum einige Wochen lang hängen. Behalten Sie kräftige Knollen für das Stecken im Herbst zurück.

Porree

(*Allium ampleloprasum*) – Zwiebelgewächse (Alliaceae)

In Bezug auf Stickstoff dürfte Porree der gierigste in der Zwiebelverwandtschaft sein. Daher fühlt er sich am wohlsten, wenn er die Bodennährstoffe eines Beetes ganz für sich allein hat. Pflanzen Sie möglichst Setzlinge; das spart Zeit und Platz. Selbstverständlich können Sie Porree auch säen: Die Samen werden 10–12 Wochen vor den letzten Frösten im Zimmer ausgesät und die Jungpflanzen nach den Spätfrösten ins Freiland umgesetzt (etwa 10 cm Abstand).

Porreestangen werden besonders zart, wenn sie in Furchen gepflanzt oder in 10 cm tiefe Löcher gesetzt werden. Häufeln Sie den Porree während der Wachstumsphase mit einem Kompost-Erde-Gemisch an.

Die Ernte ist ab dem Herbst möglich und kann in milden Regionen bis ins nächste Frühjahr ausgedehnt werden – in sehr harten Wintern rechtzeitig vor den Bodenfrösten ernten.

Zwiebeln und Schalotten

(*Allium cepa*) – Zwiebelgewächse (Alliaceae)

Zwiebeln sind bei ihren Bodenansprüchen nicht so wählerisch wie Porree oder Knoblauch. Selbst unter schlechten Bedingungen werden Sie daher eine genießbare Ernte aus dem Boden holen. Natürlich entwickeln sie sich besser, wenn Sie ihnen im zeitigen Frühling etwas Gutes gönnen: Arbeiten Sie Kompost in den Boden ein. Der Handel bietet die unterschiedlichsten Zwiebeln an – große und kleine, runde und schmale in verschiedenen Farben und Winterhärten. Ich bevorzuge die Etagenzwiebeln, auch Ägyptische oder Luftzwiebeln genannt, die ihre Zwiebeln nicht in der Erde verstecken, sondern „offen" tragen: Diese attraktive Zwiebelgruppe bildet Brutzwiebeln in einem Köpfchen. Wenn sie ungestört bleiben, knickt der Stängel unter dem Gewicht des Köpfchens um, die Brutzwiebeln bewurzeln sich und verbreiten die Pflanzen über das Beet. Sie können die Zwiebeln direkt aus den Köpfchen essen oder bis zum nächsten Frühling warten: Graben Sie die frisch bewurzelten Zwiebeln aus.

Beim Anbau von Zwiebeln bieten sich Ihnen mehrere Möglichkeiten. Am längsten brauchen die Saatzwiebeln. Sie werden zwei Monate vor den letzten Frösten im Zimmer ausgesät, am besten in Schalen (beispielsweise flache Einwegverpackungen; bohren Sie Abzugslöcher in den Boden).

Einfacher geht es mit Steckzwiebeln, haselnussgroßen Zwiebeln, die in den Boden gesteckt werden. Sie sind durch Transport und Lagerung zwar stärker von Fäulnis bedroht – im Hinblick auf die Zeitersparnis jedoch ein vertretbares Risiko. Steckzwiebeln und Setzlinge aus Samen kommen im April mit 10 cm Abstand ins Freie. Bohren Sie für die Setzlinge ein 1–2 cm tiefes, für Steckzwiebeln ein 2–3 cm tiefes Loch.

Schalotten bilden im Unterschied zu den Zwiebeln nicht eine, sondern ein ganzes Nest von Tochterzwiebeln. Sie werden genauso wie Zwiebeln gesteckt (mindestens 15 cm Abstand).

Sie können die Zwiebeln jederzeit ernten, wenn Ihnen danach ist. Sowohl die jungen Zwiebeln als auch die grünen Blätter schmecken in allen Stadien der Entwicklung. Wenn Sie voll ausgebildete Zwiebeln ernten möchten, brauchen Sie Geduld, bis sich die oberirdischen Teile braun verfärben. Hören Sie eine Woche vor der Ernte mit dem Gießen auf und lassen Sie die Zwiebeln mit den Blättern einige Wochen lang trocknen.

Who is who im Zwiebelbeet?

Kopfsalat (Buttersalat): Kopfsalate mit dickeren, butterweichen Blättern in einer lockeren Rosette.

Winter- oder Winterheckzwiebeln bilden keine große Zwiebel aus. Bei diesen mehrjährigen Sorten ist die ausgereifte Zwiebel nur knapp breiter als die Sprossbasis. Sehr jung geerntete „echte" Zwiebeln sehen ähnlich aus, sind aber noch unreif; sie schmecken genauso zart, sind aber keine Winterzwiebeln.

Küchenzwiebeln (Cepa-Gruppe) ist der Sammelbegriff für alle Sorten, die pro Setzling nur ein einziges, dickes Speicherorgan ausbilden: die Zwiebel.

Schalotten sind eine Sondergruppe (Aggregatum-Gruppe) der Zwiebeln, aus deren „Mutterzwiebel" sich mehrere „Tochterzwiebeln" entwickeln.

Erbsen

(Pisum sativum) – Schmetterlingsblütengewächse (Fabaceae)

Erbsen schmecken am besten, wenn sie frisch aus der Hülse befreit, roh und knackig gleich im Garten gegessen werden. Wenn ich Erbsen ernte, füllt sich der Korb für die Küche erst, nachdem ich meinen Heißhunger auf knackfrische Erbsen im Garten gestillt habe.

Wachsen & Gedeihen

Wie Bohnen und andere Hülsenfrüchte (Schmetterlingsblütengewächse) leben auch die Erbsen in einer Symbiose mit Bodenbakterien, die den Stickstoff aus der Luft in gebundenen Stickstoff umwandeln können. Lassen Sie die Erbsen in einer Fruchtfolge durch den ganzen Garten wandern, dann füttern sie den Boden und Sie – pflanzliches Multitasking total! Erbsen wachsen am besten an hellen Standorten, tolerieren aber auch etwas Schatten. Wie alle Gartenpflanzen wachsen sie besser in nährstoffreichen Böden, die zur Pflanzzeit mit Kompost angereichert wurden. Sprühen Sie flüssige Algenemulsion über die Jungpflanzen.

Erbsen wachsen bis auf wenige Ausnahmen gewöhnlich problemlos. Die größten Schwierigkeiten entstehen mit nassen Böden, weil die Samen oder später die Wurzeln faulen. Prüfen Sie nach starken Regenfällen, ob sich Pfützen gebildet haben und halten Sie den Boden feucht; er darf aber nie staunass werden. Auch zu große Hitze beeinflusst das Wachstum. Umgehen Sie das Problem heißer Hochsommertage, indem Sie früh genug säen oder durch eine Beschattung des Beetes die Auswirkungen einer Hitzewelle lindern.

Erbsen sind viel besser als ihr Ruf als matschige, grüne Kügelchen, die von Kindern gehasst werden. Setzen Sie mit Erbsensorten attraktive Blickpunkte: Kapuzinererbsen ('Blauwschokker') mit zweifarbigen Blüten und blauen Hülsen; auch einige Zuckererbsen bilden hübsche farbige Blüten. Sie reichen fast an die Edelwicken mit ihren wunderschönen Blüten heran, die allerdings keine essbaren Samen bilden. Besonders lecker und süß schmecken die Sorten der Markerbsen ('Grandera', 'Wunder von Kelvedon'), die „pur", in

Kultur im Topf

Erbsen

Eignung (Ertrag): mittel

Topftiefe mindestens: 30 cm

Sorten: 'Carouby de Maussane', Zuckererbse 'Golden Sweet'

Tipps: Binden Sie als Kletterhilfe für große Sorten Holzstäbe (Bambus) zu einem Tipi zusammen.

Zwergerbsen (niedrige Sorten)

Eignung (Ertrag): hoch

Topftiefe mindestens: 20 cm

Sorten: 'Dwarf Gray Sugar', 'Tom Thumb'

Tipps: Samen mit 2–3 cm Abstand

Oben: Über Nacht gequollene Samen keimen besser aus als trockene.

Rechte Seite oben: Die Kapuzinererbse 'Blauwschokker' hat nicht nur hübsche Blüten, sondern auch attraktive blaue Hülsen.

Rechte Seite unten: Die Zuckererbse 'Golden Sweet' überzeugt mit leuchtend gelben Hülsen und rosa-purpurnen Blüten an gelblichen Trieben.

Kombination mit Minze oder als Pesto zubereitet werden. Möhren, Gurken, Spinat, Rettich und Petersilie sind gute Nachbarn für Erbsen; die Nähe von Zwiebelverwandten mögen sie allerdings gar nicht.

Säen & Pflanzen

Erbsen mögen eher kühles Wetter, daher sollten sie früh oder spät in der Gartensaison wachsen. Weichen Sie die Samen über Nacht ein, um die Keimung zu erleichtern. Sobald der Boden nicht mehr gefroren ist, können Erbsen direkt ins Freiland gesät werden (Palerbsen ab März). Optimisten hoffen auf einen milden Herbst und säen im Spätsommer neue Erbsen aus; sie werden noch vor den ersten Frösten erntereif. Niedrige Sorten (auch als Zwergerbsen im Handel) werden mit etwa 5 cm, höhere mit 10 cm Abstand gesät.

Ernte

Knipsen Sie die jungen Hülsen mit den Fingernägeln ab; reife Hülsen werden mit der Schere abgeschnitten. Erbsen tragen lange; solange das Wetter nicht zu heiß wird, bilden sie kontinuierlich neue Hülsen. Die Erbsen in vollreifen Hülsen verlieren ihren süßen Geschmack – ernten Sie täglich die jungen Hülsen. Zuckererbsen werden geerntet, wenn die Schoten flach und breit sind, Knackerbsen, sobald die Hülsen dicker werden. Bei den Markerbsen müssen sich die Samen deutlich in der Hülse abzeichnen – dann sind sie dick genug, aber noch zart.

Die jungen Triebe von Erbsen schmecken genauso lecker wie die Hülsen. Streuen Sie frische Triebe über einen Salat oder als knackige Verzierung auf eine Suppe.

Paprika & Chili (*Capsicum*) – Nachtschattengewächse (Solanaceae)

Höllisch scharfe Chilis sind gefährlich – zu viel davon im Essen erledigt eine ganze Armee. Alle Sorten von Paprika und Chili gedeihen nur in warmen Regionen mit einer langen Gartensaison. Dennoch sollten Sie sich von kühlem oder feuchtem Wetter nicht grundsätzlich abschrecken lassen. Wenn Sie die Pflanze im Topf im Zimmer auf einer sonnigen Fensterbank wachsen lassen, können Sie mehrere Jahre lang regelmäßig Feuer ernten.

Wachsen & Gedeihen

Alle Formen von *Capsicum* brauchen einen sonnigen Standort und einen langen, warmen Sommer. Obwohl sie auf einen nährstoffreichen Boden angewiesen sind, setzen sie bei Überversorgung mit Stickstoff keine Blüten und Früchte an. Sie sind nicht besonders durstig, reagieren aber überraschenderweise sehr intensiv auf starke Temperaturschwankungen: Paprika und Chili brauchen Wärme, werfen aber bei zu starker Hitze die Blüten ab, ehe sie Früchte ansetzen. Unterstützen Sie die Reifung der Blütenknospen mit Magnesium in Form von gelöstem Bittersalz (Seite 76).

Gemüsepaprika ist in einem ganzen Regenbogen von Fruchtfarben erhältlich, die Salate und Mixed Pickles bereichern: Die Früchte von 'Purple Beauty' sind beispielsweise tief violett-blau gefärbt. 'King of the North' reift auch in Regionen heran, in denen die warme Jahreszeit kürzer ausfällt. Bei den Chilisorten ist die Auswahl noch größer, vor allem wenn Sie bei der Bestellung von Samen das Internet nutzen. Manche Sorten könnten glatt in einem Blumengarten stehen und ihre Früchte sind nicht nur scharf, sondern auch farbenfroh. Fortgeschrittene mit Erfahrung im oberen Bereich der Schärfeskala entscheiden sich für 'Fatalii' oder die verschiedenen 'Habanero' Sorten. Zur Aufhellung langweiliger Fenster gibt es sogar Sorten mit panaschierten Blättern, wie 'Variegata' ('Trifetti'), 'Chinese Five Color', 'Fish' oder 'Golden Nugget'.

Kultur im Topf

In Topferde wachsende Pflanzen sind anfällig für die Blütenendfäule. Während der Blütezeit und Fruchtreife müssen sie verstärkt gegossen werden.

Chili
Eignung (Ertrag): hoch
Topftiefe mindestens: 20 cm
Sorten: 'Chinese Ornamental', 'Cayenne', 'Aurora'
Tipps: Die kleinen Pflanzen sollten wie Zimmerpflanzen am sonnigsten Fenster der Wohnung wachsen.

Paprika
Eignung (Ertrag): hoch
Topftiefe mindestens: 20–25 cm
Sorten: 'Purple Beauty', 'Pepperoncini', 'Golden Treasure', 'Puztagold'

Oben links: Die panaschierten Blätter von 'Variegata' sorgen auch auf kleinem Raum für Farbe.

Links: Eine Paprikapflanze wächst auf der Treppe.

Oben: Der Chili 'Chinese Five Color' sieht großartig im Topf aus.

Linke Seite: Verschiedene, frisch geerntete Chilisorten

Säen & Pflanzen

Die Samen werden 6–8 Wochen vor den letzten Frösten im Zimmer ausgesät. Die Keimpflänzchen brauchen Wärme und viel (künstliches) Licht – 16 Stunden pro Tag. Erst wenn die Nachttemperaturen verlässlich oberhalb von 13° C liegen, dürfen die Jungpflanzen ins Freie. Große Sorten brauchen im Freiland mindestens 30 cm Abstand zum Nachbarn; im Topf stehen sie grundsätzlich allein. Gute Nachbarn sind Basilikum, Möhren, Koriander, Zwiebeln und Erbsen. In der Fruchtfolge darf auf Paprika kein anderes Nachtschattengewächs folgen, also auch keine Tomaten.

Ernte

Während der Fruchtreife verändern Paprika und Chili gewöhnlich ihre Farbe. Tatsächlich kann man die Früchte aber auch vor der Vollreife jederzeit ernten. Roter Gemüsepaprika ist natürlich im roten Zustand besonders süß und rote Chilischoten entfalten ihre brennende Schärfe ebenfalls erst, wenn sie rot und vollreif sind. Die Endfarbe der Früchte unterscheidet sich je nach Sorte. Schneiden oder drehen Sie die Früchte ab, solange sie sich hart und knackig anfühlen; wenn die Fruchtwand schlaff wird, ist es zu spät. Die Früchte von Freilandpaprika müssen unbedingt vor dem ersten Nachtfrost geerntet werden.

Die 'Sweet Yellow Stuffing' Paprikapflanze gedeiht bestens in ihrem 30 cm tiefen Topf.

Für die kleinere 'Chinese Ornamental' reicht schon ein 12 cm tiefer Topf aus, der auf jeder sonnigen Fensterbank Platz findet.

So werden Chilis höllisch scharf: Kein Sommer gleicht dem anderen. So wie sich das Sommerwetter von Jahr zu Jahr ändert, so verändert sich auch die Qualität der Ernte. Chilis gedeihen am besten in der heißen Sommersonne, in kühlem, feuchtem Wetter verlieren die Früchte an Geschmack und Schärfe. Gönnen Sie Ihren Pflanzen nur das Beste. Stellen Sie den Topf an den jeweils heißesten Platz im Garten und gießen Sie etwas weniger. Eine kleine Dürreperiode steigert die Schärfe.

Meine Familie liebt diesen Ketchup und das sagt alles, denn eigentlich sind wir alle Senf-Freaks. Er schmeckt derart würzig und ist so vielseitig verwendbar, dass man zu praktisch allen Gerichten automatisch einen Löffel zugibt. Verbannen Sie den langweiligen Einheitsketchup aus dem Supermarkt aus dem Kühlschrank – seine Zeit ist vorbei.

1. Zerkleinern Sie Paprika, Zwiebel und Äpfel in einer Küchenmaschine und geben Sie alles in einen mittelgroßen Kochtopf.

2. Geben Sie Essig, Salz, Honig, Zuckersirup und die Zitronenscheiben dazu; gut verrühren.

3. Schneiden Sie für das Gewürzsäckchen ein etwa 10 x 10 cm großes Stück Käseleinen oder Leinen aus und legen Sie die Gewürze in die Mitte. Heben Sie Ecken und Seiten hoch, verschnüren Sie das Säckchen mit Küchengarn und legen Sie es in den Topf.

4. Erhitzen Sie den Topfinhalt bis zum Kochen. Dann wird die Temperatur reduziert, bis die Flüssigkeit nur noch simmert. Lassen Sie alles 40 Minuten lang offen simmern, bis die Masse flüssig bis sirupartig ist. Rühren Sie regelmäßig um, damit nichts am Topfboden anbrennt.

5. Entfernen Sie die Zitronenscheiben und reduzieren Sie die Temperatur erneut; weitere 40 Minuten ziehen lassen, bis die Masse dick und klebrig geworden ist.

6. Nehmen Sie das Gewürzsäckchen heraus und pürieren Sie den Ketchup zu einer glatten Soße.

7. Wenn Ihnen die Masse immer noch zu wässrig erscheint, kommt sie zurück auf den Herd und wird so lange vorsichtig erhitzt, bis der Ketchup weiter reduziert ist und Ihnen seine Konsistenz zusagt.

8. Füllen Sie den Ketchup in sterilisierte Gläser (1,5 cm Rand frei lassen) und wecken Sie ihn im kochenden Wasserbad in 15 Minuten ein. Auf Seite 189 finden Sie eine Anleitung, wie das Konservieren funktioniert.

Ergibt etwa 15 Gläser à 100 ml

1,5 kg roter Gemüsepaprika, entkernt und in große Stücke geschnitten
1 große Zwiebel, in große Stücke geschnitten
2 Äpfel, entkernt und in große Stücke geschnitten
1 1/2 Tassen Apfelessig
1 Teelöffel grobes Salz
1 1/2 Tassen Honig
1 Esslöffel Rohrzuckersirup (ersatzweise Rübenkraut)
1/2 Zitrone in Scheiben

Gewürzsäckchen
1 Esslöffel schwarze Pfefferkörner
2 Esslöffel Senfsamen
1 Esslöffel Koriandersamen

Wurzelgemüse

Armes, verkanntes Wurzelgemüse. Ich muss zwar zugeben, dass ich auch meistens vergesse, Wurzelgemüse anzubauen, aber das ist ein Fehler, denn Rüben und Knollen schmecken köstlich. Während man seinem übrigen Gemüse fast beim Wachsen zusehen kann, ist die Ernte des Wurzelgemüses eine spannende Sache: Man weiß vorher nie, was man ausgraben wird; außerdem schmeckt das Gemüse viel süßer und frischer als vermutet.

Wachsen & Gedeihen

Die meisten Wurzelgemüse fühlen sich in kühlem Wetter wohl, bringen Sie die Pflanzen also möglichst früh in die Erde. Während die Tomaten noch ihre Wurzeln bilden, sind die ersten Wurzelgemüse schon erntereif. Die meisten Arten und Sorten wachsen unter ähnlichen Bedingungen und sind völlig unkompliziert. Wurzelgemüse braucht nur wenig Dünger, es bevorzugt sonnige Standorte, toleriert aber auch lichten Schatten. Arbeiten Sie im Frühling viel Kompost in den Boden ein, um ihn locker und durchlässig zu machen. Wenn Sie schönes Gemüse ernten möchten, entfernen Sie auch kleine Steine aus dem Beet (oder legen Sie gleich ein Hochbeet an), denn einige Arten reagieren auf Widerstand mit merkwürdigen Kapriolen. Solche gehemmten Wurzeln verdienen sich dann einen Platz auf der Liste der „Gemüse mit den kuriosesten Deformationen".

Bis auf Topinambur mögen Wurzelgemüse keine große Hitze. Decken Sie das Beet im Sommer rechtzeitig mit einem lockeren Mulch ab, beispielsweise mit angetrocknetem Rasenschnitt, um die Erde kühl und feucht zu halten. Zu wenig Wasser und zu starke Hitze verursachen Stress: Die Wurzelgemüse reagieren mit mickrigen Wurzeln und werden anfällig gegen lästige Möhrenfliegen und Flohkäfer.

Kultur im Topf

Rote Bete
Eignung (Ertrag): hoch
Topftiefe mindestens: 22–30 cm
Sorten: 'Rote Kugel', 'Rocket'

Möhren
Eignung (Ertrag): hoch
Topftiefe mindestens: 25–30 cm
Sorten: 'Danver's Half Long', 'Pariser Markt 4', 'Thumbelina'

Topinambur
Eignung (Ertrag): mittel
Topftiefe mindestens: 40 cm
Tipps: In eine Plastikmülltonne passen mehrere Exemplare.

Kartoffeln
Siehe „Kartoffeln aus der Tonne" (Seite 112)

Radieschen
Eignung (Ertrag): mittel
Topftiefe mindestens: 15 cm
Sorten: 'Cherry Belle', kräftig violette 'Viola'
Tipps: Perfekt geeignet für einen Blumenkasten am Fenster.

Die fröhliche 'Chioggia' bringt Farbe auf jeden Tisch.

Rote Bete

(*Beta vulgaris*) – Gänsefußgewächse (Chenopodiaceae)

Obwohl uns natürlich vor allem die Wurzel interessiert, setzt der oberirdische Teil der Pflanze einen markanten ästhetischen Akzent im Beet. Die ausgesprochen attraktive Sorte 'Bull's Blood' hat intensiv dunkelrote Blätter, der Handel bietet aber auch Sorten mit gelben oder burgunderroten Blättern oder mit roten Blattadern an. Die im Schnitt rot-weiß geringelte Rübe von 'Chioggia' erinnert an eine Zielscheibe, während 'Burpees Golden' vor allem mit ihrem milden Aroma überzeugt.

Die „Samen" bestehen eigentlich aus kleinen Samenpaketen, die noch vor den Möhren, 2–4 Wochen vor den letzten Spätfrösten draußen ins Beet gesät werden. Dünnen Sie die Keimpflänzchen auf einen Abstand von 8–10 cm aus (Seite 28), damit sich die Rübe gut entwickeln kann. Die ausgerissenen Exemplare kommen aber nicht etwa auf den Kompost, sondern in einen Salat – nichts verschwenden! Die reifen grünen Blätter sind etwas hart; sie müssen gekocht werden. Gute Partner im Garten sind Kohl, Blattsalat, Zwiebeln und Radieschen; gar nicht mögen sie Bohnen, Mangold und Spinat.

Die Ernte beginnt, wenn die Rüben 5 cm Durchmesser haben; vorsichtig ziehen oder ausgraben und das Grün abdrehen.

Farbige Möhren machen auch mäkeligen Essern wieder Lust auf Gemüse.

Möhren

(*Daucus carota*) – Doldengewächse (Apiaceae)

Lassen Sie sich zur Erntezeit überraschen; säen Sie einen bunten Mix verschiedener Möhrensorten aus: die garantiert strahlungsfreie 'Atomic Red', die geisterhaft weiße 'Belgian White' oder die Jimi-Hendrix-Gedenkmöhre 'Purple Haze'.

Säen Sie die Möhren in 2–3 cm tiefe Furchen, wenn sich der Boden erwärmt, etwa zwei bis drei Wochen vor den letzten Frösten. Dann brauchen Sie Geduld, denn Möhren sind notorische Spätzünder. Dünnen Sie die auflaufenden Keimpflänzchen auf 5–10 cm aus (Seite 28).

Die Ernte kann schon mit kleinen, nicht ausgereiften Möhren beginnen: Ziehen Sie die Möhre einfach am Grün aus dem Boden (möglicherweise vorher lockern). Die letzten Möhren müssen aber unbedingt vor dem ersten Frost geerntet werden.

Möhren kommen bestens mit Blattsalat, Zwiebelgewächsen, Erbsen und Tomaten aus, während ihre näheren Verwandten – Dill, Pastinaken und andere – besser an einer anderen Stelle stehen.

Topinambur
(Helianthus tuberosus) – Korbblütengewächse (Asteraceae)

Topinambur ist eine typische Pflanze der Hippiebewegung, die inzwischen aber auch bürgerliche Beete erobert hat. Im Spätsommer entfalten sich an 2–3 m hohen Stängeln große Blütenköpfchen, die an kleine Sonnenblumen erinnern. Etwa um dieselbe Zeit haben sich unter der Erde knollige Speicherorgane gebildet, knackig und mit nussigem Geschmack. Topinambur ist ein extrem pflegeleichtes Gemüse, das auch unter schlechten Bedingungen wächst und sich wild ausbreitet, wenn man die Knollen nicht erntet. Daher sollten Sie zuerst ausprobieren, ob Ihnen der eigenwillige Geschmack zusagt – man liebt oder hasst ihn. Danach können Sie immer noch ins Gartencenter gehen und sich Saatknollen kaufen. Aus einer einzigen Knolle entwickeln sich zahlreiche Tochterknollen.

In der Frühlingsmitte werden ganze oder zerschnittene Knollen (lesen Sie auf Seite 112 nach, wie Kartoffeln vorbereitet werden) 10–15 cm tief und mit 50 cm Abstand eingegraben. Da sie kaum Wasser verbrauchen, lässt man sie in der Regel einfach gewähren und gießt nur in sehr heißen Wetterperioden.

Ein bisschen Kälte macht die Knollen zwar süßer, doch spätestens nach den ersten Frösten im Spätherbst sollten Sie die Knollen ausgraben.

Topinambur wachsen sowohl völlig problemlos im Garten als auch in großen Gefäßen.

Die Radieschen 'French Breakfast' sind schon nach 30 Tagen erntereif.

Kartoffeln

(*Solanum tuberosum*) – Nachtschattengewächse (Solanaceae)

Kartoffel hassen Extreme: Sie tolerieren weder Kälte, noch Nässe, noch große Hitze. Obwohl die Kartoffelpflanzen nicht zu den Schönheiten gehören, gibt es immerhin ein paar Sorten mit farbigen Blüten, wie 'Blaue Ludiano', 'Skerry Blue' oder 'Craneberry Red'. Die Saatkartoffeln kommen etwa zwei Wochen vor den letzten Spätfrösten in die Erde (oder bei einer Bodentemperatur von mindestens 7° C). Exemplare mit Keimen werden vorsichtig in den Boden gelegt, damit die Keime nicht abbrechen. Manche Gärtner schwören darauf, die Kartoffeln zuerst in einem kühlen, dunklen Raum auskeimen zu lassen und dann ins Beet zu legen.

Die Größe der ausgewachsenen Kartoffeln richtet sich nach dem Platz – je dichter die Pflanzen stehen, desto kleiner die Kartoffeln. Ideal ist eine schmale, 7–10 cm tiefe Furche; der Abstand zwischen den Kartoffeln sollte 30–50 cm betragen. Buschbohnen, Erbsen, Studentenblumen und Kohl sind gute Nachbarn, Nachtschatten- und Kürbisgewächse kommen nicht in Frage.

Häufeln Sie Erde um die Basis der Stängel, sobald die Pflanzen etwa 20–30 cm hoch geworden sind. Wenn Sie sich beim Häufeln nicht auf Ihr Gefühl verlassen möchten, benutzen Sie einen „bodenlosen" Kasten aus alten Holzlatten oder Reifen, um die Erde festzuhalten. Bis die Blüten erscheinen, wird der Haufen nach und nach erhöht.

Die ersten „neuen" Kartoffeln können Sie schon wenige Monate nach dem Pflanzen ernten. Dazu heben Sie die ganze Pflanze aus dem Boden. Bis zur Vollreife müssen sie bis in den Spätsommer/Frühherbst warten. Nach der Blüte beginnen die Blätter der Kartoffelpflanze zu welken und werden gelb. Stellen Sie für etwa zwei Wochen das Gießen ein und lassen Sie der Natur ihren Lauf.

Breiten Sie die Lagerkartoffeln in einem kühlen, trockenen Raum zum Trocknen auf einigen Lagen Zeitung aus. Nach ein paar Tagen werden sie abgebürstet und gelagert.

Radieschen

(*Raphanus sativus*) – Kreuzblütengewächse (Brassicaceae)

Trotz ihres robusten Äußeren sind Radieschen ziemlich empfindlich und brauchen mehr Wasser als andere Wurzelgemüse. Bis vor ein paar Jahren war das richtige Gießen bei Radieschen im Blumentopf daher ein Horror für mich. Inzwischen habe ich ein Gefühl für die Wassermenge und kenne einige Sorten, mit denen ich bestens zurechtkomme. Die eleganten, zweifarbigen 'French Breakfast' sind mein Favorit unter den mehrjährigen Radieschen, die aromatische 'Black Spanish Round' ist schon wegen der Farbe einzigartig.

Radieschen gehören zu den ersten Samen, die ich im Topf und draußen aussäe. Ich säe sie in Reihen oder gruppenweise zwischen andere Pflanzen – etwa 1 cm tief, mit 3–5 cm Abstand. Zwischen Kürbisgewächsen schrecken sie Schadinsekten ab. Säen Sie im Frühling und dann wieder im Herbst neue Samen aus, wenn Sie die Radieschen geerntet haben; auf diese Weise können Sie regelmäßig ernten. Der Sommer ist keine gute Zeit für Radieschen. Jetzt sollten Sie auf Schotenrettich (*Raphanus sativus* 'Caudatus') umsteigen. Diese asiatische Sorte bildet köstliche Schoten mit dem typischen Geschmack der Radieschenknolle.

Ernten Sie die Radieschen, wenn sie 2–3 cm dick sind oder aus der Erde herausschauen. Lassen Sie die Knollen vergessener Exemplare in der Erde, bis die Pflanze blüht: Die Blüten schmecken angenehm pfeffrig als Zutat zu Salaten.

Gebackene Wurzelgemüse

Gebackene Kartoffeln sind sicher lecker, aber ein Medley aus gebackenem Wurzelgemüse schmeckt noch leckerer und ist genauso einfach zu kochen. Nehmen Sie Kartoffeln, Rüben, Pastinaken, Knollensellerie oder Kohlrüben. Während die Gemüse noch braten, werfen Sie nach etwa 30 Minuten eine Knoblauchknolle (oder zwei) in die Pfanne – das Ergebnis: leichter, cremiger Knoblauch. Köstlich!

1. Heizen Sie den Backofen auf 200 °C vor. Schneiden Sie das Gemüse in Pommes-Form und schichten Sie die Stäbchen in eine Form; Olivenöl darüber träufeln und mit Kräuter bestreuen. Sie können das Gemüse wahlweise geschält oder ungeschält verarbeiten.

2. Backen Sie die Gemüse etwa 40 Minuten lang. Wenden Sie regelmäßig, damit die Gemüse-Fritten von allen Seiten goldbraun werden und völlig durchgaren.

3. Servieren Sie das gebackene Gemüse mit selbst gemachtem Ketchup (Seite 105) oder einem Spritzer Kräuter-und-Blüten Essig (Seite 196) und erheben Sie damit diese Fritten über die klassischen Fritten von der Bude zu einem tollen Gericht.

Für 2–4 Personen

1 große Möhre
1 große Kartoffel
1 große Süßkartoffel
1 große Rote Bete
2 Esslöffel Olivenöl
1 Teelöffel frischer, gehackter Thymian
1/2 Teelöffel frischer, gehackter Rosmarin
Salz und Pfeffer

Kartoffel aus der Tonne

Für einen Botaniker sind Kartoffeln natürlich kein Wurzelgemüse, sondern Sprossknollen (deswegen werden sie im Licht auch grün). Für den leckeren Geschmack ist das aber völlig ohne Bedeutung. In einem Gefäß bilden Kartoffeln einen kriechenden Spross aus, der kontinuierlich mit Erde abgedeckt („aufgehäufelt") werden muss. Was am Anfang völlig widersinnig erscheint – Kartoffeln unten in die Tonne zu legen – stellt sich später als genial heraus, weil die mit Erde gefüllte Tonne dann eine reiche Ernte an Kartoffeln freigibt.

Welches Pflanzgefäß?

Jede Form von Tonne ist geeignet, vom großen Eimer bis zur Mülltonne, aus Plastik oder galvanisiertem Metall. Metall sieht zwar interessanter aus als Plastik, heizt sich in der direkten Sonne aber stark auf: Statt zu wachsen werden die Kartoffeln vorzeitig gebacken.

Sie brauchen

- Bohrmaschine und Bohrer (1 cm Durchmesser); alternativ ein dicker Nagel
- eine Tonne (mindestens 40–50 cm tief)
- drei Ziegelsteine oder zwei Bretter (2,5 x 10 cm)
- Pflanzerde
- Saatkartoffeln

Saatkartoffeln vorbereiten: Kleine Saatkartoffeln werden direkt gepflanzt. Größere Exemplare zerschneiden Sie in 4 cm dicke Stücke. Lassen Sie die Stücke ein paar Tage antrocknen, damit sie nicht in der Erde verfaulen.

1. Durchlöchern Sie den Boden der Tonne mit dem Bohrer oder Nagel. Bei einem Durchmesser von 40 cm empfehle ich mindestens zehn Löcher. Schlagen Sie auch in die Wand der Tonne ein paar Löcher, damit die Erde auf keinen Fall staunass wird, falls es stark regnet oder Sie zu viel gießen. Stellen Sie die Tonne auf Ziegelsteine, auf Hölzer oder Zementsteine, damit überschüssiges Wasser gut ablaufen kann.

2. Füllen Sie die Tonne 15 cm hoch mit Erde und verteilen Sie die Saatkartoffeln oder Stücke gleichmäßig darauf (etwa 15 cm Abstand). Decken Sie die Kartoffeln mit 5–10 cm Erde ab und gießen Sie vorsichtig. Die Erde sollte feucht, aber nicht nass sein. Nach einigen Tagen sollten sich die ersten Spitzen der Triebe zeigen. Aufregend, nicht wahr?

3. Wenn die Stängel 20 cm hoch sind, füllen Sie ein paar Handvoll Erde ein, bis zwei Drittel der Pflanzen wieder bedeckt sind. Diese Prozedur wiederholen Sie so lange, bis die Kartoffeln oben aus der Tonne heraus wachsen und zu blühen beginnen. Jetzt wird es spannend! Gießen Sie weiter (wie immer: feucht aber nicht nass); weitere Tipps auf Seite 110 bei „Kartoffeln".

4. Nach der Blüte werden die Pflanzen gelb und sterben ab. Gießen Sie jetzt nur noch sehr sparsam und warten Sie noch ab, bis die Triebe völlig ausgetrocknet sind.

5. Nach ein paar Wochen ist alles trocken, jetzt dürfen Sie endlich ernten. Kippen Sie die Tonne um und lesen Sie die Knollen aus oder, die saubere Methode, graben Sie die Knollen mit einer Handschaufel vorsichtig aus. Jetzt dürfen Sie sich auf die Schulter klopfen und nichts wie ab in die Küche, um die neuen Kartoffelbabys zu probieren.

Der gesamte Vorgang dauert 65–100 Tage von der Saatkartoffel bis zur Ernte.

Zucchini und Kürbis

Jeder Gärtner, der etwas auf sich hält, hat seine Erfahrungen mit überreicher Zucchiniernte gemacht. Eine einzige Zucchinipflanze scheint – gefühlt über Nacht – alle verfügbaren Körbe mit Früchten zu überschwemmen. Ich denke aber gar nicht daran, mich zu beklagen! Immer her mit den Zucchinis! Beim Kürbis ist das anders. Es scheint eine Ewigkeit zu dauern, bis die Riesenfrüchte mit ihrem zarten Fleisch endlich erntereif sind. Dafür lohnt sich die Geduld. Diese Gemüsepflanzen sind langlebig und genügsam, es vergehen Monate und Monate, ohne dass sich äußerlich etwas veränderte.

Wachsen & Gedeihen

Zucchini und Kürbis gehören zu den Unersättlichen: Sie sind gierig nach Sonne, Wasser und Bodennährstoffen – so viel sie bekommen können. Die Zucchinis sind etwas bescheidener; sie bleiben kleiner und bilden ihre Früchte so überreich, wie es die Nährstoffe erlauben, während eine Kürbispflanze länger braucht, bis sie richtig auf Touren kommt.

Leider lauern eine Menge Schädlinge und Krankheiten darauf, noch vor Ihnen von Zucchini und Kürbis zu profitieren. Es liegt an Ihnen, sie rechtzeitig zu erkennen und tätig zu werden. Knipsen Sie schon bei der Jungpflanze einige Blätter ab, um die Durchlüftung zu verbessern und Krankheiten vorzubeugen. Untersuchen Sie, ob sich Kürbisbohrer, Gurkenkäfer, Lederwanzen oder Blattläuse an den Pflanzen zu schaffen machen. Pflanzen Sie Basilikum, Bohnen, Kapuzinerkresse, Zwiebeln und Radieschen in der Nachbarschaft und säen Sie niemals Kürbisgewächse in aufeinander folgenden Jahren ins selbe Beet. Dass ein Schönwettertanz hilft, kann ich nicht versprechen, aber er beruhigt das Gewissen.

Alle Kürbispflanzen machen sich gerne breit: Je mehr sie sich im Garten oder Topf ausbreiten dürfen, desto wohler fühlen sie sich. Früher oder später umranken sie ohnehin ihre eigenen Ranken und enden in dichtem Chaos. Wenn sie einen ordentlichen Garten lieben, dann hilft nur ein stabiles Stangengerüst als Kletterunterlage. Säen Sie Zucchini und Kürbis 2–4 Wochen vor den

letzten Frösten im Zimmer aus, dann starten Sie von der Pole Position in die Saison. Etwa zwei Wochen nach den letzten Spätfrösten dürfen die Jungpflanzen ins Freie; gönnen Sie ihnen in einem kalten Frühjahr noch eine Extrawoche im Zimmer. Türmen Sie im Garten einen etwa 30 cm breiten Komposthaufen auf das Beet und setzen Sie zwei bis drei Jungpflanzen hinein. Stülpen Sie zum Schutz gegen plötzliche Kälteeinbrüche eine abgeschnittene Plastikflasche darüber.

Kultur im Topf

Überlegen Sie nicht lange, nehmen Sie immer den größten Topf – auch für die kompakter wachsenden Sorten. Je größer der Topf, desto wohler fühlt sich die Pflanze und desto besser wird die Ernte.

Zucchini (buschig wachsend)
Eignung (Ertrag): mittel
Topftiefe mindestens: 25–30 cm
Sorten: möglichst kompakte Sorten, wie 'Diamant F1', 'Gold Rush F1' (goldgelb) oder 'Long White Bush' (gelb-weiß)

Kürbis
Eignung (Ertrag): gering
Topftiefe mindestens: 35–40 cm
Sorten: 'Delicata', kleine Sorten, wie die Patisson- oder Eichel-Kürbisse
Tipps: Pflanzgefäße, die sich selbst bewässern, erleichtern die Regulation der Bodenfeuchte während der viermonatigen Wachstumszeit; siehe „Einpflanzen und (fast) vergessen" (Seite 54).

Linke Seite: Zucchini 'Ronde de Nice' wachsen in einem großen Topf.

Oben: 'Butternut' lässt sich gut lagern.

Links: Den 'Türkenturban' gibt es als kleine und große Sorte.

Bestäubungsprobleme

Kürbis, Gurke und Melonen bilden eingeschlechtliche Blüten, also nur weibliche oder nur männliche Blüten (die Blüten der meisten Pflanzen enthalten weibliche und männliche Geschlechtsorgane). Wenn ihre Pflanzen zwar reichlich Blüten, aber keine Früchte tragen, gibt es ein „Beziehungsproblem". Erlauben Sie mir, mich als Sexualtherapeutin der Blüte zu outen: Unterhalb der Blütenblätter der weiblichen Blüten zeichnet sich der Fruchtknoten als Verdickung ab, der Vorläufer der späteren Frucht. Er kann sich aber nur entwickeln, wenn er mit dem Pollen aus der männlichen Blüte bestäubt wird. Jetzt müssen Sie tätig werden. Suchen Sie sich eine männliche Blüte (mit schlankem Stiel ohne Schwellung) und zupfen Sie die Blütenblätter ab. Jetzt liegt der Pollen („Blütenstaub") frei. Nehmen Sie ihn mit einem feinen Pinsel auf und übertragen Sie ihn vorsichtig auf die Narbe der weiblichen Blüte. Herzlichen Glückwunsch zum Zucchini-Baby; Sie haben gerade eine künstliche Befruchtung durchgeführt.

In der Regel bilden die Pflanzen zuerst zahlreiche männliche Blüten; die weiblichen kommen später. Keine Panik, es bleibt Ihnen noch genügend Zeit. Zupfen Sie in der Zwischenzeit frisch geöffnete Blüten ab und machen Sie ein Essen daraus. Frische, gefüllte Zucchiniblüten sind mindestens so lecker wie die Früchte: Füllen Sie eine Kräuter-Frischkäse-Mischung ein, tunken Sie die Blüte in dünnen Pfannkuchenteig und backen Sie sie knusprig aus. Himmlisch!

Zucchini

(Cucurbita pepo) – Kürbisgewächse (Cucurbitaceae)

Für kleine Gärten sind Zucchini die erste Wahl unter den Kürbisgewächsen. Sie sind sehr variabel in Form, Größe und Farbe; es gibt neben den üblichen schlanken grünen auch weiße, gelbe, gebogene, kugelige und muschelförmige Früchte. Bei der Wuchsform unterscheidet man zwischen buschigen und Ranken bildenden Formen. Die „Büsche" eignen sich besser für den Topf (mindestens 40 cm tief). Eine gute Wahl wäre die alte Sorte 'Costata Romanesco' mit attraktiven Blättern. Die köstlichen Früchte scheinen sich buchstäblich über Nacht in Massen zu entwickeln.

Die Baby-Zucchinis wachsen wahnsinnig schnell; drehen Sie schon 10–15 cm lange Exemplare ab. Die kleinen Zucchini schmecken am besten und die regelmäßige Ernte veranlasst die Pflanze bis zum Ende des Sommers, neue Früchte zu bilden.

Kürbisse

(Cucurbita moschata und *C. maxima)* – Kürbisgewächse (Cucurbitaceae)

Kürbisse können zu wahren Kolossen heranwachsen und gehen entsprechend gierig mit den Ressourcen des Gartens um, vor allem, was die Versorgung mit Wasser angeht. Natürlich brauchen sie auch jede Menge Nährstoffe und wachsen daher am besten direkt auf dem Kompost. Steht ihr Komposthaufen in der Sonne? Warum wagen Sie nicht einen Versuch? Samenhandlungen und Internethändler bieten Kürbisse in allen möglichen Farben und knorrigen, knolligen Formen an. Die Eichelkürbisse gehören zwar zu den Klassikern, doch warum immer dieselbe Sorte säen, wenn so viele andere Sorten warten? Wenn Sie genügend Platz haben, sollten Sie auf Risiko setzen und so großartige hübsch-hässliche Sorten, wie 'Marina di Chioggia', 'Black Futsu' oder den Moschuskürbis 'Musquee de Provence' aussäen. Heben Sie die jungen Früchte vom Boden ab, auf Ziegelsteinen, umgekehrten Töpfen, Plastikeimern oder Metallkanistern faulen sie nicht und sind besser vor Insekten geschützt. Ab dem Spätsommer oder Frühherbst sind die Früchte reif. Die Ernte kann beginnen, wenn die Pflanze abstirbt und die Schale so hart ist, dass Sie mit dem Fingernagel keine Delle mehr eindrücken können. Nur Kürbisse, die bis zur Vollreife an der Pflanze verbleiben, sind lagerfähig.

Gebackener Zucchini-Dip

Ein- oder zweimal im Jahr verschwinden meine Zucchinis unter einer unkontrollierbaren Blattmasse, manche übersehe ich auch bei der Ernte. Irgendwann liegt dann eine Monsterzucchini auf dem Boden. Sie ist hart, trocken, verholzt und eigentlich ein Fall für die Mülltonne – das will ich nicht akzeptieren. Aus der Not, etwas Sinnvolles aus der ungenießbaren Frucht zu machen, kam ich auf dieses Rezept.

Servieren Sie den Dip zu Gemüsestreifen, Pommes frites oder Crackern. Er schmeckt aber auch wunderbar als alternativer Brotaufstrich.

1. Heizen Sie den Backofen auf 200 °C vor. Legen Sie die Zucchini, Zwiebel und die Paprika in eine Auflaufform. Träufeln Sie Öl darüber, salzen und dann wird das Gemüse 45 Minuten lang gebacken. Wenden Sie alles etwa nach der Hälfte der Zeit.

2. Lassen Sie das Gemüse 15 Minuten lang abkühlen.

3. Trennen Sie die angebrannten Schalen vom weichen Fruchtfleisch; die Schalen kommen in den Müll. Füllen Sie das Gemüse in eine Küchenmaschine, geben Sie die restlichen Zutaten dazu und lassen Sie die Maschine laufen, bis alles zu einer weichen Masse zerkleinert ist.

4. Abkühlen lassen und servieren.

Reicht für 2-3 Tassen

1 halbierte Monsterzucchini (bis 1 kg)
1 kleine, halbierte Zwiebel
1 rote oder grüne, halbierte Paprikaschote
1 Esslöffel Olivenöl
1 Prise Salz
1 Knoblauchzehe
1 Esslöffel Zitronensaft
1 Teelöffel frischen oder getrockneten Oregano
1 scharfe Peperoni, oder nach Geschmack

Ich kann die meisten Gemüsefonds aus dem Laden nicht mehr sehen. Sie schmecken alle gleichmäßig salzig und nie nach den Zutaten, die im Aufdruck versprochen werden. Dabei schmeckt ein Fond in Suppen und Eintöpfen viel besser als Wasser. Zum Glück ist es sehr einfach, selbst einen guten Fond herzustellen. Außerdem kann damit das Gemüse aus dem Garten noch intensiver genutzt werden – Spargelenden, Porreegrün, Maiskolben ohne Körner oder überzählige Petersilie.

Praktisch alles, was Sie essen, lässt sich auch zu einem Fond verarbeiten, mit Ausnahme vielleicht der intensiv schmeckenden Kohlgemüse, Blumenkohl, Brokkoli oder Rote Bete. Es geht hier nicht darum, Wasser in Wein zu verwandeln; selbstverständlich gehört altes, angefaultes oder unbrauchbares Gemüse auch weiterhin auf den Kompost.

1. Waschen Sie die Gemüse und Kräuter und schneiden Sie alles in große Stücke. Die Stängel bleiben ganz, entfernen Sie aber die Schalen.

2. Füllen Sie damit einen passenden Topf und gießen Sie Wasser dazu, bis alles bedeckt ist.

3. Bringen Sie das Wasser zum Kochen und lassen Sie das Gemüse eine Stunde lang simmern.

4. Gießen Sie die Brühe durch ein Sieb. Das Gemüse kommt auf den Kompost, das flüssige Gold wird in passende Gläser gefüllt. Der Fond ist im Kühlschrank für ein paar Tage, im Gefrierschrank dauerhaft haltbar.

Zutaten für den Fond

Mögliche Gemüse

- Blattsalat
- Erbsen
- Grüne Bohnen
- Knoblauch
- Maiskolben
- Mangold
- Möhren
- Pastinaken
- Porree
- Schalotten
- Sellerie
- Spargelsprosse
- Süßkartoffeln
- Tomaten
- Zucchini
- Zwiebeln

Mögliche Kräuter

- Basilikum
- Majoran
- Petersilie
- Rosmarin
- Schnittlauch
- Thymian

Mangold

(Beta vulgaris ssp. cicla) – Gänsefußgewächse (Chenopodiaceae)

Die großen, faltigen Blätter des Mangolds sind ein Hingucker, vor allem die Sorten in wunderbar leuchtenden Farben. Das eigentlich Wunderbare am Mangold ist allerdings seine Genügsamkeit: Er wächst ohne größeren Aufwand fast überall und braucht nur wenig Pflege. Wenn Sie Mangold nicht längst anbauen, wird es höchste Zeit – sonst verpassen Sie viel.

Wachsen & Gedeihen

An einem sonnigen Standort fühlt sich der Mangold am wohlsten, verträgt aber auch leichten Schatten. Er ist zwar nicht besonders anspruchsvoll, profitiert aber von nährstoffreichem, wasserdurchlässigem Boden. Spendieren Sie ihm einmal im Monat Fisch- und Algendünger, damit die Blätter kräftig und glänzend aussehen.

Mangold wird gelegentlich „ausdauernder Spinat" genannt, weil er selbst bei starker Hitze nicht schießt und leichte Fröste verträgt. Unter einer Invasion von Flohkäfern leidet vor allem die Schönheit seiner Blätter, doch seine wirklichen Feinde sind die Minierfliegen. Gegen sie hilft nur, das befallene Blatt sofort und radikal zu entfernen. Manchmal stellen sich besonders viele Krankheiten oder Schädlinge ein, wenn Mangold zu wenig Sonne bekommt oder zu eng wächst. Er verträgt sich gut mit Kohlsorten, Blattsalat, Borretsch und Bohnen; Rote Bete und Spinat sind keine guten Nachbarn.

Der übliche Mangold mit weißen Blattstielen sieht bereits hübsch aus, doch die Highlights sind Sorten mit farbigen Blattstielen, wie 'Bright Lights' oder 'Feurio'.

Säen & Pflanzen

Mangold wird zwei Wochen vor den letzten Frösten direkt an Ort und Stelle gesät. Er kann aber auch in Toilettenrollen gesät (siehe „Pflänzchen aus der Klorolle", Seite 27) und die Jungpflanzen in den Garten umgepflanzt werden; Abstand 20 cm.

Kultur im Topf

Kleinere Pflanzen, die für Salate gedacht sind, dürfen ruhig in kleineren Töpfen wachsen.

Eignung (Ertrag): hoch
Topftiefe mindestens: 25 cm
Sorten: alle; 'Rhubarb Chard', 'White Silver', 'Vulkan'
Tipps: Das große Wurzelwerk ausgewachsener Pflanzen nimmt leicht den gesamten Topf ein.

Ernte

Mangold schmeckt in allen Entwicklungsstadien gut. Wann Sie ihn ernten möchten, richtet sich ganz nach Ihrem Geschmack. Wenn Sie jungen Mangold mögen, schneiden Sie die handlangen Blätter knapp über dem Boden ab. Die älteren Exemplare mit knackigen Blattstielen und größeren Blättern werden etwa 5 cm über dem Boden abgeschnitten; die Wurzel bleibt im Boden.

Tomaten *(Lycopersicon esculentum)* – Nachtschattengewächse (Solanaceae)

Was soll ich als Einleitung zum besten selbst gezogenen Gemüse der Welt sagen? Für mich ist der durchdringende Duft der jungen Tomatenpflänzchen auf der Fensterbank das erste fröhliche Zeichen des Frühlings – ich könnte jedes Mal wie ein Kind vor Vergnügen kreischen. Wenn mich ein böser Schicksalsschlag dazu zwänge, bis ans Ende meines Lebens nur noch eine Pflanze anzubauen, entschiede ich mich für Tomaten. Und ich würde dennoch glücklich sterben.

Wachsen & Gedeihen

Tomaten sind Sonnenanbeter; ohne mindestens sechs Stunden Sonne läuft gar nichts – vergessen Sie alle anderen Standorte! Tomaten, die im Schatten stehen, bilden keine Früchte. Auch ein nährstoffreicher, gut wasserdurchlässiger Boden ist ein Muss, obwohl ich verwilderte Tomaten schon an den unmöglichsten Stellen entdeckt habe.

Unabhängig von ihrer Größe sind Tomaten Superproduzenten; eine Pflanze kann sich bei der Fruchtbildung regelrecht verausgaben. Gönnen Sie ihnen zu Beginn der Tomatensaison eine kräftige Gabe Stickstoffdünger, während die Pflanzen Triebe und Blätter bilden. Aber nicht zu viel, denn bei zu viel Stickstoff im Boden entstehen zwar üppige Tomatenpflanzen, aber nur wenige Früchte. Und genau die wollen wir doch! Sobald sich die ersten Blütenknospen zeigen, wird der Stickstoffhahn zugedreht; jetzt bekommen die Tomaten alle zwei Wochen Kaliumdünger.

Beim Gießen ist das „Wie?" genauso wichtig wie das „Wie viel?". Tomaten mit nassen Blättern und schlechter Durchlüftung wirken einladend auf alle möglichen Pilz- und Viruskrankheiten. Tomaten mögen zwar keine hohe Luftfeuchtigkeit, brauchen aber gelegentlich viel Wasser. Gießen Sie daher große Wassermengen, aber unregelmäßig und gießen sie ausschließlich den Boden. In Hitzeperioden oder bei andauernder Trockenheit brauchen die Pflanzen natürlich mehr Wasser, doch auch hier gilt: selten aber jeweils große Wassermengen gießen. Ein gemulchter Boden hält die Feuchtigkeit besser fest und im Unterschied zu

Kultur im Topf

Tomaten müssen täglich gegossen werden (in Hitzeperioden sogar noch häufiger).

Stabtomaten
Eignung (Ertrag): mittel
Topftiefe mindestens: 40–45 cm
Sorten: 'Black Krim', 'Zapotec' Sorten, 'Brandywine', 'Purple Calabash'
Tipps: In jeden Topf gehört nur eine einzige Pflanze, unabhängig von der Größe (von Tomate und Topf!). Da Tomaten ein großes Wurzelwerk bilden, bringen zwei Pflanzen pro Topf nicht etwa doppelte Ernte, sondern nur zwei kränkelnde Tomaten, die gar nicht tragen. Wenn genügend Platz im Topf ist, pflanzen Sie Basilikum, Blumen oder Salat dazu.

Strauchtomaten
Eignung (Ertrag): mittelhoch
Topftiefe mindestens: 30 cm
Sorten: 'Whippersnapper', 'Green Grape', 'Black Seaman', 'Silver Fir Tree'

Zwergtomaten
Eignung (Ertrag): hoch
Topftiefe mindestens: 15 cm
Sorten: 'Tiny Tim', 'Minibel'

getrocknetem Boden spritzt das Gießwasser nicht über die unteren Blätter.

Mit einem gleichmäßig feuchten Boden beugen Sie auch der Blütenendfäule (Seite 71) vor. Sobald die Tomaten zu reifen beginnen, müssen Sie noch sorgfältiger auf

Die Stabtomate 'Purple Calabash' hat ein kräftiges, würziges Aroma und lässt sich zu köstlichen Soßen verarbeiten.

Der Trick mit dem Stangenzelt funktioniert auch im Topf, dort allerdings nur mit einer Pflanze. An diesem „Dreibein" klettert eine 'Black Brandywine' Tomate empor. Sie wächst zusammen mit rotem Shiso und Studentenblumen in einem großen Mülleimer aus Metall.

die Bodenfeuchte achten, denn zu viel Wasser führt zu matschigen, mehligen Früchten, die leicht platzen.

Nutzen Sie das Gießen, um die Blätter peinlich genau nach Windenschwärmern, Blattläusen, Schnecken und Anzeichen von Krankheiten abzusuchen.

Obwohl Tomaten als notorische Sonnenanbeter bekannt sind, vertragen sie keine extreme Hitze: Dann fallen die Blüten ab, ehe sich Früchte gebildet haben. Manchmal erholen sie sich wieder und treiben nach Ende der Hitzeperiode neue Blüten und Früchte aus. Um ganz sicher zu gehen, gönnen Sie den Tomaten bei extremer Hitze ein wenig Schatten oder sprühen Sie Bittersalz (Seite 76), um die Blütenbildung anzuregen.

Säen & Pflanzen

Säen Sie die Tomaten 6–8 Wochen vor den letzten Frösten im Zimmer aus. In der Regel können die Pflänzchen etwa eine Woche nach dem letzten Spätfrost ins Freie umgepflanzt werden. Sollte der Wetterbericht einen späten Kälteeinbruch ankündigen, decken Sie die Tomaten mit einem Minigewächshaus oder einer Folie ab. Da sich Tomaten entlang des gesamten Stängels bewurzeln, haben Sie beim Umpflanzen zwei Möglichkeiten. Graben Sie die Jungpflanze mit senkrechtem Stängel etwas tiefer ein oder heben Sie eine flache Furche aus und legen den Stängel waagerecht hinein. Obwohl sich in beiden Fällen ein gutes, kräftiges Wurzelwerk entwickelt, bietet die „flache" Methode den Vorteil, dass die Sonne die obersten Bodenschichten schneller erwärmt. Andererseits lässt sich ein flach gelagerter Stängel nicht mit einem Kragen gegen Erdraupen schützen (Seite 74). Sie haben die Wahl. Bei beiden Methoden werden die unteren Blätter abgestreift. Geben Sie etwas Wurmkompost oder Kompost ins Pflanzloch, dann füllen Sie Gartenerde auf.

Tomaten wachsen gerne zusammen mit Basilikum, Borretsch, Mexikanischer Studentenblume, Blattsalat, Ringelblume, Kapuzinerkresse, Kohlsorten und

Zwiebelgewächsen. Halten Sie mit Dill, Fenchel und Kartoffeln etwas Abstand.

Alle Sorten brauchen direkt vor oder nach dem Pflanzen eine Stütze. Wenn Sie die Stütze später anbringen, könnten die Wurzeln geschädigt werden. Wenn Sie auf die Stütze verzichten möchten, brauchen die Pflanzen 120 cm Abstand, doppelt so viel wie mit Stütze.

Auf kleinem Raum bevorzuge ich vier Stäbe als Stütze, die im Quadrat in den Boden gesteckt und wie ein Tipi oben zusammengebunden werden. Neben jedem Stab pflanze ich eine Tomate. Diese Methode ist nicht nur platzsparend, sondern die „Tomatenzelte" sehen auch attraktiver als lange, gerade Reihen von gewellten Einzelstäben aus. Wenn die Pflanzen wachsen, binde ich sie locker mit Bast, Schnur oder in Streifen gerissenen T-Shirts oder Strumpfhosen an ihrer „Zeltstange" fest.

Entgeizen

Die Tomaten an den Stäben müssen regelmäßig „entgeizt" werden, damit sich ihr Wachstum auf einen Hauptstamm und große, saftige Früchte konzentriert. Dazu werden während des ganzen Sommers konsequent alle unteren Seitentriebe entfernt, die zwischen Blatt und Hauptstamm austreiben. Auf diese Weise verbessern Sie auch die Belüftung und die Lichtausbeute der oberen Blätter.

In den ersten Nachtfrösten des Spätherbstes sterben alle Tomatenpflanzen ab, die ungeschützt draußen wachsen. In Landstrichen, wo der Herbst früh einsetzt, sollten Sie bei den mehrfach fruchtenden Stabtomaten die Spitze abschneiden, damit die Pflanze ihre gesamte Energie in die Bildung der restlichen Früchte steckt.

Ernte

Tomaten sind reif, wenn Sie die sortenabhängig richtige Farbe haben, weich auf Druck reagieren und auf einem Brot köstlich schmecken.

Who is who im Tomatensalat?

Tomate ist nicht gleich Tomate. Um die unzähligen alten und neuen Sorten besser charakterisieren zu können, werden sie nach Wuchsformen unterschieden. Zu wissen, wie eine Tomate wächst, macht die Entscheidung leichter, welche Sorte für Ihre speziellen Bedingungen am besten geeignet ist. Sie sollten allerdings bedenken, dass die Größe der Pflanze nicht viel über die Größe der Frucht aussagt. Auf manchen Riesenpflanzen wachsen nur winzig kleine Früchte, während einige der kleinen Sorten wunderbare, große Tomaten tragen. Die Wuchsformen zu kennen, ist zwar wichtig, es kommt aber genauso darauf an, bei Ertrag und Fruchtgröße eigene Erfahrungen zu sammeln.

Stabtomaten Die Großväter aller Kulturtomaten waren kletternde Pflanzen, die zahlreiche Seitentriebe bildeten. Die Stabtomaten unter den Kultursorten wachsen praktisch unbegrenzt bis zu den ersten Frösten und bilden regelmäßig neue Früchte. In diese Gruppe gehören viele der besten Sorten, denn wir Gärtner sind nun einmal an den Früchten interessiert. Sie lassen sich nur in extra-großen Gefäßen ziehen.

Strauch- oder Buschtomaten stellen ihr Wachstum nach einer bestimmten Zeit ein und wachsen daher kompakter. Sie tragen ihre Früchte alle zur selben Zeit. Hierzu gehören auch die Sorten, die zwar nur zu einem Busch heranwachsen, aber mehrfach Früchte bilden.

Zwergtomaten sind Hybride, die kleine, kirschgroße Früchte bilden. Sie sind erste Wahl für Blumenkästen oder Hängekörbe.

Das dürfte nicht nur die leckerste Tomatensoße sein, die Sie je probiert haben, sondern sie ist auch mit minimalem Aufwand leicht herzustellen. Beim Backen im Ofen karamellisiert der Zucker in den Früchten, sodass eine süße, intensiv schmeckende Soße entsteht. Die Sorte 'Black Plum' eignet sich am besten, weil ihr von Natur aus leicht rauchiges Aroma im Backofen noch intensiver wird. Selbstverständlich können Sie das Rezept auch mit jeder anderen Sorte ausprobieren.

1. Heizen Sie den Backofen auf 200 °C vor. Legen Sie die Tomaten in eine Auflaufform.

2. Träufeln Sie das Olivenöl über die Tomaten und salzen Sie sie. Wenn Sie mögen, verteilen Sie Basilikum und Knoblauch zwischen den Tomaten; die austretenden Säfte halten sie feucht.

3. Stellen Sie die Form für 30–40 Minuten auf die mittlere Schiene, bis sich die Haut der Tomaten dunkel verfärbt.

4. Lassen Sie alles etwa 20 Minuten abkühlen; Vorsicht, die Tomaten sind heiß!

5. Stellen Sie eine „Flotte Lotte" über eine große Schüssel (ein Spitzsieb mit Holzstößel tut es auch). Verarbeiten Sie immer nur ein paar Tomaten, damit Sie Schale und Samen entfernen können.

6. Die Soße wird frisch verwendet; im Kühlschrank hält sie etwa eine Woche.

Reicht für fünf Tassen

2 ½ kg 'Black Plum' Tomaten
2 Esslöffel Olivenöl
1 Teelöffel Meersalz
4 große, frische Basilikumblätter (optional)
3 Knoblauchzehen (optional)

Tomaten im Kopfstand

Als Kleinstgärtner suche ich ständig nach Möglichkeiten, eine zusätzliche Pflanze unterzubringen, beispielsweise eine Tomate, auf die ich keinesfalls verzichten wollte oder eine Basilikumpflanze 'Cinnamon', die ich zufällig gerade hatte. Tomaten oder Paprika im Kopfstand spart Platz, vereinfacht die Pflege und soll angeblich auch die Ausbeute steigern – alles ohne Stäbe. Oben auf ist immer noch genug Platz für das Basilikum. Krise bewältigt.

Das richtige Gefäß

Nehmen Sie einen großen Eimer mit stabilem Metallbügel; Plastikgriffe halten das Gewicht nicht aus. Am besten sind Eimer mit Einsatz zum Auswringen eines Wischtuschs geeignet: Sie stabilisieren die Eimerform und bieten Platz für eine obere Pflanzetage.

Die richtige Sorte

Die Größe des Eimers bestimmt automatisch schon die Art der Tomatensorte: Ideal sind kleine bis mittelgroße Sorten mit kirschgroßen Früchten (Kirsch- oder Cherrytomaten).

Tipp: Versuchen Sie: 'Peacevine Cherry', 'Golden Currant', 'Matt's Wild Cherry', 'Dasher' oder 'Caprese'

Sie brauchen

- einen Eimer mit Metallbügel
- Bohrmaschine und Bohrer (5 cm)
- Schere
- Kokosmatten für Hängekörbe
- Tomate (Jungpflanze)
- Topferde
- zwei oder drei Basilikumpflanzen (hier 'Purple Ruffles' und 'Pesto Perpetuo')

Wie wird's gemacht?

1. Bevor Sie richtig loslegen, brauchen Sie natürlich einen sicheren Platz für den Tomateneimer. Sobald der Eimer mit Erde gefüllt ist, wird er sehr schwer (später kommt noch das Gießwasser dazu). Eimer und Griff müssen stabil sein und die Verankerung muss das Gewicht tragen können.

2. Bohren Sie ein Loch mitten in den Eimerboden (5 cm Durchmesser).

3. Schneiden Sie aus der Kokosmatte eine Scheibe von etwa 15 cm Durchmesser aus. Machen Sie einen Einschnitt bis in die Mitte. Die Scheibe soll die Tomatenpflanze festhalten, bis sich die Wurzeln kräftig entwickelt haben, und verhindern, dass Erde durch das Loch rieselt.

4. Drehen Sie den Eimer um und stecken Sie die Wurzeln der Tomate vorsichtig durch das Loch – wie beim Einpflanzen.

5. Jetzt wird der Eimer wieder umgedreht (Vorsicht mit der Pflanze). Öffnen Sie den Schlitz in der Scheibe; vorsichtig um den Stängel legen. Danach legen Sie die Kokosmatte wieder um den Stängel. Die Konstruktion hält die Jungpflanze sicher im Eimer fest.

6. Hängen Sie den Eimer auf und füllen Sie die Erde ein.

7. Pflanzen Sie Basilikum oder ein anderes flach wurzelndes Kraut oben in den Eimer. Deren Blätter kühlen die Erde und sehen außerdem hübsch aus.

Kapitel 8: Obst

Auch wenn es uns die Werbung gerne glauben machen möchte: Das Obst aus dem Supermarkt kann der eigenen Ernte nicht das Wasser reichen. Es schmeckt oft fade, ist gespritzt und kann nicht frisch sein. Obwohl ich zwischen Obstplantagen aufgewachsen bin, hatte ich mein erstes, fast religiöses Geschmackserlebnis erst, als ich eine Erdbeere aus meinem eigenen Garten probierte.

Die Spritzmittel auf dem Obst aus konventionellem Anbau lassen sich auch durch sorgfältiges Waschen nicht völlig entfernen. Selbst falls sich keine Reste auf den Früchten erhalten haben sollten, der Boden vergisst nie. In meiner Jugend habe ich einen Sommer lang als Pflückerin bei der Obsternte gearbeitet. Ich bin von einer Leiter gefallen und habe jeden Abend meine Knochen gespürt, doch das Schlimmste waren die Pestizide. Bäume, Pflanzen und Früchte waren mit einer dicken Schicht überzogen und ich werde niemals den Gestank und das Gefühl auf meiner Haut vergessen.

Ich habe unzählige Male versucht, mir das Obst auszureden – zu wenig Platz, Knowhow und Zeit. Doch als ich die erste Frucht aus der eigenen Ernte probierte, waren alle Zweifel vergessen. Obst aus dem eigenem Garten wird Sie niemals enttäuschen.

Obst wächst auf Pflanzen aller möglichen Größen und Formen, von großen Bäumen bis zu kleinen Stauden. Manche Arten fühlen sich in wärmerem, andere in kühlerem Klima wohl. Wenn Sie die natürlichen Standortbedingungen in der Heimat der Obstpflanzen berücksichtigen, finden Sie in Ihrem Garten sicher den richtigen Platz. Die meisten Arten sind mehrjährig, viele sogar verholzt. Es liegt also in Ihrem eigenen Interesse, kurz- und langfristig für die Gesundheit der Pflanzen zu sorgen. Manche brauchen wöchentliche Zuwendung, Schnitt, Bodenpflege und andere Arbeiten fallen jährlich an. Gute Pflege zahlt sich spätestens bei der Ernte aus.

Wie das Gemüse liefern auch Obstpflanzen die reichste Ernte und saftigsten Früchte, wenn sie Platz zum Atmen haben. Daher sollten Sie sich bei Töpfen – nehmen Sie immer den größten – für spezielle Zwergsorten entscheiden. Alle paar Jahre müssen die Pflanzen in einen größeren Topf umgetopft werden.

Genießen Sie kleine Kostbarkeiten, wie ▶ solche Kumquats, ganz oder verwenden Sie die Früchte als ungewöhnlichen Olivenersatz. Dank ihrer kompakten Wuchsform geben sich die kleinen Bäume mit mittelgroßen Töpfen und wenig Platz zufrieden.

Heidelbeeren

(Vaccinium corymbosum) – Heidekrautgewächse (Ericaceae)

Wenn Sie genügend Platz haben, bietet sich eine Hecke aus der Gartenheidelbeere (Amerikanische Heidelbeere) an; ihre leuchtend roten Blätter setzen im Herbst hübsche farbige Akzente. Für die Balkongärtner bleiben immer noch Blumentöpfe und kleinere Sorten. Nur die strauchförmigen Sorten brauchen einen ziemlich großen Topf. Heidelbeeren haben flache Wurzeln und sind robust genug, um auf einem Dachgarten zu überleben. Ein gut etablierter Heidelbeerstrauch liefert mehrere Jahrzehnte lang saftige Beeren!

Wachsen & Gedeihen

In der Natur wachsen Gartenheidelbeeren bevorzugt am Rand von Nadelwäldern. Dort finden sie ihre Lieblingsböden und optimale Wachstumsbedingungen. Sie gehören zu den wenigen Nutzpflanzen, die sich in saurem Boden wohl fühlen – gute Nachricht für alle Gartenbesitzer mit einem Nadelbaum, unter dem nichts wachsen will. Heidelbeeren brauchen allerdings viel direkte Sonne und durchlässigen, aber wasserspeichernden Boden. Klingt verwirrend, ich weiß. Versuchen Sie, sich den Boden in einem offenen Nadelwald vorzustellen: Er ist leicht, wasserdurchlässig, aber mit nährstoffreichem und saurem Humus. Heidelbeeren vertragen ein gewisses Maß an Halbschatten, tragen an einem windgeschützten Standort in der vollen Sonne aber eindeutig mehr Beeren.

Schneiden Sie die Sträucher im Spätsommer oder im zeitigen Frühjahr, bevor sie austreiben. Blüten und Beeren werden nur an den jungen Zweigen gebildet; schneiden Sie daher über fünf Jahre alte, beschädigte, kranke oder abgestorbene Äste ab. Um Pilzkrankheiten vorzubeugen, werden zu dicht wachsende Sträucher in der Mitte ausgelichtet.

Säen & Pflanzen

Pflanzen Sie die Sträucher während der Ruhephase im zeitigen Frühling, sobald der Boden nicht mehr friert, in Regionen mit milderen Wintern ist der Spätherbst besser geeignet. Mischen Sie der Pflanzerde reichlich

Who is who bei den Blauen?

Die Sträucher werden nach ihrer Wuchshöhe kategorisiert.

Niedrigbuschig (im Handel auch als „Lowbush-Sorten" bezeichnet) wachsen *Vaccinium angustifolium* (die amerikanische Lowbush-Heidelbeere) und *V. myrtillus* (die heimische Blaubeere); sie werden höchstens 60 cm hoch.

Hochbuschig („Highbush-Sorten") wachsen die Sorten der Amerikanischen Heidelbeere (*V. corymbosum*). Obwohl sie bei optimalen Bedingungen über 3 m hoch werden, haben die üblichen Gartensorten ein „gebremstes" Wachstum.

Die hochbuschigen Sorten vertragen keine kalten Winter; lassen Sie sich vom einschlägigen Fachhandel beraten.

Kompost bei. Die hochbuschigen Sorten brauchen mindestens 1,80 m Abstand zu den Nachbarn, bei niedrigbuschigen Sorten reichen 60 cm. Der Heidelbeerstrauch muss im Pflanzloch genauso tief stehen, wie im Container des Gartencenters; gut wässern.

Heidelbeeren sind zwar Selbstbestäuber, tragen aber deutlich besser, wenn sie mit dem Pollen einer

anderen Sorte bestäubt werden – gönnen Sie dem Strauch also mindestens einen Partner. Wenn Sie es übers Herz bringen, sollten Sie in den ersten paar Jahren konsequent alle Blüten abknipsen. Der Strauch steckt dann seine ganze Energie in ein kräftiges Wurzelwerk. In den Jahren darauf ernten Sie den Lohn für Ihren Verzicht: reich tragende Pflanzen, die viele Jahre lang gesund bleiben. Heidelbeeren im Topf können mit Ihnen in eine neue Wohnung umziehen.

Ernte

Obwohl sich die Reifezeiten der einzelnen Sorten etwas unterscheiden, ist der Hochsommer eindeutig die Haupterntezeit. Wenn sich die Beeren blau gefärbt haben, warten Sie noch 3–6 Tage ab. Dann haben die Beeren das intensivste Aroma.

Kultur im Topf

Obwohl Heidelbeeren an kaltes Klima gewöhnt sind, reagieren ihre Wurzeln empfindlich auf winterlichen Frost. Fragen Sie im Fachhandel nach Sorten, die für Ihre Region geeignet sind.

Heidelbeeren (Blaubeeren)
Eignung (Ertrag): hoch
Topftiefe mindestens: 40–50 cm
Sorten: 'Bluecrop', 'Northland', 'Patriot', 'Sunshine Blue'
Tipps: Umwickeln Sie den Topf als Schutz vor winterlicher Kälte mit Sackleinen oder Luftfolie und stellen Sie ihn an einen geschützten Platz oder in ein kühles Gartenhaus.

Zitruspflanzen im Topf

Die panaschierte Kumquat sieht hübsch aus und liefert als Zugabe schmackhafte Früchte.

Vielleicht hat mich das kühle Klima meiner Heimat zur Pessimistin gemacht, aber bevor ich es selbst versucht hatte, hielt ich die Idee, Zitrusfrüchte im Zimmer zu ziehen, für einen schlechten Scherz (vermutlich von den paar Glücklichen mit eigenem Gewächshaus lanciert). Heute kann ich zwar nicht behaupten, dass Zitrusfrüchte ein Kinderspiel wären, aber nach einigen Versuchen muss ich zugeben: Es ist machbar und macht Spaß!

Mit ihrem flachen, weit ausgebreitet wachsenden Wurzelsystem sind Zitrusgewächse die idealen Kandidaten für Pflanzgefäße, vor allem in kühlen Regionen. Es gibt mehrere kleine und sogar Zwergsorten, die wie Zimmerpflanzen mit relativ kleinen Töpfen zufrieden sind. Viele der großen Formen wurden auf kleine Unterlagen, wie die Zwergform Poncirus trifoliatus 'Flying Dragon' gepropft. Limetten, Kumquats oder Meyer-Zitronen sind eine gute Wahl; starten Sie mit 25–30 cm tiefen Töpfen.

Wachsen & Gedeihen

Das Erfolgsrezept für erfolgreiche Zitrusfrüchte als Zimmerpflanzen lautet: helles Licht, gleichmäßige Feuchte und ein gut wasserdurchlässiges Substrat. Jeder weiß, dass wilde Zitruspflanzen nur im sonnigen, warmen Süden wachsen. In der Wohnung sind daher ein großes Südfenster oder künstliche Beleuchtung ideal, denn die Pflanzen brauchen selbst im Winter mindestens sechs Stunden direktes Sonnenlicht. Unterhalb dieser Schwelle müssen Sie sich mit kümmernden Pflanzen und minimaler Ernte zufriedengeben.

Gießen Sie gründlich aber unregelmäßig; die Pflanzen werden erst gegossen, wenn das Substrat ein paar Zentimeter tief ausgetrocknet ist. Gönnen Sie Ihren Zitruspflanzen im Winter, wenn die Heizung die Zimmerluft trocken macht, einmal monatlich eine kräftige Dusche.

Auch die Belüftung und Dränage spielen eine große Rolle. Zitrusgewächse brauchen zwar viel Wasser, werfen aber sofort die Blätter ab, wenn das Wasser im Topf steht und sich Staunässe bildet. Daher muss die Erde unbedingt ausgetrocknet sein, ehe Sie wieder gießen.

Zitrusgewächse tragen gut, doch Blüten und Früchte zeigen sich nur bei guter Pflege: Sie brauchen sehr viel Stickstoff und profitieren von einer ordentlichen Portion Kompost, Mist oder Blutmehl.

Stellen Sie die Pflanzen im Sommer ins Freie und vor den ersten Frösten wieder ins Haus. Ganzjährig draußen dürfen sie nur dort stehen, wo die Temperatur nie unter 12 °C fällt.

Pflanzen

Halten Sie sich nicht mit Samen auf, sondern kaufen Sie Jungpflanzen. Bis ein Samen erfolgreich keimt und zu einer Frucht tragenden Pflanze heranwächst, kann ein Jahrzehnt vergehen. Außerdem gibt es keine Garantie dafür, dass daraus wirklich eine Pflanze mit den Eigenschaften der Mutterpflanze wird.

Pflanzen Sie die Bäume in Gefäße, die ein paar Zentimeter breiter sind als die Wurzelballen – viel tiefer brauchen sie nicht zu sein. Benutzen Sie eine nährstoffreiche Topferde, die leicht sauer und gut wasserdurchlässig ist. Da mir noch nie spezielle „Zitruserde" untergekommen ist, mische ich sie selbst: Geben Sie auf drei Teile Topferde ein Teil Orchideen- erde oder Kokos-Blumenerde. Beides erhöht die Wasserdurchlässigkeit und senkt den pH-Wert.

Alle paar Jahre, wenn die Wurzeln keinen Platz mehr haben, wird das Zitrusbäumchen umgetopft. Nehmen Sie einen größeren Topf und geben Sie frische Erde dazu.

Auch die Früchte der Kumquat sind panaschiert; die Blüten der Zitrusgewächse verströmen einen süßen Duft.

Johannisbeeren und Stachelbeeren

Johannis- und Stachelbeeren gehören zu den wenigen Obstgehölzen, die selbst in kühlen Regionen gedeihen. Trotzdem sind sie nicht annähernd so verbreitet, wie sie es verdienen.

Wachsen & Gedeihen

Johannis- und Stachelbeersträucher würden in einem heißen Klima nicht überleben. Sie wachsen am besten in voller Sonne auf nährstoffreichem, feuchtem Boden. Er sollte viel organisches Material enthalten und gut wasserdurchlässig sein. Sparen Sie nicht bei den jährlichen Kompostgaben; die Sträucher brauchen viel Futter. Leider sind sie anfällig gegenüber Mehltau (Seite 72). Halten Sie Vögel, die sich an den Beeren bedienen möchten, mit einem Netz fern.

Pflanzen Sie zwei Jahre alte Sträucher im Herbst und lassen Sie etwa 1 m Abstand zwischen Nachbarn.

Kultur im Topf

Streuen Sie Mulch auf die Töpfe, damit die Erde nicht so schnell austrocknet. In Regionen mit frostigen Wintern brauchen die Sträucher einen 40 cm tiefen Topf. Er wird mit Sackleinen oder Luftfolie umwickelt und an einen kühlen, aber frostfreien Platz überwintert.

Schwarze Johannisbeere
Eignung (Ertrag): gering
Topftiefe mindestens: 30 cm
Sorte: 'Ben Sarek'

Stachelbeere
Eignung (Ertrag): mittel bis gering
Topftiefe mindestens: 30 cm
Sorte: 'Hinnonmäki'

Rote und Weiße Johannisbeere
Eignung (Ertrag): niedrig
Topftiefe mindestens: 30 cm
Sorten: 'Red Lake', 'Weiße Triumph'

Solche älteren Pflanzen sind zwar teurer, aber Sie sollten den Kaufpreis gegen die vielen Jahre aufrechnen, in denen sie Ihnen Beeren liefern!

Schwarze Johannisbeere

(*Ribes nigrum*) – Stachelbeergewächse (Grossulariaceae)

Die Schwarzen Johannisbeeren sind meine Lieblinge in dieser Pflanzenfamilie; sie schmecken gut und sind nicht so sauer. Ich verarbeite sie zu Marmelade oder Säften, bekannt sind sie aber vor allem, weil man daraus den Cassis Likör herstellt.

Johannisbeeren bilden regelmäßig von Grund auf neue Triebe. Setzen Sie die Jungpflanzen 5–10 cm tiefer ein als im Container. Entscheiden Sie sich für eine Sorte, die resistent gegenüber Mehltau ist, beispielsweise 'Ben More' oder 'Ben Sarek'. Blüten und Früchte bilden sich an den einjährigen Trieben. Schneiden Sie im Herbst die Zweige, die Früchte getragen haben, bis zum Boden ab und entfernen Sie schwache Triebe. Die Früchte sind im Hoch- bis Spätsommer erntereif.

Stachelbeere

(Ribes uva-crispa) – Stachelbeergewächse (Grossulariaceae)

Die ungewöhnlichen Früchte der Stachelbeere kommen in mehreren Farben vor, sind aber stets durchscheinend. Sie brauchen dieselben Standortbedingungen wie

Linke Seite: Schneiden Sie die vollreifen Schwarzen Johannisbeeren ruhig mit der ganzen Triebspitze ab.
Oben: Stachelbeeren bieten auf kleinem Raum sehr hohen Fruchtertrag.
Unten: Rote Johannisbeeren liefern völlig unkompliziert reiche Ernte.

Johannisbeeren, vertragen aber mehr Schatten und reagieren empfindlicher auf Hitze. Obwohl es unlogisch klingt, sind sie bei Trockenheit besonders anfällig gegenüber Mehltau. Halten Sie die Erde um die Pflanzen gleichmäßig feucht und passen Sie besonders gut auf, wenn die Früchte ansetzen. Stachelbeeren brauchen weniger Stickstoff als Johannisbeeren, aber viel Kalium und gelegentlich etwas Magnesium (Bittersalz).

Resistente Sorten, wie 'Invicta' oder 'Pax', erleichtern den Kampf gegen den Mehltau. Stachelbeeren tragen ihre Früchte auf ein-, zwei- oder dreijährigen Zweigen. Schneiden Sie die Sträucher im Herbst oder zeitigen Frühjahr zurück. Entfernen Sie alle kranken und Zweige, die älter sind als drei Jahre. Lichten Sie den Strauch auch im Zentrum aus, um die Mehltaugefahr zu senken. Anders als bei den Schwarzen Johannisbeeren, werden die Triebe aber nicht bis zum Boden, sondern nur bis zu einem jungen Seitentrieb zurückgeschnitten.

Aus Stachelbeeren lassen sich köstliche Marmeladen einkochen, sie eignen sich auch für Kuchen, wenn sie kurz vor der Vollreife im Hochsommer geerntet werden.

Rote und Weiße Johannisbeere

(Ribes sativum) – Stachelbeergewächse (Grossulariaceae)

Rote und Weiße Johannisbeere gehören botanisch zur selben Art. Sie ziehen im Vergleich mit ihren schwarzbeerigen Verwandten einen leichteren Boden vor. Die größten Schwierigkeiten machen Blattläuse und Blattfleckenkrankheit. Hier sorgen die richtigen Nachbarn (Schnittlauch wäre eine gute Wahl) und gründliches Auslichten, um den Luftaustausch zu verbessern, für Abhilfe.

Rote und Weiße Johannisbeeren bilden ihre Früchte an ein- bis dreijährigen Trieben. Entsprechend werden sie genau wie Stachelbeeren zurückgeschnitten, entweder im Herbst oder unmittelbar nach der Ernte. Die Früchte sind etwa im Hochsommer reif, sobald sie sich weich anfühlen und ihre intensivste Färbung erreicht haben.

Melonen *(Cucumis melo)* – Kürbisgewächse (Cucurbitaceae)

Eigentlich kann ich jeden verstehen, der „Nein, danke!" zu Melonen im Garten sagt. Sie sind enorm wüchsig und breiten sich hemmungslos zwischen ihren Nachbarn aus, wenn man sie lässt. Ich habe Melonen schon an ziemlich ungewöhnlichen Stellen gefunden, denn ihre unberechenbaren Samen fassen im Kompost oder einem Stückchen Erde Fuß. Mein absolutes Highlight war eine Wassermelone, die den Rasen in der Einfahrt erobert hatte.

Wachsen & Gedeihen

Melonen lieben Sonne und Hitze und sie brauchen einen langen, warmen Sommer, damit ihre Früchte vollreif und aromatisch werden – vier Monate sind ideal. Daher machen die empfindlicheren Sorten in kühleren Regionen mehr Schwierigkeiten als Freude. Selbst wenn in einem Jahr günstige Bedingungen geherrscht haben, macht ein kühler, verregneter Sommer im nächsten Jahr die gesamte Mühe zunichte. Der Anbau bis zur erfolgreiche Ernte von Melonen hat viel von einem Glücksspiel.

Melonen sind äußerst durstig. Der Boden muss während der gesamten Wachstumsphase durchdringend feucht sein; das gilt vor allem für die Zeit bis zur beginnenden Fruchtreife. Andererseits verliert das Fruchtfleisch enorm an Aroma, wenn die Melonen während der Fruchtreife zu viel gegossen werden. Also, während der Fruchtreife weniger gießen und das Gießen zur Erntezeit ganz einstellen. Während der übrigen Zeit trocknen Melonen sehr leicht aus.

Vermutlich können Sie sich denken, dass Melonen enorme Mengen an Energie brauchen, um ihre Früchte zu bilden. Sie sind auf wirklich gute, nährstoffreiche Böden mit hoher Wasserdurchlässigkeit angewiesen. Wenn Sie die Jungpflanzen einsetzen, mischen Sie dem Boden Kompost, verrotteten Stallmist, Tang und/oder Knochenmehl bei. Zu Beginn der Wachstumszeit bekommen sie Stickstoffdünger; nach dem Fruchtansatz werden sie nicht mehr gedüngt.

Melonen leiden unter denselben Schädlingen und Krankheiten wie Gurken. Gießen Sie das Wasser nicht über die Blätter, knipsen Sie zu dicht wachsende Blätter ab und erziehen Sie Sorten mit kleinen Früchten an einem Spalier oder Rankgitter, wo sie besser durchlüftet werden. Entscheiden Sie sich für welkeresistente Sorten, wie die Wassermelone 'Crimson Sweet'. Suchen Sie an den Trieben dicht über dem Boden nach Bohrstellen des Kürbisbohrers und sammeln Sie die Kürbiskäfer ab, die nicht nur direkte Schäden verursachen, sondern auch Krankheiten übertragen.

Kultur im Topf

Verwenden Sie gutes, nährstoffreiches, wasserdurchlässiges Substrat, das stets feucht bleiben muss. Ideal sind Gefäße, die sich selbst bewässern, wie auf Seite 54 beschrieben („Einpflanzen und (fast) vergessen").

Melonen
Eignung (Ertrag): niedrig
Topftiefe mindestens: 30–35 cm
Sorten: 'Orange Beauty', 'Tigger', 'Jenny Lind', 'Hearts of Gold'
Tipp: Fragen Sie nach kleinen Sorten („Balkonmelonen") mit kleinen Früchten und kurzer Vegetationszeit.

Wassermelonen
Eignung (Ertrag): niedrig
Topftiefe mindestens: 35 cm
Sorten: 'Petite Yellow', 'Golden Midget', 'Cream of Saskatchewan'
Tipp: Fragen sie unbedingt nach kleinen Sorten.

Es gibt zu viele herrliche Melonensorten, um alle auszuprobieren. Daher: Wenn der Platz keine Rolle spielt, schlage ich 'Prescott Fond Blanc' vor, eine ungewöhnlich hübsch-hässliche Sorte. Die Charantaise-Melone (Gruppe der Cantaloupe-Melonen) hingegen ist für ihren köstlichen, süßen Geschmack bekannt. Die 'Moon and Stars' Wassermelone mit gelb leuchtenden „Monden und Sternen" auf dunkelgrüner Schale schmeckt ebenso gut wie sie aussieht. Die sehr süße 'Mountain Sweet Yellow' ist eine Delikatesse an heißen Sommertagen. Da Melonen, insbesondere die Wassermelonen, rasch jede Fläche erobern, sind sie als Topfpflanzen nicht die erste Wahl und dennoch – siehe „Kultur im Topf", gegenüberliegende Seite.

Säen & Pflanzen

Stecken Sie die Samen etwa um die Zeit der letzten Fröste 2–3 cm tief in einen Topf im Zimmer. Ins Freie dürfen sie frühestens drei Wochen nach den Spätfrösten. Melonen haben es nicht gerne, wenn ihre Wurzeln gestört werden. In warmen Regionen sollten Sie daher direkt an Ort und Stelle säen oder einen

> Legen Sie reifende Früchte zum Schutz vor Krankheiten und Schädlingen auf Büchsen, niedrige Töpfe, Ziegelsteine oder große Tonscherben. Auf diese Weise reifen sie auch schneller!

Who ist who bei den großen Gelben?

Cantaloupe-Melonen oder Kantalupe (*Cucumis melo* Cantalupensis-Gruppe) haben eine harte, warzige Schale. Bei den **Zuckermelonen** (*Cucumis melo* ssp. *melo*) ist die Schale weicher und netzartig gezeichnet; ihr orangefarbenes Fruchtfleisch schmeckt angenehm süß. Auch die **Honigmelonen** gehören zur Gruppe der Zuckermelonen; sie haben eine glatte, gelbe Schale und weißes, grünes, gelbes oder orangefarbenes Fruchtfleisch. Die **Wassermelonen** gehören botanisch in eine andere Gattung (*Citrullus lanatus*); sie sind besonders groß und haben eine glatte Schale in verschiedenen Farben (häufig gestreift). Ihr Fruchtfleisch ist fast weiß, gelb, rosa oder rot getönt.

wirklich großen Topf benutzen. Ähnlich wie bei den Kürbissen peppe ich den Nährstoffgehalt des Bodens auf, indem ich einen etwa 30 cm hohen Komposthaufen auf die Erde schichte und drei Samen hineinstecke. Jeder Samen bekommt als Mini-Gewächshaus eine abgeschnittene Plastikflasche übergestülpt. Die Blüten sollten zwar eigentlich viele Bestäuber anlocken, doch da sie nicht lange geöffnet bleiben, gehen Sie mit Bestäubung per Hand auf Nummer sicher. (siehe „Zucchini und Kürbisse, Seite 114)

Ernte

Knipsen Sie etwa einen Monat vor dem ersten Frost die restlichen Blüten und neue Triebe ab. Melonen sind reif, wenn sich ihre Farbe deutlich verändert hat, meist von grau-grün nach gelb oder beige (die reifen Früchte sind auf den Samentüten abgebildet). Auch die Nase kann hilfreich sein, denn die Enden reifer Früchte duften oft sehr aromatisch. Reife Früchte sind fest und Wassermelonen sind reif, wenn ihre Unterseite gelb wird und die Ranken nahe der Frucht austrocknen.

Erdbeeren

(Fragaria) – Rosengewächse (Rosaceae)

Lange Zeit war ich wie besessen von den dicken, saftigen Hybriderdbeeren; wenn ich einen besonderen Giganten ernten konnte, war ich total aus dem Häuschen. Ich hatte die völlig falsche Vorstellung, die dicksten seien die besten.

Dann probierte ich meine erste wilde Erdbeere. Diese winzigen Beeren mögen klein sein, aber ihr Geschmack ist der Hammer. Ehrlich, jede Erdbeere aus dem eigenen Garten ist besser als die wässrigen Riesenbeeren aus den Erdbeerfarmen. Jede Sorte verdient einen Versuch und es ist wirklich einfach: Alles, was Erdbeeren brauchen, ist ein kleiner Blumenkasten, ein Erdbeertopf oder ein Hängekorb.

Wachsen & Gedeihen

Erdbeeren sind Sommerpflanzen, daher lieben sie ein Plätzchen an der Sonne. Ein bisschen Schatten macht ihnen allerdings nichts aus und die kleinen Walderdbeeren sind sogar an Standorte im Schatten von größeren Pflanzen angepasst. Sie mögen feuchten, aber keinen staunassen Boden, wenn möglich gerade im sauren Bereich. Mischen Sie dem Boden beim Pflanzen etwas Kompost bei oder als Kopfdünger (Seite 65) im Frühling. Andererseits sollten Sie sich bei den Düngern zurückhalten, sonst ernten Sie dicke aber fade Beeren. Mulchen Sie den Boden im Frühling mit Stroh, um die Bodenfeuchte zu halten und die Beeren vom Boden abzuheben. Nach den ersten Frösten werden die Erdbeeren mit Stroh als Winterschutz abgedeckt.

Wenn die Pflanzen zu dicht stehen, sind Erdbeeren durch Echten Mehltau und Fäule bedroht. Kontrollieren Sie regelmäßig die Ausläufer und graben Sie alte Pflanzen aus. Zu Schutz vor hungrigen Vögeln sollten Sie die Reihen kurz vor der Reife mit einer Kunststofffolie oder einem Netz überspannen. Suchen Sie nach etwas Besonderem? Wie wäre es mit den rosa blühenden Sorten 'Pink Panda' oder 'Lipstick'?

Kultur im Topf

Erdbeeren sind ideal für Hängekörbe und Blumenkästen auf der Fensterbank.

Eignung (Ertrag): hoch

Topftiefe mindestens: 15 cm

Sorten: 'Mara des Bois', 'Elan' (Saaterdbeere); Walderdbeeren wachsen auch an schattigen Standorten.

Tipp: Setzen Sie pro Topf eine Erdbeerpflanze ein, in größeren Gefäßen auch mehrere; der Abstand sollte 20 cm betragen. Zum Schutz vor Frost werden die Töpfe mit Sackleinen oder Luftfolie umwickelt und in der Garage oder im ungeheizten Gartenhaus überwintert.

Säen & Pflanzen

Im Spätsommer breiten sich Erdbeeren ziemlich aggressiv über ihre Ausläufer aus. Ausläufer sind waagerecht wachsende Stängel, die sich bewurzeln und Tochterpflanzen bilden. Pflanzen Sie neue oder die abgetrennten Tochterpflänzchen aus dem eigenen oder dem Bestand von Freunden im zeitigen Frühling oder Spätsommer. Gute Partner sind Borretsch, Dill, Zwiebeln, Blattsalat, Koriander, Thymian und Fenchel, gar nicht mögen sie alle Sorten der Kohlfamilie. Im Beet brauchen Erdbeeren 45–50 cm Abstand – der Wurzelhals (Übergang zwischen Stängel und Wurzeln) muss direkt über dem Erdboden liegen. Zu hoch eingesetzte Pflanzen trocknen aus, zu tief eingesetzte faulen leicht. Wenn Sie im ersten Jahr alle Blüten entfernen, tragen die Erdbeeren im zweiten Jahr umso mehr Früchte.

Erdbeeren sind mehrjährige Pflanzen, die einen Stammplatz im Garten brauchen. Die Hybriderdbeeren tragen allerdings nach etwa drei Jahren nicht mehr gut und bilden kleinere Beeren. Tauschen Sie das gesamte Beet aus oder ersetzen Sie sukzessive alte durch neue Pflänzchen.

Who ist who im Erdbeerkuchen?

Hybrid- oder Kulturerdbeeren (*Fragaria* x *ananassa*) werden nach der Fruchtbildung untergliedert: „Einmal tragende" (meist zwischen Mai und Juni) Sorten sind selbsterklärend; die „mehrfach tragenden" oder remontierenden Sorten zwei- oder mehrmals pro Gartensaison.

Die wilden **Walderdbeeren** (*Fragaria vesca*) bilden sehr viel kleinere Früchte, die aber besonders aromatisch schmecken. Aus ihnen wurden die **Monatserdbeeren** gezüchtet, die während der gesamten Gartensaison gleichzeitig blühen und Früchte bilden.

Ernte

Die meisten Sorten reifen im Frühsommer, bestimmte Sortengruppen tragen allerdings dauerhaft oder ein zweites Mal (siehe „Who is who im Erdbeerkuchen?"). Die jungen, zarten Blätter sind essbar und können getrocknet und als Tee zubereitet werden.

Kapitel 9: Kräuter und essbare Blüten

Kräuter und essbare Blüten eignen sich hervorragend als Einstieg in einen eigenen Nutzgarten – und sie brauchen nur wenig Platz. Beide versprechen in kürzester Zeit bei minimalem Arbeitsaufwand größtmöglichen Erfolg.

Ein einziger, 35–40 cm tiefer Topf mit den wichtigsten Kräutern reicht aus, um die Gerichte eines Jahres zu würzen. Das Beste am mobilen Kräutergarten ist die Ernte: Schon nach ein paar Wochen können Sie die ersten Blättchen ernten und manche Kräuter liefern bis zum Ende der Gartensaison und darüber hinaus. Alles, was dann noch übrig ist, wird für die kräuterlose Winterzeit getrocknet, eingefroren und gelagert.

Die Unterschiede verstehen

Häufig werden Kräuter und essbare Blüten als ideal für Topf und Fensterbank dargestellt. Das gilt allerdings nicht für alle Arten. Es kann frustrierend sein, eine Pflanze nach der anderen kümmern und absterben zu sehen. Nicht alle Kräuter sind zierliche Pflänzchen, auch wenn die winzigen Jungpflanzen im Gartencenter das glauben machen. Lesen Sie sich vor dem Kauf genau durch, wie groß und breit die ausgereifte Pflanze wird.

Prüfen Sie, ob es sich um eine einjährige, zweijährige oder mehrjährige Art handelt – die Gesamtlebensdauer einer Pflanze. Einjährige (Annuelle) brauchen für ihren Lebenszyklus von Samen bis Frucht nur ein Jahr, Mehrjährige (Stauden oder Gehölze) leben fünf bis viele Jahre lang. Die Zweijährigen sind ein Sonderfall. Sie bilden im ersten Jahr nur Blätter, sammeln Speicherstoffe und beschließen ihr Leben mit der Fruchtbildung im zweiten Jahr. Da sie unbedingt innerhalb eines Jahres fertig werden müssen, sind einige Einjährige düngermäßig vergleichsweise anspruchsvoll, während die Mehrjährigen durchaus gelassen auf „Hungerphasen" reagieren können.

Ein- und Zweijährige werden gewöhnlich gesät; sie lassen sich nicht gerne umtopfen. Für sie ist daher die Aussaat an Ort und Stelle die ideale Wahl. Sie gehen zwar Ende der Saison wieder ein, doch da sich einige Arten selbst aussäen, kehren sie Jahr für Jahr wieder. Auch wenn Samen billiger zu sein scheinen, lohnt sich bei Mehrjährigen der Kauf von fertigen Pflanzen, denn zwischen Aussaat und der ersten Ernte können bis zu drei Jahre vergehen.

Suchen Sie außerdem nach Angaben über die Winterhärte, denn nicht alle Arten überstehen einen kalten Winter. Besonders empfindliche Vertreter geben schon in der ersten frostigen Nacht ihren Geist auf.

Die Grundlagen

- Planen Sie um die Mehrjährigen herum. Da sie lange stehen bleiben, bilden Sie das Rückgrat des Gartenplans.

- Viele Küchenkräuter stammen aus dem Mittelmeerklima; sie brauchen viel Sonne und gut wasserdurchlässige Böden.

- Arbeiten Sie in verdichtete oder tonhaltige Böden reichlich Kompost und Kies ein, um den Wasserabzug zu verbessern.

- Sollte der Boden in Ihrem Garten zu schlecht sein, legen Sie ein Hochbeet an (Seite 44).

Kräutergarten im Erdbeertopf

Erdbeertöpfe bieten ideale Voraussetzungen für Kräuter. Die Pflanztaschen sind zwar für je eine Erdbeerpflanze gedacht, eignen sich aber auch für kleine Kräuter auf engem Raum. Glasierte Keramiktöpfe halten das Wasser besser als unglasiertes Terrakotta, in dem die Erde leichter austrocknet. Suchen Sie nach Modellen mit möglichst breiten Pflanztaschen; Töpfe mit schlitzartigen Öffnungen sind für Kräuter nicht geeignet, weil sie für die Gießkanne nur schwer erreichbar sind.

Die folgenden Pflanzenkombinationen sehen nicht nur in solchen Töpfen, sondern auch in ganz normalen

Eimern wunderbar aus. Auf die Fläche eines Waschbeckens passen etwa fünf bis sechs Pflanzen, sonst wird es zu eng. Berücksichtigen Sie bei den Kombinationen die Standortansprüche: Sonnen- oder Schattenpflanzen, Feuchte oder Trockenheit liebende Arten gehören jeweils zusammen.

Kombinationen und Themen

Alles Minze, oder was? Ingwer, Spearmint-Minze, Schokolade, Banane, Pfefferminze, Orange, Grapefruit, Apfel, Ananas.

Nichts als Thymian: Ideal für einen kleinen Topf. Oregano, Zitrone, Orange Spice, Rose Petal, Kümmel, Silber, panaschierte Zitrone.

Aromatischer Kräutertee: Lavendel, Zitronenmelisse, Minze, Kamille, Indianernessel, Katzenminze, Indisches Basilikum.

Sommer, Sonne, Mittelmeer: Salbei, Rosmarin, Thymian, Oregano, Majoran.

Typisch italienisch für Pizza & Pasta: Basilikum, Basilikum 'Sweet Genovese', Rukola, Knoblauch-Schnittlauch, Thymian, Majoran, Estragon.

Dessert-Kräuter: Für Kuchen, Eis und Sorbets. Zimt-Basilikum, Anis-Basilikum, Kümmel, Zitronenmelisse, Ananasminze, Spearmint-Minze, Duftgeranien (ganz oben), Sorten von Veilchen und Stiefmütterchen, Indisches Basilikum, Orangenminze.

Knackig für den Salatteller: Wachsen an kühleren Standorten. Rote Gartenmelde, Sauerampfer, Kopfsalate 'Adrienne', 'Red Sails', Mizuna, Eichblattsalat 'Mascara', Kresse, Rukola, Kerbel.

Essbare Blüten: Stiefmütterchen, Veilchen, Kapuzinerkresse, Kamille, Ringelblume, Minze, Nelken, Studentenblume 'Luna', Schwarzkümmel.

Essbare Blüten – Aromatabelle

Zitronig-säuerlich

- Knollenbegonien
- Zitronenbasilikum
- Zitronenstrauch
- Studentenblumen (*Tagetes tenuifolia*) 'Luna Lemon', 'Tangerine Gem'
- Sauerampfer (*Rumex acetosa*)

Fruchtig-frisch

- Borretsch (*Borago officinalis*)
- Spearmint-Minze
- Schokoladen-Minze
- Bananen-Minze
- Duftnessel (*Agastache foeniculum*)
- Dill
- Fenchel
- Shiso

Würzig

- Rukola
- Radieschen
- Schnittlauch
- Bartnelken (*Dianthus barbatus*)
- Kapuzinerkresse
- Schwarzkümmel (*Nigella sativa*)
- Indisches Basilikum (*Ocimum tenuifolium*)

Blumig

- Rosengeranie
- Veilchen und Stiefmütterchen (*Viola*)
- Rosen
- Lavendel
- Löwenmäulchen
- Kornblume (*Centaurea cyanus*)

Süß

- Engelswurz (*Angelica archangelica*)
- Stevie (*Stevia rebaudiana*)

Krautig und aromatisch

- Bronzefenchel (*Foeniculum vulgare* 'Purpureum')
- Brunnenkresse (*Nasturtium officinale*)
- Duftgeranien (*Pelargonium*)
- Estragon (*Artemisia dracunculus*)
- Indianernessel (*Monarda*)
- Katzenminze (*Nepeta cataria*)
- Kerbel (*Anthriscus cerefolium*)
- Kümmel (*Carum carvi*)
- Liebstöckel (*Levisticum officinale*)
- Lorbeer (*Laurus nobilis*)
- Majoran (*Origanum majorana*)
- Oregano
- Pimpinelle (*Sanguisorba minor*)
- Ringelblume (*Calendula officinalis*)
- Sommerbohnenkraut (*Satureja hortensis*)
- Vietnamesischer Koriander (*Persicaria odorata*)
- Ysop (*Hyssopus officinalis*)

Die winterharten Duftnesseln gedeihen unter fast allen Bedingungen.

Duftnessel

(Agastache foeniculum) – Lippenblütengewächse (Lamiaceae)

Mehrjährige (Staude)

Seit meine Duftnessel in einem Blumenkasten auf dem Dachgarten sowohl einen heißen, trockenen Sommer als auch einen harten Winter überstanden hat, habe ich sie in mein Herz geschlossen. Seither ist sie jedes Jahr neu ausgetrieben. Tatsächlich kann dieses wunderschöne, blühende Kraut auch zur Plage werden, denn Duftnesseln säen sich sehr aggressiv selbst aus. Ich habe viele Stunden meines Lebens damit verbracht, ihre Nachkömmlinge aus allen Töpfen und Ritzen meines Dachs zu zupfen. Und dennoch liebe ich sie über alles. Dieses Kraut liegt geschmacklich irgendwo zwischen Minze, Früchten und Lakritz. Die Blüten sind besonders köstlich und sehen gut aus und locken Schmetterlinge und viele andere Bestäuber in meinen Dachgarten.

Wachsen & Gedeihen

Duftnesseln ertragen wirklich eine Menge! In der ersten Wachstumsphase brauchen sie etwas mehr Zuwendung, doch sobald sie sich etabliert haben, kommen sie selbst mit schlechtem Boden, Hitze und Dürre zurecht. Sie sind winterhart und vertragen tiefe Temperaturen. Duftnesseln wachsen zwar in Töpfen, brauchen aber viel Platz, um sich entfalten zu können. Die Blätter und Blüten schmecken frisch und getrocknet als Tee.

Basilikum

(Ocimum) – Lippenblütengewächse (Lamiaceae)

Empfindliche Einjährige & Staude

Der Name leitet sich von dem griechischen Wort für „König" ab – völlig zu Recht, wenn ich an die Legionen kochender Gärtner denke, die ohne Basilikum nicht leben können. Kämpfen Sie nicht dagegen an, Basilikum ist wirklich vielseitig. Obwohl es erst als Zutat im süßen Pesto bekannt und beliebt wurde, ist und kann Basilikum viel mehr. Ich habe in einem Jahr einmal 13 Sorten angepflanzt; sie alle unterschieden sich in Farbe, Größe, Form und Aroma. Mit ein paar Sorten brauchen Sie keine anderen Gewürze mehr – wechseln Sie von Gericht zu Gericht. Versuchen Sie die großartigen 'Dark Opal', 'Purple Ruffles' oder 'Rotes Krauses', Zimtbasilikum, 'Red Rubin' oder 'Siam Queen' (Thai-Basilikum), die alle Farbe in den Kräutergarten bringen. Das Zitronenbasilikum 'Mrs. Burns' schmeckt besonders frisch, völlig anders sind 'African Blue' oder Indisches Basilikum.

Wachsen & Gedeihen

Das Geheimnis guten Basilikums ist Geduld. Die Pflanze stammt aus einer der wärmsten Regionen der Welt und fühlt sich nur wohl, wenn sie in einem warmen, nährstoffreichen Boden wachsen darf – ich meine nicht Sonnenlicht, sondern wirklich Wärme. Es verzeiht kein kaltes, feuchtes Wetter. Basilikum kann

Die schmale, hohe Sorte 'Columnar'.

Indisches Basilikum schmeckt süß und aromatisch.

problemlos aus Samen gezogen werden, fangen Sie aber nicht zu früh damit an. Legen Sie die Samen erst in die Erde, wenn Sie mit den anderen Pflanzen fertig sind. Entsprechend dürfen auch die Jungpflanzen erst lange nach den letzten Spätfrösten ins Freie, wenn keine kalten Überraschungen mehr drohen.

Draußen braucht Basilikum ein sonniges Fleckchen, das vor der direkten Sonneneinstrahlung geschützt ist. Ideal ist der Schatten einer großen Tomatenpflanze, außerdem sind die beiden sehr gute Nachbarn. Alle

Sorten von Basilikum wachsen auch bestens in angemessen großen Gefäßen. Zwergsorten mit kleinen Blättchen sind ideal für flache Schalen und Blumenkästen. Besonders zierliche Blätter entwickeln beispielsweise die Sorte 'Bubikopf'. Dagegen sind 'Blauer Afrikaner' oder 'Wildes Purpur' große Sorten, die etwas kühleres Wetter vertragen.

Zur Vermehrung brauchen Sie im Hochsommer nur Stecklinge von gut entwickelten Pflanzen abzunehmen und sie bewurzeln lassen (Seite 31).

Dieses Rezept funktioniert mit allen fruchtig schmeckenden Basilikumsorten, wie 'Lemonette', Zimt-, Zitronen- und Anisbasilikum. Aus Zimtbasilikum lässt sich ein herrlicher Brotaufstrich herstellen und Zitronenbasilikum schmeckt herb und frisch zugleich. Lecker!

Wenn Sie keinen Traubensaft haben, können Sie auch andere Säfte oder Wasser nehmen. Die Süße wird durch das Verhältnis von Wasser und Saft bestimmt.

Das „niederveresterte Pektin" ist eine Zutat, die das Gelieren von Fruchtsäften mit weniger Zucker erlaubt (Seite 190). Daher funktioniert dieses Rezept nicht mit den üblichen Gelierungsmitteln.

1. Geben Sie Basilikum, weißen Traubensaft und 1½ Tassen Wasser in einen Topf und bringen Sie das Wasser zum Kochen. Nehmen Sie den Topf vom Herd und lassen Sie alles 20 Minuten ziehen.

2. Seihen Sie die Flüssigkeit ab. Da ein Teil verdampft ist, füllen Sie mit Wasser bis auf zwei Tassen auf.

3. Gießen Sie die Flüssigkeit zurück in den Topf, geben Sie den Zitronensaft dazu und bringen Sie die Mischung zum Kochen. Vermischen Sie in der Zwischenzeit den Zucker mit dem Pektin in einer Schüssel.

4. Sobald der Saft kocht, rühren Sie die Zucker-Pektin-Mischung mit einem Schneebesen vorsichtig ein. Rühren Sie weiter, bis sich alles gelöst hat und sämtliche Klümpchen verschwunden sind.

5. Erhöhen Sie die Temperatur, bis die Flüssigkeit sprudelnd kocht und dann eine Minute ständig rühren.

6. Rühren Sie zügig das Kalziumphosphat ein und nehmen Sie den Topf vom Herd.

7. Gießen Sie die Mischung in sterilisierte Gläser; 5 Minuten im Wasserbad einkochen (Seite 192).

Ergibt 7–8 Gläser à 100 ml

1 ½ Tasse frisches Basilikum 'Dark Opal', fein zerhackt
½ Tasse weißer Traubensaft
½ Tasse Zitronensaft
2 Tassen Zucker
3 Teelöffel niederverestertes Pektin (Reformhaus)
3 Teelöffel Kalziumphosphat (Schüßlersalz, Reformhaus)

Wenn Sie sich die Arbeit mit dem Einkochen ersparen wollen, lassen Sie das Gelee ein paar Stunden abkühlen, bevor Sie es servieren. Im Kühlschrank hält es sich etwa einen Monat.

Indianernessel

(*Monarda*) – Lippenblütengewächse (Lamiaceae)

Mehrjährige (Staude)

Die Indianernessel ist nicht nur eine hübsche Zier-pflanze, sondern ihre Blüten locken auch zahlreiche nützliche Insekten in den Garten. Je nach Sorte fallen die Blüten rot über rosa bis lavendelfarbig aus; ihr Aroma erinnert an sehr aromatische Minze. Die aromatischen Blätter sind vor allem als Zutat zu Kräutertees bekannt. Sie sind zwar essbar, passen wegen ihres intensiven Geschmacks jedoch am besten zu schweren Fleischgerichten.

Wachsen & Gedeihen

Indianernesseln breiten sich ziemlich rücksichtslos aus. Sie lieben nährstoffreiche, durchlässige Böden und einen warmen, sonnigen Standort. Dabei ist die Wärme besonders wichtig. In kalter Erde fühlen sie sich definitiv nicht wohl. Leider ist die Pflanze chronisch anfällig für Echten Mehltau. Sorgen Sie daher frühzeitig für guten Luftaustausch (Pflanzabstand, dichten Wuchs auslich-ten), um dem Mehltaupilz an schwül-warmen Sommer-tagen das Leben schwerer zu machen.

Sie können die Indianernessel aus Ablegern oder Schnittlingen leicht vermehren. Wenn Sie bei älteren Exemplaren im Herbst die Wurzeln teilen, fallen ebenfalls Tochterpflanzen für Ihre Freunde an.

Borretsch

(*Borago officinalis*) – Raublattgewächse (Boraginaceae)

Einjährige

Borretsch wird stark unterschätzt und ist immer noch bei viel zu vielen Gärtnern nicht auf dem Schirm. Ich mache ihnen keine Vorwürfe, denn die stachelig-rauen Blätter sind nicht gerade eine Augenweide. Auch ich habe den Borretsch völlig ignoriert, bis ich ihn in einem Gemeinschaftsgarten sah, wo er eine ganze Par-zelle erobert hatte. Inzwischen liebe ich seine kleinen, hübschen, sternförmigen Blüten und kann es immer noch kaum fassen, wie sehr die Blüten nach Gurken schmecken. Man kann die jungen Blätter zwar auch schmoren, ich werfe sie aber lieber in einen dünnen Teig und dann in die Friteuse.

Wachsen & Gedeihen

Borretsch bevorzugt nährstoffarme Böden. Wird er reichlich mit Bodennährstoffen verwöhnt, schießt er in die Höhe. Die Pflanzen im meinem Garten müssen sogar gestützt werden! Daher gehört Borretsch zu den wenigen Kräutern, die schlecht in Gefäßen wachsen. Alles was Sie brauchen, sind ein paar Samen und ein sonniges Fleckchen, dann sät sich Borretsch in den folgenden Jahren selbst aus. Angeblich verbessert Borretsch das Aroma von Tomaten. Ich weiß zwar nicht, ob das stimmt, aber man weiß ja nie – ich säe jedenfalls immer ein paar in der Nähe meiner Tomaten aus.

Ringelblume

(Calendula officinalis) – Korbblütengewächse (Asteraceae)

Einjährige

Die Ringelblume ist ein Muss für jeden Nutzgarten. Wenn sie einmal mit dem Blühen begonnen hat, hört sie kaum mehr damit auf – eine endlose hübsche Blütenpracht, die sich in milden Regionen bis in den Winter fortsetzen kann. Alle Teile der Pflanze sind essbar, aber ich mag vor allem die Blüten (aus dem Köpfchen zupfen), mit denen ich Reisgerichte und Backwaren färbe. Ringelblumen ziehen jede Menge Nützlinge an und gelten als ideale Partner für die Kohlsorten. Außerdem sollen sie Schwärmerraupen von den Tomaten fernhalten.

Wachsen & Gedeihen

Ringelblumen mögen nährstoffreiche, durchlässige Böden und viel Sonne. Sobald sie zu dicht stehen, stellen sich bei schwül-feuchtem Wetter garantiert Pilze ein. Also sorgen Sie für gute Durchlüftung, indem Sie regelmäßig alle zu dicht stehenden Pflanzen jäten. Säen Sie im zeitigen Frühjahr die Samen einmal direkt am endgültigen Standort aus. Danach säen sich Ringelblumen bereitwillig Jahr für Jahr immer wieder selbst aus. Die Salbe aus den Blüten der Ringelblume wird von Kräuterkundigen als Mittel gegen Hautkrankheiten hoch geschätzt. Das gilt allerdings nur für die gelb bis orange blühende Wildart, die ihre Wirkstoffe in eine Emulsion abgeben. Die Sorten sind zwar merklich attraktiver, aber medizinisch längst nicht so wirksam. Ringelblumen für den Ziergarten werden in der Regel als Mischung verkauft (beispielsweise 'Fiesta Gitana'), doch beim Stöbern im Angebot von Samenhandlungen, in Gartencentern oder im Internet finden sich neben der Wildform regelmäßig interessante, farblich sortierte Varianten ('Candyman Orange', 'Calendula Oranja').

Die farbenfrohe Sorte 'Triangle Flashback', getrocknet für die Lagerung (oben) und frisch im Garten (unten).

Römische Kamille

(Chamaemelum nobile) – Korbblütengewächse (Asteraceae)

Mehrjährige (Staude)

Die Römische Kamille ist eine wüchsige, niedrige Staude, aus deren Blüten ein beliebter Magen- und Entspannungstee zubereitet wird. Da die Pflanze sehr hübsch aussieht, empfehle ich sie selbst dann, wenn Sie allergisch reagieren – wie ich selbst. Kamille ist eine gute Begleitpflanze, die ihren kränkelnden Nachbarn Stärke verleiht und außerdem zahllose Schwebfliegen und parasitische Wespen in den Garten lockt, die sich über die Schädlinge hermachen. Bereiten Sie aus Kamille ein Anti-Pilz-Mittel für Jungpflanzen, um sie vor der Umfallkrankheit zu schützen (Seite 72).

Wachsen & Gedeihen

Die winterharte Römische Kamille bevorzugt sonnige Standorte, gibt sich aber auch mit schlechteren Bedingungen zufrieden. Das Einzige, was sie überhaupt nicht verträgt, sind nasse Böden. Sorgen Sie daher für gut wasserdurchlässigen Boden oder pflanzen Sie die Kamille in Töpfe. Die winzigen Samen werden entweder im Zimmer oder im Frühling im Freien ausgesät.

Knipsen Sie die Blüten ab, sobald sie sich geöffnet haben und breiten Sie sie zum Trocknen flach aus. Sie können aber auch ganze Stängel abschneiden und aufgehängt als Strauß trocknen.

Koriander

(Coriandrum sativum) – Doldenblütengewächse (Apiaceae)

Einjährige

Am Koriander scheiden sich die Geister. Während ihn manche Leute lieben, finden andere, er schmecke nach Seife. Ich gehöre zur „ich liebe ihn" Fraktion. Ein Salsa Dipp ohne frisch gehackte Korianderblätter? Undenkbar!

Wachsen & Gedeihen

In seinen Vorlieben gleicht der Koriander anderen Kräutern: Er mag volle Sonne und gut wasserdurchlässigen Boden. Bei den Nährstoffen ist er dagegen nicht anspruchsvoll und wächst bestens in Töpfen aller Größen. Allerdings schießt er sofort in die Höhe, wenn die Sommertemperaturen steigen. Sie können den Prozess zwar noch etwas aufhalten, indem Sie die Blütenstände abschneiden (sie schmecken lecker), doch wenn nichts mehr hilft, lassen Sie den Koriander Früchte ansetzen. Auch sie sind essbar! Ihr leichtes Zitronenaroma ist völlig anders als die Blätter: Doppelter Gewinn aus einer einzigen Pflanze!

Säen Sie Koriander im zeitigen Frühjahr an Ort und Stelle aus. Halten Sie sich nicht mit Umtopfen auf, denn umgetopfte Pflanzen schießen noch schneller.

Dill

(*Anethum graveolens*) – Doldenblütengewächse (Apiaceae)

Einjährige

Es ist jedes Jahr dasselbe: Ich habe viel mehr Dill im Garten, als ich essen kann. Dafür ist der Dill selbst verantwortlich, der sich freigiebig im Garten aussät. Doch wenn ich dann an die vielen hohen Pflanzen mit ihren wunderbar filigranen Blütendolden denke, lasse ich die Jungpflanzen einfach stehen. Immerhin locken die großen, blühenden Dolden viele Bestäuber und auch parasitische Wespen in den Garten und so scheint sich der Dill nachträglich für seine aggressive Ausbreitung zu bedanken.

Wachsen & Gedeihen

Säen Sie den Dill im zeitigen Frühjahr direkt ins Beet, wenn Sie sich trauen. Dill mag nur ungern, umgepflanzt zu werden, und keimt so verlässlich aus, dass Vorkultur im Zimmer und Umsetzen verschenkte Zeit und Mühe wären. Ideal ist ein sonniges Fleckchen mit gut durchlässigem Boden und normalem Nährstoffgehalt. Dill ist zwar empfindlich, aber zäh: Unter schlechteren Bedingungen bleiben die Pflanzen klein. Ernten Sie die Blätter frisch nach Bedarf, aber lassen Sie einige Pflanzen Samen bilden (für eingelegtes Gemüse). Dill darf nicht in der Nähe von Fenchel wachsen, denn die beiden bestäuben sich gegenseitig.

Die britischen Ladys zu Queen Victorias Zeiten gaben ein paar Borretschblüten in ihre Salate und Drinks, um die „Stimmung zu heben". Machen Sie dasselbe: Peppen Sie ihre gekühlten Getränke mit Borretsch auf. Schneiden Sie vorsichtig eine essbare Blüte ohne Stiel ab – außer Borretsch auch Minze, Lavendel, Duftgeranien – und legen Sie je eine Blüte in ein Fach einer Eiswürfelschale. Gießen Sie kaltes Wasser darüber und stellen Sie die Schale in den Gefrierschrank. Servieren Sie die blühenden Eiswürfel in Mineralwasser mit einer dünnen Gurkenscheibe.

Lavendel

(*Lavandula*) – Lippenblütengewächse (Lamiaceae)

Mehrjährige (Halbstrauch)

Bei Lavendel denkt man eher an Duftwässerchen, Kosmetik oder Heilkraut, statt an Zutat für die Küche. Entspannungstees und -bäder sind besonders beliebt, doch mit etwas kreativer Koch- und Backkunst macht sich Lavendel wunderbar als Zutat für Fleischgerichte und Backwaren.

Wachsen & Gedeihen

Selbst die härtesten englischen Sorten stecken einen kalten Winter nicht ohne weiteres weg. Manche meiner Lavendelpflanzen haben jahrelang überlebt, doch dann war ein Winter etwas zu kalt und sie erfroren. Kleinwüchsige Sorten wie 'Munstead' oder 'Hidcote' finden sich am ehesten mit den Wintern in kalten Regionen ab (dennoch kann ein Winterschutz nie schaden). In milderen Gegenden ist die Auswahl deutlich größer, hier könnten Sie sogar die empfindlichen französischen Sorten ausprobieren.

Als typische Mittelmeerpflanze braucht der Lavendel viel Sonne und erträgt Dürreperioden. Der Boden ist der kritische Faktor: Er muss locker und sehr durchlässig sein, denn Lavendel geht in feuchten oder gar nassen Böden ein. Prinzipiell können Sie alle Sorten auch im Topf ziehen. Fragen Sie aber unbedingt nach der Endgröße, denn einige der verholzenden Sorten werden ziemlich groß.

Kaufen Sie sich eine Lavendelpflanze oder besorgen Sie sich Stecklinge. Die Zucht aus Samen dauert ewig lange. Ernten Sie die Blätter nach Bedarf; die Blüten werden im Sommer abgeschnitten, kurz bevor sich die Knospen öffnen.

Zitronen-Melisse

(Melissa officinalis) – Lippenblütengewächse (Lamiaceae)

Mehrjährige (Staude)

Die Zitronen-Melisse ist ein wohlschmeckendes Kraut mit mildem Zitronenaroma. Aus dem frischen oder getrockneten Kraut macht man einen magenberuhigenden Tee. Die frischen Blätter sind ideal für Salatdressings oder als Dekoration zu Früchten und Fruchtsaftgetränken. Es wäre schamlos untertrieben, die Melisse als wüchsig zu charakterisieren. Ich nenne sie die „Zitronenbombe", weil sie, einmal im Garten etabliert, im Folgejahr zu explodieren scheint: An allen möglichen und unmöglichen Stellen schieben sich dann die winzigen Keimpflänzchen aus dem Boden.

Wachsen & Gedeihen

Abgesehen von ihrem einnehmenden Wesen ist die Zitronen-Melisse ein Segen für schattige Gärten, denn sie gehört zu den wenigen Pflanzen, die auch mit einem düsteren Plätzchen unter dem Apfelbaum zufrieden sind. Außerdem beginnt die Ernte schon zu Beginn des Frühjahrs, wenn andere Stauden noch im Winterschlaf liegen. Der ideale Standort ist ein kühler Platz mit nährstoffreicher, feuchter Erde. In meinem Garten hat die Melisse aber selbst total miesen Boden erobert. Um ihren Ausdehnungsdrang etwas einzudämmen, sollten Sie ein paar Exemplare ausreißen und große Melissen auslichten, damit die Luft gut zirkulieren kann und Rost- und andere Pilze keine Chance bekommen.

Zitronen-Melisse wird im Frühling an Ort und Stelle ausgesät oder aus Ablegern gepflanzt. Jungpflanzen zu kaufen, ist nicht nötig; fragen Sie im Freundeskreis und Sie werden garantiert jemand finden, der ihnen ein paar Tausend Ableger überlässt.

Die beste Erntezeit ist der Sommer, kurz bevor die Blüten erscheinen. Wenn Sie Ihre Exemplare regelmäßig im Herbst stark zurückschneiden und die Blütenstände rechtzeitig abschneiden, könnten Sie es sogar schaffen, die hemmungslose Vermehrung einzuschränken.

Dieser Rezeptvorschlag erfüllt den üblichen Eistee mit neuem Leben und sorgt dafür, dass kein Kraut aus Ihrem Garten ungenutzt bleibt.

1. Bringen Sie Wasser zum Kochen und lassen Sie es im Topf oder Kessel ein paar Minuten abkühlen. Kochendes Wasser würde Duft und Aroma der aromatischen ätherischen Öle zerstören.

2. Füllen Sie grob zerhackte Kräuter in eine Teekanne und gießen Sie das Wasser darüber. Setzen Sie den Tee viel stärker an als üblich, denn das Wasser aus den schmelzenden Eiswürfeln verdünnt das Aroma eines normalen Tees bis zur völligen Geschmacklosigkeit. Rechnen Sie etwa einen Esslöffel frische Kräuter auf eine Tasse Wasser; das gleicht die spätere Verdünnung aus. Nehmen Sie von trockenen Kräutern nur die Hälfte.

3. Lassen Sie den Tee nach Ihrem Geschmack ziehen. Die meisten Kräuter geben ihr Aroma binnen 5–15 Minuten an das Wasser ab.

4. Süßen Sie den Tee, solange er noch warm ist.

5. Stellen Sie den Tee zum Abkühlen in den Kühlschrank.

6. Reichen Sie den Tee mit reichlich Eiswürfeln.

> Wenn Sie den angefeuchteten Rand der Gläser in einer Untertasse mit Kräuter-Zucker (Seite 162) drehen, bekommt ihr Kräuterdrink eine noch stärkere Geschmacksnote.

Zitronen-Ingwer-Bombe

Ein schwungvoller, würziger Genuss mit genügend
Pepp, um Sie auch ohne Koffein auf Touren zu bringen.

2 Teile Zitronenstrauch
1 Teil Zitronen-Melisse
1 Teil Ingwer-Minze
½ Teil frisch geriebener Ingwer
Süßmittel

Zitrus-Schwips

Dieses koffeinfreie Gebräu ist aromatisch, baut auf
und reizt die Geschmacksknospen mit Minze- und
Zitronenaroma. Diese Kräutermischung wirkt Wunder
bei unruhigem Magen.

1 Teil Indianernessel (*Monarda didyma*)
1 Teil Orangen-Minze
1 Teil Zitronen-Basilikum
Süßmittel

Pikante Erfrischung

Eine würzige und überraschend erfrischende Kräutermischung. Als ich diesen Eistee an einem unerträglich
heißen Sommertag servierte, waren die Gläser in
einem Zug leer.

1 Teil Zimtbasilikum
1 Teil Zitronenmelisse
Geriebene Orangenschale
Orangenscheiben zur Dekoration
Süßmittel

Köstlicher Pfirsichschaum

Mit gefrorenen Pfirsichen wird der Drink schaumiger
und nicht so sämig wie ein Smoothie. Lavendel gibt
dem Pfirsichschaum eine erstaunlich blumige Note
und der süße Fruchtgeschmack wird noch intensiver.

1 Esslöffel Lavendelblüten
1 Teelöffel Honig (oder nach Geschmack)
3 gefrorene Pfirsiche, in Scheiben

1. Bereiten Sie gemäß den vorherigen Rezepten eine
   Tasse Lavendeltee zu. Süßen Sie mit Honig, je nach
   Geschmack.

2. Den gesüßten Tee und die Pfirsiche im Mixer oder
   mit dem Stabmixer pürieren.

3. Die Erfrischung mit reichlich Eiswürfeln servieren.

Aroma-Mix

Experimentieren Sie mit eigenen Mischungen
und Geschmacksrichtungen.

Erfrischend: Minze, Duftnessel, Basilikum und
Shiso
Würzig: Zimtbasilikum, Ingwer und Zimt
Blumig: Rosenblätter, Hagebutten, Rosengeranie,
Lavendel, Jasmin, Hibiskus und Indisches
Basilikum
Fruchtig: Zitronenstrauch, Zitronenmelisse,
Zitronenbasilikum, Kamille, Zitronenthymian,
Ananassalbei, Schalenabrieb von Zitrusfrüch-
ten, Apfelgeranien und Himbeerblätter
Ungewöhnlich: Salbei, Ysop, Rosmarin und
Thymian

Zitronenstrauch

(Aloysia triphylla) – Eisenkrautgewächse (Verbenaceae)

Mehrjährige (empfindlicher Strauch)

Was macht den Zitronenstrauch aus? Er liefert das konkurrenzlos beste Zitronenaroma. Seine Blätter schmecken sogar getrocknet und selbst nach Monaten im Glas kräftig, frisch und knackig. Die Blätter sind ideal für Tees, Desserts und Gelees; seine intensive Zitronensüße passt allerdings nicht in Hauptgerichte.

Wachsen & Gedeihen

Der Zitronenstrauch braucht einen 30 cm tiefen Topf. Die zierlichen Jungpflanzen aus dem Gartencenter wachsen sehr schnell zu einem großen, verholzten Strauch heran – nichts für eine schmale Fensterbank. Füllen Sie den Topf mit sehr gut wasserdurchlässiger Erde und stellen Sie die Pflanze in die Sonne, möglichst vor eine warme Mauer; reichlich gießen. Obwohl der Strauch kurze Dürreperioden übersteht, werden seine Blätter bei längerer Trockenheit zäh und sehen verbrannt aus. Die Blüten erscheinen relativ spät, schmecken aber ebenso kräftig süß und zitronig-aromatisch wie die Blätter.

   Kaufen Sie eine Jungpflanze oder fragen Sie nach Stecklingen; eine Pflanze reicht völlig aus. In sehr milden Regionen kann der Strauch ganzjährig draußen stehen, die Nachttemperaturen dürfen allerdings nicht unter 4–5 °C fallen. In der Regel muss der Zitronenstrauch also im Haus überwintern: Stellen Sie ihn an einen kühlen, ruhigen Ort in die Nähe eines Fensters und gießen Sie gelegentlich, damit die Erde nicht austrocknet. Der Strauch wirft vor dem Winter seine Blätter ab, sein nacktes Zweiggerüst ist vielleicht nicht die Idealbesetzung für ein Wohnzimmerfenster. Wenn keine Spätfröste mehr drohen, kommt der Strauch zurück ins Freie.

Minze

(Mentha) – Lippenblütengewächse (Lamiaceae)

Mehrjährige (Staude)

Ich kenne keine bessere Beschreibung für Minzen als „gierig". Pflanzen Sie eine Minze in den Garten und sie wird schon bald ihre Nachbarn überwuchern und ersticken. Viele Gärtner versuchen, ihre Wüchsigkeit durch Wurzelbarrieren einzudämmen, doch die Minze hat einen starken Willen und findet einen Weg! Das alles schreckt mich nicht ab: Minze ist einfach zu wichtig. Es gibt so viele unterschiedliche Aromen: Die unverwüstliche Schokoladen-Minze, aber auch die tolle Mojito-Minze, die in dem berühmten, gleichnamigen Drink viel wärmer schmeckt als Pfefferminze. Nicht zu vergessen Orangen- und Grapefruitminze, sowie die hübscheste von allen: Ingwerminze. Jede Pflanze braucht einen eigenen Platz, an dem sie sich entfalten kann.

Wachsen & Gedeihen

Minze bevorzugt nährstoffreichen, feuchten, durchlässigen Boden, um die Rostpilze einzudämmen. Etwas Sonne kann nicht schaden, doch Minzen wachsen auch im lichten Schatten.

   Halten Sie sich nicht mit Samen oder einer gekauften Pflanze auf. Bitten Sie einen Freund um einen Steckling – das reicht für Ihr ganzes Gärtnerleben.

Kapuzinerkresse

(Tropaeolum majus) – Kapuzinerkressegewächse (Tropaeolaceae)

Einjährige

Die Kapuzinerkresse ist der ungekrönte König im Reich
der essbaren Blüten. Seine hübschen, runden Blätter und
großen Blüten schmecken gleichzeitig pfeffrig und süß.
Je nach Sorte gibt es kompakte, kletternde, rankende
und ausgebreitet wachsende Formen. Wenn ihr die
Umstände und der Standort zusagen, kann die Kapuzinerkresse manchmal lästig wüchsig werden.

Wachsen & Gedeihen

Kapuzinerkresse eignet sich wunderbar als Unterwuchs
unter größeren Pflanzen. Ihre Blätter ziehen Scharen
von Blattläusen an, die sich zu Dutzenden über die
Blüten hermachen. Immerhin lenken sie damit die
kleinen Sauger von anderen Pflanzenarten ab. Ihr volles
Wachstumspotenzial schöpft Kapuzinerkresse in

nährstoffreichem, feuchtem Boden aus, wenn sie sich
ungehindert ausbreiten kann. Andererseits gibt sie sich
auch mit schlechteren Bedingungen ab und kann sogar
in Blumenkästen auf der Fensterbank wachsen. Auf
meiner Fensterbank wächst die zierliche Sorte 'Empress
of India', die mit ihren sattgrünen Blättern und tiefroten
Blüten wunderschön aussieht. Eine beliebte Sorte ist
'Alaska Mix'; sie hat weiß panaschierte Blätter und
Blüten in einem breiten Farbspektrum. Wenn Sie nach
einer kletternden Kapuzinerkresse für ein Rankgitter
suchen, sind Sie mit den Samen für „rankende" Sorten
bestens bedient.

Kapuzinerkresse wird nach den letzten Spätfrösten
direkt ins Freiland gesät. Ernten Sie die Blüten für den
Salat nach Bedarf, denn die Pflanzen bilden bis zum
Ende der Vegetationsperiode immer wieder neue Blüten.
Wenn Sie ein paar Pflanzen bis zur Samenbildung
stehen lassen, säen sie sich selbst wieder aus.

Oregano & Majoran

(Origanum vulgare & O. majorana) – Lippenblütengewächse (Lamiaceae)

Mehrjährige (Stauden)

Oregano ist ein sehr aromatisches und vielseitig verwendbares Küchenkraut, das in keinem Genussgarten fehlen darf. Suchen Sie im Gartencenter nach einer möglichst intensiv duftenden, authentischen Sorte. Mir ist aufgefallen, dass vielem, was heute als „Oregano" verkauft wird, das charakteristisch durchdringende Mittelmeer-Aroma fehlt. Daher habe ich mich stärker auf seinen empfindlicheren Vetter, den geruchsintensiven Majoran konzentriert. Ich würze damit Fonds, Suppen und Soßen mit derselben Leidenschaft wie früher mit Oregano.

Wachsen & Gedeihen

Beide Arten gedeihen am besten in der vollen Sonne, in lockerem, sehr wasserdurchlässigem Boden. Ich habe allerdings auch an schattigen Stellen schon guten Oregano geerntet. Die Pflanze ist recht wüchsig – in meinem Garten hat sie sogar den Wettstreit mit der Minze gewonnen und sie überwuchert. Beide Arten vertragen Trockenperioden und wachsen bestens in Töpfen und Blumenkästen jeglicher Größe. Zum Glück brauchen Sie auch im Winter nicht auf die aromatischen Blätter zu verzichten, denn beide Arten überleben ein paar Monate auf einer sonnigen Fensterbank im

Zimmer. Sobald das Wachstum schütter wird, müssen Sie beide kräftig zurückschneiden.

Kaufen Sie Oregano und Majoran als Jungpflanze oder fragen Sie im Bekanntenkreis nach Ablegern. Die Samen keimen zwar gut, doch nicht in jedem Fall wachsen daraus Pflanzen mit aromatischen Blättern. Lassen Sie die Pflanzen unbedingt zur Blüte kommen, denn sie locken viele nützliche Insekten in den Garten. 'Aureum' und andere goldblättrigen Sorten setzen neben Pflanzen mit purpurroten Blättern oder blauen Lobelien markante Farbakzente.

Petersilie

(Petroselinum) – Doldengewächse (Apiaceae)

Zweijährige

Petersilie ist ein Muss für jede Küche; sie passt zu fast allen Gerichten. Tatsächlich war Petersilie die erste Pflanze, die ich als Kind säen durfte, obwohl sie später nicht mehr zu meinen Favoriten gehörte. Inzwischen hat sich die Petersilie ihren Platz zurückerobert, wobei ich die glatten den krausen Sorten vorziehe. Damit gehöre ich vermutlich zu einer Minderheit, denn die krausen Formen sehen einfach dekorativer auf dem Teller aus, sind anspruchsloser und schießen nicht gleich bei der ersten Hitzewelle.

Wachsen & Gedeihen

Petersilie wächst am besten in der Sonne, verträgt aber auch ein gewisses Maß an Schatten. Auch beim Boden ist sie nicht sehr wählerisch, obwohl sie am besten auf nährstoffreichen, feuchten und durchlässigen Böden gedeiht. Schon ein fünfjähriges Kind kann Petersilie pflegen – ich konnte es jedenfalls! Gefährlich werden ihr nur die Schnecken, doch damit lässt es sich leben, weil sie nie alles kahl fressen.

Petersiliensamen sind berüchtigt für ihre lange Keimzeit. Reiben Sie die Samen vorsichtig mit der Hand über feines Schmirgelpapier, um ihnen den Start zu erleichtern. Noch einfacher ist es, wenn Sie sich vorgezogene Jungpflanzen aus dem Gartencenter besorgen. Eine einzige Pflanze liefert genügend Blätter für ein oder zwei Jahre. Lassen Sie die Petersilie im zweiten Jahr Blüten und Samen bilden, dann sät sie sich selbst wieder aus.

Rosmarin

(*Rosmarinus officinalis*) – Lippenblütengewächse (Lamiaceae)

Mehrjährige (Empfindlicher Halbstrauch)

Ich träume von einem Garten mit Hecken aus Rosmarin. Leider wird das in dem kühlen Klima, in dem ich lebe, ein Traum bleiben. Rosmarin ist zwar ziemlich robust, doch spätestens bei Temperaturen unter -10 °C muss der Strauch ins Zimmer. Sollten Sie in einer milderen Gegend wohnen, stehen Ihnen neben der traditionellen aufrechten Wuchsform auch ein paar kriechende Sorten zur Verfügung, mit denen Sie Ihre Garten-Genusslandschaft aufwerten können.

Wachsen & Gedeihen

Rosmarin ist eine Pflanze des Mittelmeeres, die natürlicherweise in Küstennähe wächst. Daher bevorzugt er direkte Sonne und sandige, gut durchlässige Böden. Im Freiland wächst Rosmarin unter günstigen Bedingungen zu einem ordentlichen Strauch heran, Sie können ihn aber problemlos in allen Arten von Gefäßen ziehen.

Quälen Sie sich nicht mit den Samen herum, sondern bitten Sie Freunde um einen Steckling. Sie bewurzeln sich problemlos. Leider ist das Überwintern im Haus nicht so einfach, weil Rosmarin austrocknen kann. Warten Sie auf den ersten leichten Frost und stellen Sie den Topf erst dann ins Haus. Er sollte an einem kühlen, ungeheizten, frostfreien Raum (Garage) überwintern und einmal wöchentlich mit einer feuchten Meeresbrise aus der Sprühflasche verwöhnt werden. Schneiden Sie die zarten Triebspitzen je nach Bedarf ab. Rosmarin ist ein Klassiker zu Bratkartoffeln und Suppen; Rosmarintee hilft gegen Kopfschmerz.

Salbei

(Salvia officinalis) – Lippenblütengewächse (Lamiaceae)

Mehrjährige (Halbstrauch)

Weltweit gibt es sicher Hunderte von Salbeiarten und
-sorten, doch der normale Gewürzsalbei dürfte die
beliebteste und am weitesten verbreitete Form sein. Die
aromatischen Blätter passen nur zu Gerichten, in denen
sie den Eigengeschmack der Speisen nicht übertönen.
Die meisten Köche geben Salbei zu Hähnchen und
Eiern, ich mag es am liebsten in Olivenöl ausgebacken
auf einer kräftigen Kürbissuppe.

Wachsen & Gedeihen

Ein ausgewachsener Salbei ist ein ziemlich großer,
teilweise verholzter Strauch. Er wächst am besten in
einem großen Topf, macht sich aber auch gut in kleineren Gefäßen aller Art. Gartensalbei ist eine widerstandsfähige Pflanze, die Wind, Trockenheit und intensiver
Sonne trotzt. Andererseits ist er anfällig gegenüber
Echtem Mehltau. Sorgen Sie dafür, dass der Salbei
sonnig und auf durchlässigem Boden steht; entfernen
Sie zu dichten Wuchs oder beschädigte Blätter, damit die
Luft zirkulieren kann.

Schneiden Sie im Frühling erfrorene oder beschädigte
Zweige heraus, lichten Sie auch die Blütentriebe aus, wenn
Sie keine Blüten möchten. Das wäre allerdings eine
Schande, denn die Blüten machen den hübschen Strauch
noch schöner – außerdem sind sie essbar. Neben der
traditionellen Wildform können Sie sich auch für den
empfindlicheren Purpur- oder Goldsalbei, 'Tricolor' oder
den grauen 'Berggarten' mit rundlichen Blättern
entscheiden.

Salbei aus Samen zu ziehen ist langwierig und
schwierig. Kaufen Sie sich besser eine Jungpflanze; sie
wächst schon im ersten Jahr enorm.

Shiso

(Perilla frutescens) – Lippenblütengewächse (Lamiaceae)

Einjährige

Shiso breitet sich über Samen sehr aggressiv im
Garten aus. Dennoch lohnt sich der Anbau, denn seine
krausen Blätter sehen einfach großartig aus. Die
Blätter der Art sind grün gefärbt, es gibt aber auch
Sorten mit purpurroten Blättern, die im Gegenlicht
der Sonne rot zu glühen beginnen. Im Spätsommer

kommen noch die prachtvollen Blütenstände dazu. Wie Shiso genau schmeckt, ist schwer zu beschreiben. Ich würde sein Aroma irgendwo zwischen kräftig-fruchtig-zitronig mit einem Hauch von Minze beschreiben. Die grünen Formen schmecken würziger und nicht so fruchtig. Shiso wird gerne genutzt, um Reis und Sashimi einzuwickeln, aber ich mache daraus lieber ein erfrischendes Sommergetränk. (siehe „Shiso-Super-Sorbet" auf S. 163).

Wachsen & Gedeihen

Shiso lässt sich problemlos aus Samen ziehen. Streuen Sie im späten Frühling ein paar Samen an Ort und Stelle aus. Ideal ist ein sonniger Standort mit nährstoffreichem, durchlässigem, feuchtem Boden; Shiso verträgt aber auch etwas Schatten. Die Sorte 'Britton' mit grünen Blättern und rostbraunen Blattunterseiten sieht besonders dekorativ aus; sie fühlt sich in kleineren Töpfen an trockenen, sonnigen Standorten wohler. Für Shiso reicht zwar ein mittelgroßer Topf, Sie sollten aber die Endgröße nicht unterschätzen: Unter guten Bedingungen wird eine Pflanze über einen Meter hoch und 15–20 cm breit.

Thymian

(*Thymus*) – Lippenblütengewächse (Lamiaceae)

Mehrjährige (Staude)

Im Verhältnis zu seiner geringen Größe spielt der Thymian eine Hauptrolle in meinem Garten. Thymian ist eine pflegeleichte, kriechende Staude, die sich auch mit Lücken zufriedengibt und Vernachlässigung verzeiht. Selbst da, wo kaum etwas anderes wächst, dürfte Thymian noch gedeihen. Da es eine Menge unterschiedlicher Sorten gibt, kommt auch keine Langeweile auf. Jahrelang war ich mit panaschiertem Zitronenthymian und 'Silver Queen' zufrieden, die zusammen in Töpfen wuchsen, doch inzwischen habe ich mein Sortiment um duftende Sorten, wie 'Nutmeg', 'Orange Spice' und 'Rosenthymian', erweitert.

Wachsen & Gedeihen

Obwohl Thymian die Sonne liebt, hatte ich schon Glück an schattigeren Stellen. Die Pflanze ist ein dichter, aber nicht zu wüchsiger Bodendecker unter hohem Gemüse und sogar unter anderen Kräutern. Blühender Thymian lockt viele nützliche Insekten in den Garten. Kaufen oder besorgen Sie Jungpflanzen oder Ableger.

Lohnt sich der Aufwand, eine eigene Zucker- oder Kräutersalzmischung herzustellen? Gibt es nichts Wichtigeres, wie etwa ein Buch zu lesen, meinetwegen auch die Nägel zu schneiden? Nein! Ich habe es ausprobiert und greife seither regelmäßig zu den Gläsern, um meine Speisen zu würzen.

Kräutersalz schmeckt köstlich zu Tomaten, Eiern, Kartoffeln und gedünstetem Gemüse, auch zu Fisch und Fleisch. Ich drücke den Rand von Gläsern in Kräuterzucker, bevor ich Säfte eingieße, süße Eistee damit oder streue den Zucker über Backwaren. Nach demselben Rezept können Sie sich auch scharfes Pfeffer-Salz herstellen und eine winzige Prise davon über Schokoladendesserts geben.

Getrocknete Kräuter erfüllen zwar auch ihren Zweck, geben aber weniger ätherische Öle an Zucker und Salz ab; sie brauchen nicht so lange getrocknet zu werden.

1. Zerreiben Sie die frischen Kräuter und Salz oder Zucker im Mörser vorsichtig mit dem Stößel; dabei geben sie ihre ätherischen Öle an die Kristalle ab.

2. Breiten Sie alles auf einer Backfolie oder Kuchenform aus und erwärmen Sie die Mischung langsam auf die niedrigste Temperatur Ihres Backofens. Das Trocknen kann 15 Minuten bis eine Stunde dauern, je nach Kraut und Temperatur.

3. Stellen Sie alles zum Abkühlen beiseite und füllen Sie die Salz/Zucker-Mischung in saubere Gläser.

Reicht für eine Tasse

1 Tasse feines oder grobes Meersalz bzw. Rohrzucker
1 Tasse frische Kräuter, fein gehackt

Kräuter für Salz: Basilikum, Schnittlauch, Lavendel, Majoran, Oregano, Rosmarin, Estragon und Thymian

Kräuter für Zucker: Duftnessel, Lavendel, Minze, Zimtbasilikum, Zitronenbasilikum, Anisbasilikum, Duftgeranien, Fruchtsalbei und Honigmelonensalbei

1. Lassen Sie die Blätter in drei Tassen heißem Wasser 5–10 Minuten ziehen; das Wasser muss gerade unter dem Siedepunkt bleiben.

2. Gießen Sie die Flüssigkeit durch ein Sieb in einen Gefrierbehälter mit wasserdicht verschließbarem Deckel. Es klappt aber auch wunderbar mit recycelten Margarinebechern.

3. Gießen Sie den Orangensaft (wenn gewünscht) und nach Geschmack Honig dazu, solange die Flüssigkeit noch warm ist.

4. Lassen Sie die Flüssigkeit auf Zimmertemperatur abkühlen, dann kommt der Behälter ins Gefrierfach. Nach etwa 6–10 Stunden sollte die Flüssigkeit gefroren sein. Sie können den Behälter aber auch vorher herausnehmen, wenn er bis zur Sorbetkonsistenz gefroren ist (weiter mit Schritt 6).

5. Holen Sie den Behälter 20–30 Minuten vor Gebrauch aus dem Gefrierfach und lassen Sie alles antauen. Zerkleinern Sie das Eis grob vor und geben Sie es in einen Standmixer, der Eis zermahlen kann, (oder in ein speziellen Eismixer), bis die Mischung glatt ist.

6. Servieren Sie das Sorbet in einem Glas mit einem Obstspieß und einem Blatt frischem Shiso.

Stellen Sie einen kleinen Vorrat dieser Mischung ins Gefrierfach, um sich an einem heißen Sommernachmittag abzukühlen. Die purpurne Sorte mit krausen Blättern schmeckt besonders köstlich und gibt dem Sorbet außerdem eine großartige, blutrote Farbe. Natürlich funktioniert das Rezept auch mit grünem Shiso.

Mit ein paar Änderungen wird aus dem Sorbet ein raffiniertes Partygetränk: Geben Sie einen guten Schuss kalten Sake und Cachaça (Zuckerrohrschnaps) oder weißen Rum dazu.

Reicht für zwei Gläser

1 Tasse purpurne Shiso-Blätter
2 Esslöffel Orangensaft (optional)
2 Esslöffel Honig, oder nach Geschmack

Sonnenblume

(Helianthus annuus) – Korbblütengewächse (Asteraceae)

Einjährige

Sonnenblumen sind die fröhlichsten Pflanzen im Garten. Sie wirken durch ihre riesigen, leuchtenden Blütenköpfe und die stattliche Größe; einige Sorten werden über 3 m hoch. Es ist aber kaum bekannt, dass die äußeren Blüten essbar sind und noch weniger Gärtner kennen das Geheimnis der ungeöffneten Blütenköpfe: Sie werden gedünstet und wie Artischocken gegessen, wenn Sie es übers Herz bringen, auf die Blüten zu verzichten.

Wachsen & Gedeihen

Wie der Name schon vermuten lässt, werden Sonnenblumen nur mit viel Sonne groß und stark: Sechs Stunden direktes Sonnenlicht täglich sind Voraussetzung. Die großen Exemplare brauchen zwar viel Wasser, sind aber ansonsten völlig problemlos. Vielleicht liegt das daran, dass sie ein eigenes kleines Ökosystem verkörpern. Ihre Blüten locken zahlreiche nützliche Insekten an.

Sonnenblumen richten ihre Blütenköpfe nach der Sonne aus (Süd bis Südost). Wenn sie im Garten an der „falschen" Stelle stehen, blicken Sie daher nur auf die Unterseite der Blütenköpfe. Ziehen Sie die Sonnenblumen in Tonnen oder in Töpfen, die sich selbst bewässern (siehe „Einpflanzen und (fast) vergessen", Seite 54) an. Die Zwergsorten geben sich auch mit kleinen, 30–40 cm tiefen Töpfen zufrieden. Versuchen Sie es mit kleineren, kompakten Sorten, wie 'Zwerg Sunspot' oder 'Big Smile'. Zu den Giganten gehören 'Giganteus', 'Mongolian Giant' oder Sorten mit „Hohe" im Sortennamen. Neben dem üblichen Gelb finden Sie auch Sorten mit andersfarbigen Blütenköpfen, wie 'Double Dandy' oder 'Herbstschönheit', die aber nicht immer Samen liefern.

Die Jungpflanzen lassen sich nicht gerne umpflanzen, daher werden Sonnenblumen direkt an Ort und Stelle ausgesät. Ins Freiland kommen sie erst nach den letzten Spätfrösten; alternativ bietet sich die Anzucht in Toilettenrollen im Zimmer an, zwei Wochen vor den letzten Spätfrösten (siehe „Pflänzchen aus der Klorolle"; Seite 27). Decken Sie die Samen mit einem leichten Tuch oder engmaschigem Maschendraht ab, sonst ernten die Vögel alles und Sie nichts. Die Köpfe werden geerntet, sobald sie sich braun verfärben und die meisten Randblüten abgeworfen haben. Bewahren Sie die Köpfe an einem warmen, trockenen Ort auf, bis die Samenschalen hart geworden sind.

Oben: Eine Sonnenblume 'Strawberry Blonde'.
Unten: Wenn Sie die Sonnenblumen nicht den Vögeln überlassen möchten, schützen Sie die Samen mit einem dünnen Netz.
Rechte Seite: Sonnenblume 'Chocolate Cherry'.

Teil 3

Die Ernte sichern

Kapitel 10: Richtig ernten

Die Angst, den richtigen Zeitpunkt zu verpassen, wann und wie Sie die Schätze aus Ihrem Garten bergen, kann tatsächlich stressig sein. Zum Glück blicken selbst blutige Anfänger auf eine lebenslange Erfahrung als Esser zurück: Auch Sie wissen doch, wann eine Zucchini oder Aubergine reif ist, also keine Panik.

Das ganze Erntespektakel lässt sich auf ein paar Grundregeln und einen Spritzer Versuch-und-Irrtum reduzieren. Denken Sie zurück an ihre Schulerfahrungen: Aus Samen werden Pflanzen, Pflanzen bilden Blüten, die werden bestäubt und verwandeln sich in Früchte – die Pflanze stirbt. Ende. Das Leben einer Pflanze verläuft zwar nur selten derart geradeaus, aber für die durchschnittliche, einjährige Nutzpflanze reicht diese simple Wahrheit völlig aus. Unser Ziel als GärtnerInnen und genussvolle EsserInnen muss sein, diese Lebensphasen genau abzupassen, um zarte Blätter und saftige Früchte ernten zu können. Sind die Früchte erst voll ausgereift, hat die Pflanze ihren Lebenszweck erfüllt und wird absterben. Fortpflanzung ist harte Arbeit. Auf Zucchinis und Kürbisse wartet kein Rentnerdasein, versüßt durch Kreuzfahrten. Ein Gärtner muss lernen, die schmale Grenze zwischen „reif" (aus der Sicht des Essers: frisch und zart) und „reif" (aus der Sicht der Pflanze: wenn die Samen fortpflanzungsfähig sind) nicht zu verpassen. Sie haben die richtige Erntezeit erwischt, wenn Sie die Produkte reif finden und die Pflanze „glaubt", die Reife verfehlt zu haben; also bildet sie neue Früchte, um ihre Fortpflanzung zu sichern.

Wie immer hat die Sache einen Haken. Die perfekte Erntezeit unterscheidet sich nicht nur von Art zu Art, sondern oft auch zwischen den Individuen derselben Sorte. Es gibt immer Exemplare, die einfach schneller sind als andere, während einige tatsächlich schwieriger zu bewerten sind. Sehen Sie beispielsweise auf Anhieb, ob eine grüne Tomatensorte reif ist oder nicht? An dieser Stelle setzt die Erfahrung und Praxis eines Gärtners ein. Bei einer neuen Sorte kann man die Fotos erntereifer Exemplare als Maßstab benutzen und einige tragen den Zeitpunkt sogar im Namen. Man sollte keine knallroten Tomaten ernten, wenn die Sorte 'Black Krim' heißt. Die Erntetabelle auf Seite 173 gibt Ihnen eine erste Übersicht über die prinzipiellen Reifezeiten. In die offenen Kästchen tragen Sie ein, wie sich die Pflanzen in Ihrem Garten verhalten. In Teil 2 dieses Buches können Sie jederzeit grundlegende Hinweise zur Ernte der einzelnen Pflanzengruppen nachlesen. Damit sollten Sie eigentlich die Qualität und Quantität ihrer Nutzpflanzen optimieren können und auch auf kleinen Flächen körbeweise aromatische Kräuter, saftige Früchte und köstliche Gemüse ernten.

Nun kennen Sie die Grundlagen und es bleibt Ihnen überlassen, eigene Erfahrungen in Ihrem Garten zu sammeln. Es schadet nichts, wenn Sie Fehler machen, einmal, zweimal oder öfter. Sie bekommen keinZeugnis für ihre Ernteerfolge, also machen Sie sich nichts draus und bleiben Sie locker.

Tomaten nachreifen lassen: Auch wenn Sie noch so gut planen, ein paar Tomaten schaffen es einfach nicht, bis zu den ersten Frösten auszureifen. Es wäre aber ein Fehler, die unreifen Tomaten an ein sonniges Fenster zu legen, denn zur Reife brauchen sie keine Sonne mehr. Wickeln Sie die Tomaten einzeln in eine Zeitung oder in eine Papiertüte und legen Sie sie an einen warmen Ort; oben auf den Kühlschrank ist perfekt. Bereiten Sie daraus ein Chutney oder Relish oder pürieren und frieren Sie die Tomaten ein.

Wann sind sie reif?

Ansehen: Schauen Sie sich die Stiele der Früchte an; achten Sie auf verwelkende Stängel oder trockene Blätter, die sich leicht von der Frucht lösen lassen. Viele Wurzelgemüse verraten sich als „reif", wenn sie durch den Boden stoßen. Kartoffeln sind reif, wenn die Pflanze stirbt. Kräuter liefern mehr Blätter, wenn Sie rechtzeitig die Blütenknospen abschneiden und reife Auberginen sehen glänzend aus.

Anfassen: Beerenfrüchte, wie Himbeeren, Brombeeren und Tomaten sind reif, kurz bevor sie abfallen würden. Reife Erbsen lassen sich durch die Hülse als feste Kügelchen erfühlen. Sollten sie sich jedoch wie Murmeln anfühlen, haben Sie den Zeitpunkt verpasst.

Beschnuppern: Bücken Sie sich auf die Höhe der Frucht und riskieren Sie eine Nase. Melonen, die am Blütenende süß, stark fruchtig duften, sind erntereif.

Belauschen: Klopfen Sie mit dem Knöchel auf eine Wassermelone. Reife Früchte klingen hohl.

Auf einen Blick: Erntetipps

Mehr pflücken, mehr ernten: Wie immer sie es auch anstellen, Pflanzen haben nur ein Lebensziel: Sie „wollen" sich fortpflanzen. Daher ist ihr ganzer Stoffwechsel darauf abgestimmt, Samen zu machen. Erst wenn das erledigt ist, geben sie auf. Solange Sie die jungen Bohnen oder Zucchinis regelmäßig entfernen, wird eine Pflanze neue Früchte bilden. Das Gleiche gilt auch für Kräuter und Blüten. Werden die Blüten vor der Umwandlung in Früchte abgeschnitten, macht die Pflanze mehr Blätter und neue Blüten – größere Ernte für Sie.

Klein ist mehr: Eine Monster-Zucchini zu ernten, mag vielleicht verlockend klingen, sie würde für die ganze Familie reichen. Leider verlieren Riesenfrüchte ihren Geschmack und Aroma. Bleiben die Früchte zu lange auf der Pflanze, werden sie holzig, hart und schmecken fad.

Frisch ist besser: Die meisten Gemüse schmecken am besten, wenn sie unmittelbar nach der Ernte gegessen werden. Je länger sie in der Küche herumliegen, desto schneller sinkt die Qualität. Holen Sie alles aus Ihrer Ernte heraus: sofort verzehren oder konservieren.

Morgenstund'...: Was am frühen Morgen geerntet wird, schmeckt besonders frisch, knackig und köstlich. Auch ein kühler Spätnachmittag ist nicht schlecht, um hitzeempfindliche Gemüse und Grünzeug zu ernten.

Die Ernte vorhersagen

Ich könnte mir Millionen von Faktoren vorstellen, die den Erntezeitpunkt beeinflussen, Bodenfruchtbarkeit und Wetter sind sicher die wichtigsten. Schon die simple Gartenbohne ist in zahllosen Varianten erhältlich, deren Reifedauer zwischen 50 und 100 Tagen schwankt. Es ist völlig unmöglich, die Ernte auf den Tag genau vorherzusagen, aber mit der Tabelle unten können Sie sich zumindest einen groben Überblick verschaffen, wann Sie Spaten oder Schere in die Hand nehmen sollten. Die Tabelle ist auch eine gute Hilfe, um den Saatzeitpunkt für späte Gemüse zu bestimmen, die noch vor den ersten Frösten reif sein sollen.

Wenn Sie weitere Erfahrung sammeln wollen, führen Sie die Tabelle Jahr für Jahr weiter, um die Besonderheiten Ihrer Region und die Veränderungen über längere Zeit abschätzen zu lernen.

Erntetabelle

Tragen Sie zuerst das Datum ein, an dem Sie gesät/gepflanzt haben („Pflanzdatum"). Addieren Sie die Tage aus der Spalte „Reifedauer" dazu und tragen Sie das errechnete Datum in die Spalte „Erntedatum, kalkuliert" ein. Tragen Sie in die Spalte „Erntedatum" ein, wann Sie tatsächlich geerntet haben. Bewerten Sie Ihren Erfolg durch die Angabe des „Ertrages".

Produkt		Pflanzdatum	Reifedauer	Erntedatum, kalkuliert	Erntedatum	Ertrag
	Aubergine		60–100 Tage			
	Blumenkohl		60–90 Tage			
•	Bohnen, Dicke		60–90 Tage			
•	Bohnen, Stangen-, Busch-		50–65 Tage			
	Brokkoli		60–100 Tage			
•	Erbsen		50–85 Tage			
•	Grünkohl		50–65 Tage			
	Gurken		50–70 Tage			
•	Kartoffeln		65–100 Tage			
	Kopfkohl		60–100 Tage			
•	Kopfsalat und Grünzeug		20–65 Tage			
	Kürbis		80–120 Tage			
•	Mangold		50–60 Tage			
	Melonen		70–110 Tage			
•	Möhren		50–90 Tage			
	Paprika & Chili		60–100 Tage			
•	Radieschen		20–30 Tage			
	Riesenkürbis		70–120 Tage			
•	Rote Bete		50–60 Tage			
•	Spinat		45–60 Tage			
	Tomaten		60–90 Tage			
	Zucchini		35–70 Tage			
•	Zwiebeln		100–120 Tage			

• Samen direkt ins Freiland gesät

Kapitel 11: Frisches für später: Gutes lagern und konservieren

Sogar in einem kleinen mobilen Garten reifen immer wieder Pflanzen zu früh, während andere üppiger tragen als erwartet. Besonders Zucchini und Kürbisse sind berüchtigt dafür, Gärtner mit ihrer Fülle zu überschütten. Jeder kennt solche Geschichten. Auch Kräuter legen plötzlich mächtig zu und wer dann zu lange mit der Ernte wartet, steht plötzlich vor einer Pflanzenleiche.

Schlecht gewordene Lebensmittel in den Müll zu werfen ist schon schlimm genug, aber das eigene, mühevoll gezogene Gemüse verderben zu sehen, ist echt deprimierend.

Die richtige Lagerung und Konservierung der Ernte ist fast so wichtig wie die sorgfältige Pflege der Pflanzen. Es kostet nur wenig Aufwand und artet niemals in wirklich schwere Arbeit aus. Tun Sie sich mit einer/einem Freundin/Freund zusammen, lassen Sie im Hintergrund eine Seifenoper oder die Lieblings-CD laufen und legen Sie los. Konservieren ist auch deswegen so ungeheuer befriedigend, weil sich die Arbeit noch lange auszahlt. Die Gläser in meinem Vorratsschrank und den Gefrierschrank zu betrachten, macht mich stolz, ermutigt und befriedigt mich. Es macht mich glücklich zu wissen, dass ich jederzeit ein Glas selbst gemachte Salsa aufmachen oder gefrorene Himbeeren essen kann. Egal, wie trüb die Tage draußen auch sein mögen, dann herrscht wieder Sommer in meiner Wohnung.

Mit mehrjährigen Kräutern ▶ und Zwiebeln dürfen Sie sich schon zu Beginn und gegen Ende der Gartensaison auf eine gute Ernte freuen.

Kurzfristig Lagern

Blattgemüse

Waschen Sie die Blätter und Köpfe sofort nach der Ernte mit kaltem Wasser ab. Klopfen und tupfen Sie überschüssiges Wasser ab und legen Sie das Gemüse in einen Handtuchbeutel (Seite 176); anfeuchten und im Gemüsefach des Kühlschranks lagern.

Gemüse und Früchte

Die meisten Gemüse und Früchte halten sich sehr gut im Gemüsefach des Kühlschranks. Sehr kurz haltbar (nur ein paar Tage) sind Beeren, Okra, Bohnen, Zucchini und Radieschen. Kopfkohl und Möhren scheint es wie dem trommelnden Stofftier aus der Batteriereklame zu gehen: Sie halten, halten, halten ...

je nach Sorte mindestens einen Monat. Unreifes Obst darf in der Wärme nachreifen und kommt sofort danach in den Kühlschrank.

Lagern Sie Tomaten besser außerhalb des Kühlschranks, weil sie in der Kälte zu viel Aroma einbüßen. Für Kartoffeln, Knoblauch, Zwiebeln und Riesenkürbis eignet sich ein kühler, dunkler und möglichst trockener Kellerraum, denn in feuchter Luft könnten sie austreiben.

Jeder möchte gerne sauber und ordentlich arbeiten, aber das Gemüse darf erst kurz vor Gebrauch gründlich gewaschen werden. Beim Waschen vor der Einlagerung kommt es zwangsläufig zu Verletzungen der Oberfläche, die Schimmel und Bakterien Angriffspunkte bieten.

Ein Handtuchbeutel zur Aufbewahrung

Blattgemüse und frische Kräuter sind in Bezug auf die Lagerung bekanntermaßen heikel: In Plastikbeuteln setzen sie Schimmel an, ohne Schutz welken sie auch im Kühlschrank rasch dahin. Dieser kühle, feuchte Beutel vereinigt alle Vorteile: Er hält die Feuchtigkeit in den Blättern fest und lässt sie dennoch atmen. In dem einfachen, selbst genähten Handtuchbeutel bleibt die Ernte im Kühlschrank knackig frisch.

1. Breiten Sie das Küchenhandtuch mit der rechten Seite nach oben auf einer ebenen Oberfläche aus. Legen Sie die Zugschnur für den Verschluss in 1 cm Abstand an der langen Kante entlang.

2. Legen Sie den Rand des Handtuchs über die Schnur nach innen. Fixieren Sie es mit Stecknadeln und nähen Sie den Saum zu. Aufgepasst! Nicht über die Schnur nähen.

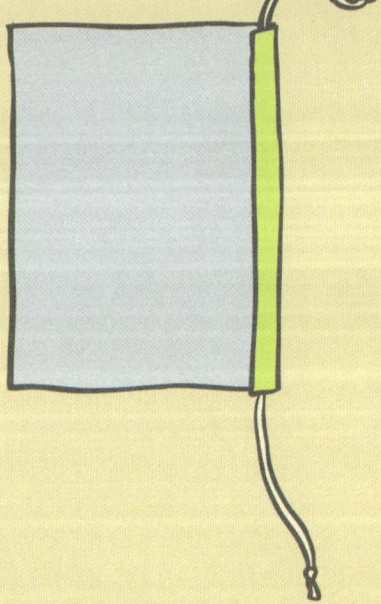

Sie brauchen

- Küchentuch (Trockentuch) aus Baumwolle
- Schnur oder festes Band (10–15 cm länger als die Längsseite des Handtuchs)
- Stecknadeln
- Nähmaschine
- Faden

3. Legen Sie das Handtuch in der Mitte der Länge nach zusammen (linke Seite nach außen) und fixieren Sie die beiden Hälften mit Stecknadeln.

4. Nähen Sie die Kanten zusammen; die Schmalseite (die spätere Öffnung des Beutels) mit der Zugschnur bleibt selbstverständlich offen.

5. Knoten Sie die Enden der Schnur zusammen, damit sie nicht in den Saum rutscht.

So funktioniert's

Bevor Sie Grüngemüse und Kräuter einfüllen, wird der Beutel mit kaltem Wasser angefeuchtet; gut auswringen. Der Beutel sollte feucht, aber nicht tropfnass sein. Stecken Sie das Grüngemüse hinein, ziehen ihn zu und legen Sie den Beutel ins Gemüsefach des Kühlschranks. Solange der Beutel feucht gehalten wird, bleibt das Gemüse frisch.

Kräuter und essbare Blüten

Die meisten Menschen stecken frische Kräuter gedankenlos in eine Plastiktüte und legen Sie ins Gemüsefach. Nach ein paar Tagen sind sie zu unschönen, matschigen Resten zerfallen. Frische Kräuter verhalten sich anders als Grüngemüse, die in einem feuchten Handtuchbeutel viel länger frisch bleiben. Stellen Sie die Kräuterzweige in ein Glas mit Wasser im Flaschenhalter der Kühlschranktür. So können Sie bei Bedarf frische Blätter abschneiden. Einige Kräuter und Blütenstängel halten sich wochenlang, solange Sie das Wasser alle paar Tage erneuern. Basilikum ist eine Ausnahme, es färbt sich im Kühlschrank schwarz. Dafür bleibt es in einem mit Wasser gefüllten Glas auf einem Bord in der Küche fast eine Woche lang frisch.

Langfristige Lagerung

Gemüse und Obst dörren

Beim Dörren wird dem Gemüse und Obst Wasser entzogen. Wenn Sie nicht in der Wüste leben, bleibt Ihnen nur der Backofen oder ein elektrisches Dörrgerät. Ansonsten fallen Schimmelpilze schneller über lagerndes Obst und Gemüse her, als es trocknen kann.

Bohnen, Zwiebeln, Knoblauch, Heidelbeeren, Chili und Paprika sind rühmliche Ausnahmen, da sie fast überall an der Luft austrocknen. Sonnengetrocknete Tomaten müssen in nördlichen Regionen ebenfalls ein Traum bleiben, doch der Backofen (siehe „Ofengetrocknete Tomaten", Seite 182) liefert zumindest ein vergleichbares Produkt. Ich liebe getrocknete Tomaten und verspreche Ihnen, Sie werden es nicht bereuen.

Zwiebeln und Knoblauch werden an den noch weichen, grünen Teilen zusammengebunden und aufgehängt. An einem schattigen, trockenen Ort, wie dem Dachboden oder der Garage, sind sie in etwa einem Monat trocken. Danach können Sie die „Zöpfe" in der Küche aufhängen und sich nach Bedarf bedienen. Für längere Aufbewahrung werden die ehemals grünen Teile abgeschnitten und die Zwiebeln kühl gelagert.

Jede voll ausgereifte Bohne lässt sich auch trocknen; einige Sorten sind sogar dafür berühmt, dass sie durch den Trocknungsprozess an Aroma zunehmen und „fleischiger" schmecken. Dicke Bohnen werden flach ausgebreitet getrocknet; Sie können die Hülsen auch an den Pflanzen belassen, draußen trocknen lassen und erst später aus der Hülse schälen. Wenn die Pflanze völlig trocken ist, sammeln Sie alles ein (Bohnen mit den Hülsen) und stopfen es in einen Jutesack oder alten Kopfkissenbezug. Schlagen Sie so lange mit einem Stock darauf, bis sich die Bohnen aus den Hülsen lösen. Sie können auch auf den Sack treten – mit Gefühl, sonst ernten Sie nur Bohnenpulver. Trennen Sie Bohnen von dem Rest mit der uralten Technik des „Worfelns": Breiten Sie ein Tuch auf dem Boden aus und stellen einen Korb darauf. Dann nehmen Sie eine Handvoll aus dem Sack und lassen sie langsam in den Korb rieseln. Der Wind trägt das leichte Material davon, die Bohnen fallen in den Korb. Selbstverständlich müssen Sie auf einen windigen Tag warten. Trockene Bohnen werden in Einweckgläsern aufbewahrt.

Waschen oder nicht waschen

Selbstverständlich dürfen Sie den Schmutz von Paprika, Tomaten und anderen Gemüse mit festen Schalen vor dem Trocknen abwaschen. Tupfen Sie überschüssiges Wasser sofort danach mit einem Handtuch ab. Zwiebeln, Knoblauch, Schalotten und andere Gemüse mit dünnen Schalen dürfen nicht gewaschen werden. Meistens fällt die trockene Erde von allein ab, sonst entfernen Sie ihn später mit der Schale. Auch weiche Früchte werden matschig, wenn sie gewaschen werden. Da die Früchte aus Ihrem organischen Anbau stammen, brauchen Sie weder Pestizide noch andere Rückstände zu befürchten.

Chilischoten sehen besonders dekorativ aus, wenn sie vor dem Trocknen zu einer Ristra (siehe Seite 184) zusammengebunden werden. Bei Bedarf zupfen Sie eine Schote heraus.

Kräuter und essbare Blüten trocknen

- Ernten Sie an einem trockenen Tag, wenn die Blätter nicht mehr mit Tau bedeckt sind. Auf feuchten Blättern setzen sich beim Trocknen im Strauß rasch Schimmelpilze fest.

- Hängen Sie die Sträuße an einem trockenen Platz mit guter Luftzirkulation und schwachem Licht auf.

- An Orten mit staubiger oder verschmutzter Luft wird der Strauß in eine durchlöcherte Papiertüte gesteckt.

- Wenn die Kräuter beim Anfassen völlig trocken sind (knistern), kommen sie in ein Schraubglas und werden dunkel im Schrank aufbewahrt.

- Beschriften Sie die Gläser; dazu gehört auch das Datum der Ernte. Nach etwa einem Jahr sind sie nicht mehr frisch genug und werden entsorgt.

- Sie dürfen die Blätter vor der Lagerung zwar etwas zerkrümeln, aber nicht in feine Flocken zerbröseln; intakte Blätter behalten ihr Aroma länger.

Löchrige Strümpfe zur Aufbewahrung

Es gibt eine verblüffend einfache Lösung, um einerseits jede Menge Zwiebeln zu lagern, andererseits einer alten Strumpfhose ein zweites Leben zu ermöglichen. Schneiden Sie die Beinteile einer alten Strumpfhose ab. Die Farbe spielt keine Rolle, doch bei dünneren Modellen ist der Luftaustausch besser als bei dicken, undurchsichtigen Modellen. Stecken Sie eine Zwiebel in ein abgeschnittenes Bein und machen Sie einen Knoten darüber. Es folgt die nächste Zwiebel und der nächste Knoten, bis das Strumpfbein voll ist. Hängen Sie die Zwiebelstrümpfe an einen trockenen, dunklen, kühlen Platz, beispielsweise in einen Wandschrank, eine Ecke der Garage oder in ein Gartenhaus – in der Küche sehen baumelnde Zwiebelstrümpfe eher deplatziert aus.

Wenn Sie eine Zwiebel brauchen, schneiden Sie einfach die untere „Abteilung" des Strumpfes unter dem ersten Knoten ab. Zwiebelsorten, wie die Gemüsezwiebeln 'Ailsa Craig' oder 'Yellow of Parma', lassen sich mit diesem Trick monatelang lagern.

1. Heizen Sie den Backofen auf die kleinste mögliche Temperatur (60–90 °C) vor. Es kommt darauf an, die Tomaten langsam, aber sicher zu trocknen.

2. Legen Sie ein Backblech mit Backpapier aus. Legen Sie die Tomatenhälften mit der Schnittfläche nach oben darauf; sparsam salzen.

3. Backen Sie die Tomaten, bis die Haut schrumpelig aussieht und das Innere gerade noch feucht, aber nicht mehr saftig ist. Das Trocknen kann je nach Tomatensorte und Backofen zwischen zwei und acht Stunden dauern.

4. Holen Sie das Blech aus dem Ofen und lassen Sie die Tomaten abkühlen. Füllen Sie die Tomaten in ein sauberes, sterilisiertes Glas. Geben Sie nach Geschmack ein paar Zweige trockener Kräuter und, wenn Sie mögen, Knoblauchzehen dazu. Dann gießen Sie Olivenöl darüber, bis die Tomaten völlig bedeckt sind.

5. Das Glas ist im Kühlschrank 4–6 Wochen lang haltbar. Verbrauchen Sie das restliche Öl mit dem Tomatenaroma für andere Gerichte.

Sie haben Ihre Tomaten noch nie getrocknet? Dann haben Sie etwas verpasst. Durch das Trocknen konzentriert sich die Süße der Frucht in ein pikantes Stück Himmel mit Biss. Natürlich sind gekaufte, sonnengetrocknete Tomaten auch gut, halten aber den Vergleich mit der eigenen Ernte nicht aus.

Das Olivenöl, in dem die Tomaten eingelegt sind, ist nicht unbegrenzt haltbar, aber bei uns sind die Tomaten längst aufgegessen, bevor das Öl ranzig wird. Ich esse sie gerne auf Toast mit einem frischen Basilikumblatt und frisch geschabtem, gutem Parmesan. Sie werden sicher ein eigenes Rezept für Ihre Tomaten finden.

Trocknen Sie Kirsch- oder Cocktailtomaten als Ganzes. Eiertomaten werden halbiert und große Sorten in 1–2 cm dicke Scheiben geschnitten.

Reicht für ein Halbliterglas

10 Eiertomaten, halbiert
Meersalz
getrockneter Thymian, Oregano oder Majoran
Knoblauchzehen, nach Geschmack
etwa zwei Tassen Olivenöl

Eine Ristra flechten

Sie sollten sich allerdings einen Gefallen tun und die Schoten nur mit Handschuhen bearbeiten, denn scharfe Sorten könnten Ihre Haut reizen oder sogar verbrennen. Es brennt höllisch, wenn Sie aus Versehen einen Tropfen des Saftes ins Auge bekommen.

Welche Schoten?

Nehmen Sie nur die besten, makellosen Schoten mit intakten, langen Stielen. Exemplare mit Druckstellen oder Verletzungen könnten faulen und während des Trockenprozesses die gesamte Ristra verderben. Am schnellsten und einfachsten trocknen kleine Schoten mit dünner Schale über den großen Exemplaren.

1. Breiten Sie die Schoten zum Antrocknen einen bis zwei Tage an einem gut belüfteten, trockenen Ort aus. Die Stiele der frisch gepflückten Schoten sind empfindlich und brechen leicht ab, wenn Sie beginnen, die Ristra zu formen.

2. Binden Sie drei Schoten an den Stielen zusammen. Halten Sie die Schoten dabei an den Stielen fest und wickeln Sie die Schnur zweimal im Uhrzeigersinn um die Stiele.

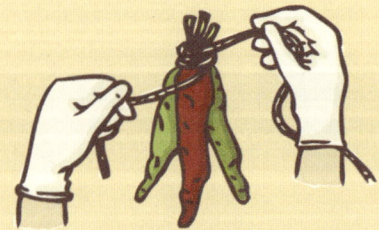

Über den Ertrag einer Chilipflanze kann man sich wirklich nicht beklagen. Die Früchte reichen aus, um die Geschmacksknospen einer kleinen Armee zu reizen. Ich vergesse nie eine meiner Chilipflanzen, die mir 200 Schoten lieferte! Die Ristra (New Mexico) ist ein traditioneller Zopf aus getrockneten Chilischoten; ähnliche Zöpfe werden auch im Mittelmeerraum oder Ungarn geflochten. Obwohl solche Zöpfe in mexikanischen Restaurants gerne als Dekoration verstauben, sind sie bestens geeignet, die Küche ein Jahr oder länger mit Chilischoten zu versorgen.

3. Jetzt halten Sie die Schoten so, dass eine vorn und zwei hinten liegen. Legen Sie mit der Schnur im Uhrzeigersinn eine Schlaufe, um die vordere Schote und ziehen Sie die Schnur nach oben durch. Ziehen

Sie die Schnur stramm; sie sollte sich leicht in den Stiel der vorderen Schote einschneiden.

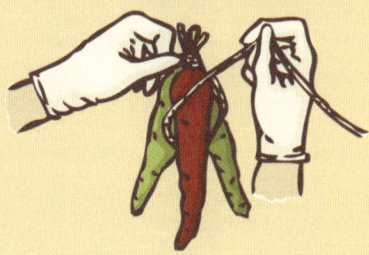

4. Legen Sie nun die Schnur über Ihre Hand in eine Schlaufe und ziehen Sie die Schlaufe zu einem Knoten zusammen, bis sie die drei Stiele umfasst; fest zusammenziehen.

5. Wiederholen Sie die Schritte 2–4 mit drei neuen Schoten (etwa 5–10 cm über dem ersten Dreierpäckchen): Zusammenbinden – Schlaufe – Knoten. Fahren Sie so lange fort, bis die Ristra 60–150 cm lang ist. Lange, schwere Schoten werden zu kürzeren Zöpfen, leichte zu längeren Zöpfen gebunden. Arbeiten Sie Ihre gesamte Ernte in die Zöpfe ein. Wenn sie verschiedene Größen kombinieren wollen, müssen Sie zunächst die einzelnen Sorten an je eine Schnur binden.

6. Drehen Sie mit der Drahtbiegezange an beiden Enden Ösen in den Draht und hängen Sie ihn sicher auf (Nagel oder Schraubhaken, Türknauf, Türrahmen, starke Wäscheleine).

7. Nehmen Sie sich einen Zopf und beginnen Sie mit der Ristra. Für eine gemischte Ristra fange ich unten mit großen Schoten an und setze die kleineren oben auf. Probieren Sie aber ruhig aus, was Ihnen am besten gefällt.

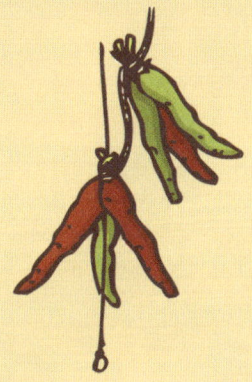

8. Halten Sie das erste Dreierpäckchen neben den Draht, über die untere Öse. Flechten Sie Stiele und Schnur um den Draht. Ich weiß, das hört sich verrückt an, aber wenn Sie es probieren, werden Sie sehen, wie gut das klappt. Der Vorgang funktioniert so ähnlich wie Haare zum Zopf flechten: Der Draht entspricht einem, die Schoten den beiden anderen Haarsträngen. Drehen Sie Schoten und Schnur um den Draht, bis sie sicher halten.

9. Drücken Sie das „geflochtene" Dreierpäckchen fest nach unten an die Öse, dann flechten Sie das nächste Dreierpäckchen um den Draht; an den

(weiter nächste Seite)

Sie brauchen

- etwa 50 Chilischoten mit intakten Stielen
- dünne Baumwollschnur
- Draht (30 cm lang, 2–5 mm Durchmesser)
- Drahtbiegezange
- Gummihandschuhe

ersten Drilling andrücken. Wenn Sie Schoten auf Lücke drehen, ragen sie weiter aus der fertigen Ristra heraus. Flechten Sie die übrigen Dreierpäckchen auf den Draht, bis sie aufgebraucht sind – fertig ist die Ristra.

10. In New Mexico wird oben auf die Ristra ein Schmuck aufgesetzt: Maishülsen, Palmwedel oder ein Band. Selbstverständlich dürfen Sie die Ristra auch in Reinform aufhängen – künstlerische Freiheit.

11. Hängen Sie die Ristra zum Trocknen im Freien in der Sonne auf. Ideal ist eine überdachte Veranda oder

Terrasse mit guter Belüftung. Wenn Sie keine Möglichkeit dazu haben, tut es auch ein trockener Platz in der Wohnung. Der entscheidende Punkt ist, dass die Ristra völlig frei hängen muss, sonst können sich an den Kontaktstellen Schimmelpilze ansiedeln.

12. Nehmen Sie sich die Ristra regelmäßig vor und entfernen Sie alle Schoten, die zu schimmeln beginnen. Das Trocknen kann sich über mehrere Wochen hinziehen, doch Sie können schon vorher einzelne Schoten für die Küche abziehen (bevor sie im Topf landen, wieder auf Schimmel prüfen).

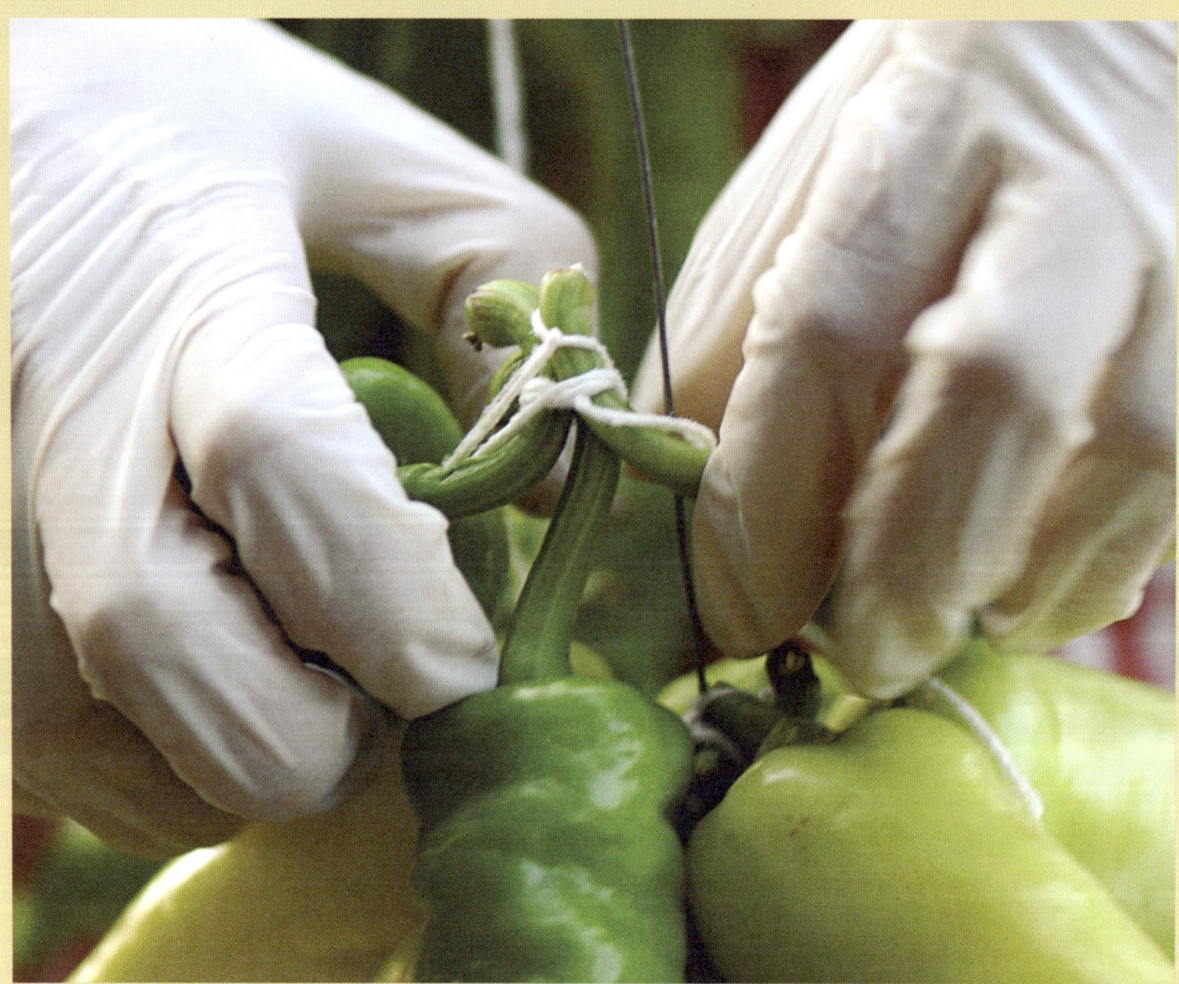

Ab ins Gefrierfach

Einfrieren ist eine sichere und verlässliche Option, um das Aroma frischer Produkte zu bewahren. „Gefrierfrisch" ist in der Tat mehr als ein Schlagwort aus der Werbung. Die eingefrorene, eigene Ernte ist definitiv frischer als alles, was der Supermarkt anbieten kann. Außerdem ist Einfrieren eine besonders simple Methode. Bei manchen Gemüsen reichen schon ein paar Messerschnitte und die handlichen Portionen werden eingefroren. In Tiefkühlgeräten gelagerte Lebensmittel sind mehrere Monate haltbar und verlieren selbst nach längerer Lagerzeit nur wenig von ihrem Nährwert, Geschmack und ihrer Struktur.

Gemüse und Obst einfrieren

Viele Gemüse- und Obstsorten lassen sich sehr gut für längere Zeit im Gefrierschrank aufbewahren: Bohnen, Rote Bete, Beeren, Brokkoli, Möhren, Blumenkohl, Mais, Melonen, Pfirsiche, Erbsen, Paprika, Rhabarber, Spinat, Tomaten und Riesenkürbis. Sogar Äpfel und Birnen lassen sich einfrieren, sofern sie vorher geschält und entkernt werden; ein Spritzer Zitronensaft verhindert, dass sie braun anlaufen. Gemüse, das roh verzehrt wird, wie Möhren, Blattsalat, Blattgemüse und Radieschen, verändert sich durch Frost und schmeckt nicht mehr. Grünkohl und Kopfkohl werden zwar weich, lassen sich aber noch gut für Suppen verwenden.

Vorbereitung

Zartes, frisch geerntetes und nicht überreifes Gemüse oder Obst wird gewaschen und zerkleinert. Nur Beeren, Melonen und Paprika werden vor dem Einfrieren nicht blanchiert (kurz in kochendes Wasser), alle anderen Produkte sehr wohl. Durch das Blanchieren werden die Enzyme zerstört, die den Zucker frisch geernteter Produkte in langweilige Stärke umwandeln. Außerdem behält Gemüse seine Nährstoffe und bleibt intakt. Weiche Beeren, die in einem Beutel eingefroren werden, verwandeln sich in einen kompakten Eisblock und beim Auftauen in eine matschige Masse. Frieren Sie die Beeren in einfacher Lage auf einem Tablett ein und füllen Sie sie erst danach in einen Beutel.

Entfernen Sie die harte Schale des Butternut-Kürbisses und schneiden Sie das Fruchtfleisch in Stücke; dann wird kurz blanchiert, gekühlt und eingefroren.

Blanchieren von Obst und Gemüse

1. Werfen Sie kleine Portionen in sprudelnd kochendes Wasser (kleine Produkte ganz, große werden klein geschnitten).

2. Legen Sie den Deckel auf und warten Sie ab, bis das Wasser wieder kocht; dann erst starten Sie die Uhr für das Blanchieren. Die Dauer richtet sich nach Größe und Art der Produkte (die Tabelle unten gibt Durchschnittswerte an).

3. Nehmen Sie die Produkte mit dem Schaumlöffel heraus und tauchen Sie sie in eine Schüssel Eiswasser, um sie schlagartig abzukühlen.

4. Lassen Sie die Produkte erst abkühlen und abtropfen, bevor sie in Gefrierbeutel oder luftdicht verschließbare Gefrierdosen kommen. Versuchen Sie, möglichst gebrauchsfertige Portionen abzumessen und drücken Sie die Luft heraus; luftdicht verschließen.

Kräuter und Blüten einfrieren

Frische Kräuter, wie Basilikum, Dill, Koriander, Petersilie, Oregano und Estragon, werden klein gehackt, in Fächer von Eiswürfelbehältern gefüllt und mit Wasser aufgegossen. Die fertigen Eiswürfel kommen in Gefrierbeutel oder -dosen und werden nach Bedarf entnommen. Kräuter mit kräftigeren Blättern, wie Salbei und Rosmarin, behalten ihr Aroma besser, wenn sie als Ganzes gefroren werden. Wenn Sie Basilikum, Koriander, Minze oder andere Kräuter einfach in einen Gefrierbeutel stecken, behalten sie zwar ihr Aroma, verlieren aber Konsistenz und Farbe. Als Gewürz im Essen macht das nicht viel aus – Sie holen heraus, was sie brauchen und legen den Rest zurück in den Gefrierschrank –, aber als Dekoration sind sie nicht mehr geeignet.

Auch wenn ich mir nun scheinbar widerspreche, sollten Sie immer etwas Basilikum zusammen mit viel Olivenöl und einer Prise Salz einfrieren. Diese Käse- und Salz-freie Pestobasis hält sich mindestens acht Monate im Gefrierschrank, wenn Sie luftdicht in Beutel eingeschlossen wird.

Blanchierzeiten für Gemüse

Die Durchschnittszeiten gelten für bissgroße Stücke.

Blumenkohl: 3 Minuten
Bohnen: 1–3 Minuten
Brokkoli: 1–3 Minuten
Erbsen: 1–3 Minuten
Mais (ganze Kolben): 3–4 Minuten
Möhren: 2 Minuten
Paprika, Chilischoten: 2 Minuten
Pfirsiche (ganz): 1 Minute
Riesenkürbis: Vor dem Einfrieren gründlich kochen.
Tomaten (ganz): 45 Sekunden

Einwecken

Einwecken ist eine geniale Technik. Die Produkte schmecken wie im frischen Zustand und können ohne Stromverbrauch monatelang gelagert werden. Es gab eine Zeit – sagen wir, die „gute alte" –, als sich auf den Regalen im Vorratsraum einer Familie Einmachglas an Einmachglas reihte, gefüllt mit der Ernte aus dem eigenen Garten. Die Erwachsenen aus meiner Generation kennen Konserven nur noch in Form genormter Blechbüchsen und Tiefkühlpackungen. Als ich im Haus meiner Großmutter zum ersten Mal solche Einmachgläser sah, war ich verblüfft und sogar ein wenig erschrocken. Ich brauchte ein paar Minuten, bis ich kapierte, dass die farbigen Brocken, die in der Flüssigkeit in den Gläsern schwammen, Pfirsiche und Tomaten waren und keine Versatzstücke aus einem Horrorfilm.

Wir modernen Menschen reagieren aus gutem Grund etwas misstrauisch, wenn es ums Einwecken geht. Die Informationen über Botulismus und andere gefährliche Krankheiten im Zusammenhang mit Lebensmitteln sind wahr und sehr ernst zu nehmen.

Solange Sie jedoch die notwendigen Sicherheitsstandards beachten, können Sie auch in einer kleinen Wohnung einen Lebensmittelvorrat für den Fall der Fälle einwecken; außerdem macht diese Arbeit Spaß.

Die Ausrüstung

Verwenden Sie ausschließlich Geräte von bester Qualität. Gebrauchte oder alte Ausrüstung ist nicht grundsätzlich schlecht, aber verwenden Sie nur neue Einweckgummis, damit die Gläser wirklich dicht schließen. Alte Mayonnaise-, Gurken- oder Marmeladegläser halten der Belastung nicht Stand und schließen nicht dicht genug.

Wenn Sie mehr als einmal einwecken möchten und sich die Geräte nicht leihen können, sollten Sie etwas Geld für eine Ausrüstung im Fachgeschäft (Einkochtopf, Einmachautomat) investieren. Einwecken mit dem richtigen Gerät macht sehr viel mehr Spaß und liefert verlässliche Ergebnisse. Der Drucktopf sollte

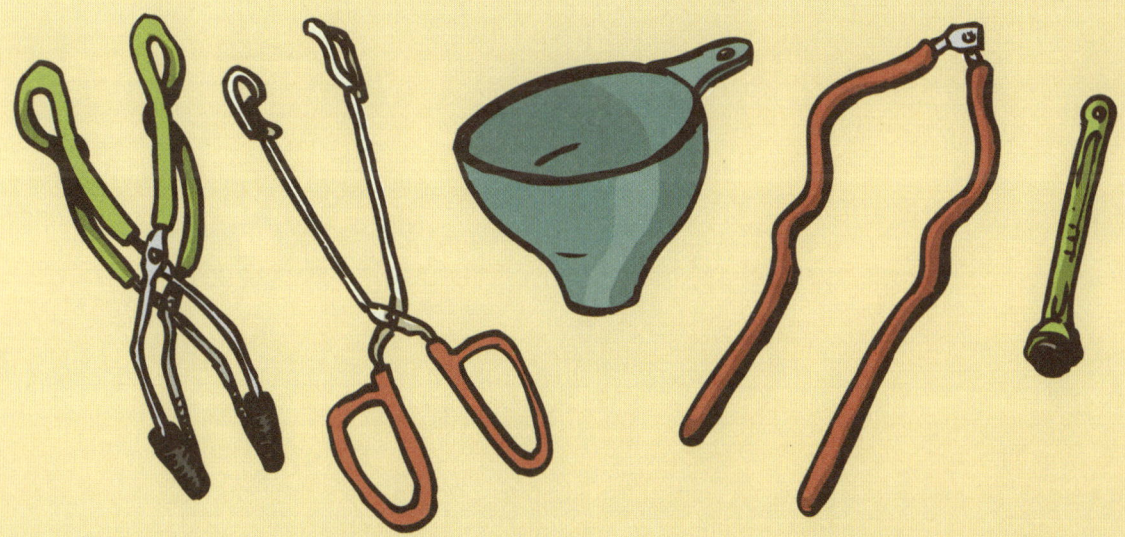

einen Einsatz für die Gläser haben. Prinzipiell können Sie auch mit einem einfachen Kessel arbeiten, aber mit vielen Gläsern und einer Zange im heißen Wasserdampf zu hantieren, ist nicht sehr effizient. Mit dem Einsatz heben Sie mit einem Griff mehrere Gläser aus dem Kessel. Hurra!

Zur Ausrüstung gehören auch eine passende Zange, ein Heber für die Gläser, ein Trichter und, wenn Sie Einmachgläser mit Schraubdeckel verwenden, ein Magnetstab, um sie aus dem kochenden Sterilisierbad zu holen.

Dann brauchen Sie noch saubere Handtücher, Küchentücher aus Papier, Zeitschaltuhr und einen dünnen Rührstab, um die Luftblasen zu entfernen (chinesische Essstäbchen aus Holz sind ideal).

Über Pektin

In den Rezepten in diesem Buch wird kein normales, sondern ausschließlich niederverestertes Pektin verwendet. Marmeladen und Gelees mit normalem Pektin gelieren erst nach Zugabe von mindestens 55% Zucker. Mit dem niederverestertem Pektin bieten sich zahllose neue Möglichkeiten. Statt Zucker können Sie mit Honig oder Agavensirup süßen – selbst ganz ohne Süßmittel erhalten Sie ein festes Gel. Reformhäuser bieten entsprechende Pektine von verschiedenen Firmen an; lassen Sie sich beraten.

Es geht los

Einwecken gleicht einem gut choreographiertem Ballet. Eine Vorstellung kann nur gelingen, wenn alle Einzelschritte genau getimt sind. Am Anfang ist es nicht leicht, doch mit einer gewissen Routine klappt es reibungslos, also kein Stress, wenn bei den ersten Versuchen noch nicht alles rund läuft. Sobald Ihnen die einzelnen Schritte wie selbstverständlich von der Hand gehen, bleibt nur ein Riesenspaß übrig. Meine Einführung gilt nur für das Einkochen mit Schraubgläsern (so genannte Mason

Tipps für sicheres Einwecken

- Halten Sie sich an moderne Rezepte. In den Kochbüchern unserer Großmütter spielte die Lebensmittelsicherheit nach heutigen Standards leider noch keine wesentliche Rolle.

- Fangen Sie mit stark gesäuerten Produkten an (Mixed Pickles), bei denen wenig schief gehen kann, und probieren Sie dann sichere und einfache Produkte aus, wie Tomaten und Apfelsoße, wenn Sie genügend Erfahrung gesammelt haben.

- Ohne einen Drucktopf zum Einwecken sollten Sie lieber die Finger von Bohnen, Möhren und anderem Gemüse lassen, die ohne Säure in Wasser eingeweckt werden. Um den Inhalt in den Gläsern zu sterilisieren sind hohe Temperaturen erforderlich, die im einfachen Dampfbad nicht erreicht werden.

- Bereiten Sie kleine Mengen zu, um Stress und Panik zu vermeiden.

- Immer noch zu ängstlich? Dann stellen Sie eben ausschließlich eingelegtes Gemüse, Chutneys oder Gelees her, die im Kühlschrank gelagert und innerhalb weniger Wochen aufgegessen werden.

Gläser mit Metalldeckel und Schraubring). Einführungen über das Einkochen mit Weckgläsern und Glasdeckeln liefern einschlägige Kochbücher, das Internet oder Broschüren der Fa. Weck.

Sterilisieren

Waschen Sie die Gläser und Deckel gründlich mit Seifenlauge aus; gut abspülen. Füllen Sie einen Topf mit Wasser und bringen Sie es zum Kochen. Stellen Sie die Gläser und Schraubringe hinein und kochen Sie alles 10–15 Minuten lang aus. Die Metalldeckel mit der Gummidichtung werden in sehr heißem, aber nicht kochendem Wasser 5 Minuten lang gereinigt. Lassen Sie die Gläser in dem heißen Wasser stehen; sie werden erst kurz vor dem Befüllen herausgenommen.

Füllen

Füllen Sie ganz Früchte oder Stücke mit einem sauberen Löffel oder Zange in die Gläser. Dann gießen Sie, je nach Rezept, Essig, Gelee oder eine andere Konservierungsflüssigkeit dazu. Die Gläser dürfen nicht bis an den Rand gefüllt werden, weil sich der Inhalt während der Sterilisation noch ausdehnt. Halten Sie sich genau an die Angaben in den Rezepten, denn bei zu viel oder zu wenig freiem Raum über dem Inhalt wird der Deckel nicht 100%ig versiegelt.

Deckel aufschrauben

Wenn die Gläser gefüllt sind, werden die Luftblasen entfernt. Rühren Sie vorsichtig mit einem Holzstab am Rand der Gläser entlang, damit eingeschlossene Luft entweichen kann. Wischen Sie den Rand des Glases mit einem feuchten Papier oder sauberen Handtuch ab. Holen Sie mit dem Magnetstab einen Deckel aus dem heißen Wasser und verschließen Sie das Glas. Drücken Sie den Deckel mit dem Finger vorsichtig an, während sie den Schraubring auf das Glas drehen; nicht sehr fest, sondern nur bis zu einem Widerstand.

Hitzebehandlung

Der nächste Schritt, die Hitzebehandlung im kochenden Wasserbad, ist entscheidend für das Gelingen. Dabei wird ein Unterdruck im Glas erzeugt, der den Deckel luftdicht abschließt und die Mikroorganismen abtötet, die sich trotz aller Vorsicht in die Gläser eingeschlichen haben.

Wenn alle Gläser gefüllt und die Deckel aufgeschraubt sind, werden sie auf das Gestell des Einkochtopfes gestellt. Die Gläser dürfen nicht aneinander stoßen und müssen völlig mit Wasser bedeckt sein (mindestens 5 cm Wasser darüber). Schließen Sie den Deckel des Topfes und bringen Sie das Wasser zum Kochen. Sobald das Wasser kocht, schalten Sie den Kurzzeitwecker ein. Wasser kocht bei größeren Höhen über dem Meeresspiegel schon unterhalb von 100 °C.

Beschriftung der Gläser: Die einfachen Metallverschlüsse sind viel zu nüchtern für Ihre köstlichen Konserven! Peppen Sie die Deckel der Gläser mit hübschen Etiketten auf (auf Seite 203 finden Sie meine Vorschläge). Machen Sie farbige Fotokopien oder scannen und drucken Sie die Vorlagen auf selbst klebendes Papier. Kleben Sie die Etiketten auf und beschriften Sie Ihre Konserven.

Was lässt sich konservieren: Die folgenden Rezepte in diesem Buch lassen sich auch einwecken und lagern: „Würziger Ketchup aus rotem Chili" (Seite 105), „Gelee aus 'Dark Opal' Basilikum" (Seite 147), „Besser als gekauft: Eingeweckte Tomaten" (Seite 194), „Kräuter- und Blütenessig" (Seite 196) und „Pickles immer wieder neu" (Seite 198).

Rechnen Sie für je 300 Höhenmeter über dem Meeresspiegel etwa eine Minute Kochzeit hinzu.

Abkühlen

Wenn der Kurzzeitwecker klingelt, schalten Sie den Herd aus und lassen alles etwas abkühlen. Dann heben Sie das Gestell mit den Gläsern vorsichtig heraus und stellen es auf ein Küchenbrett. Beim Kühlen nimmt das Luftvolumen ab – das Knacken der Deckel zeigt an, dass der Inhalt erfolgreich versiegelt wurde.

Überprüfen Sie die Gläser nach 24 Stunden erneut: Drücken Sie den Deckel mit dem Daumen vorsichtig nach innen. Nur wenn er *nicht* zurückspringt, ist der Inhalt luftdicht versiegelt: Das Glas darf in den Vorrat. Springt er jedoch zurück, kann noch Luft eindringen: Das Glas kommt in den Kühlschrank und sollte rasch verzehrt werden.

Benutzen Sie ausschließlich Gläser, die speziell zum Einwecken vorgesehen sind. Wenn Sie alte Einweckgläser recyceln möchten, kaufen Sie auf jeden Fall neue Deckel mit intakten Gummidichtungen.

Lagerung

Bewahren Sie die Einmachgläser an einem kühlen, trockenen und dunklen Ort auf. Am schönsten sehen natürlich besondere Regale in einer Vorratskammer aus, aber wer hat schon so viel Platz. Möglich sind der Keller oder eine Kiste, die unter das Bett im kühlen Schlafzimmer oder in einen Einbauschrank geschoben wird. Vergessen Sie aber nicht, wo die Gläser stehen! Verzehren Sie den Inhalt der Gläser binnen eines Jahres.

Wann sind Vorräte verdorben?

Prüfen Sie den Inhalt Ihrer Einmachgläser vor dem Verzehren und bevor Sie ein Glas an Freunde verschenken – wichtig! Werfen Sie Gläser mit Schimmel sofort, ohne zu zögern, weg (s. auch unten) und waschen Sie sich gründlich die Hände, bevor Sie etwas anderes anfassen!

Winzige Bläschen: Im Champagner sehen kleine, sprudelnde Bläschen toll aus, aber in Einmachgläsern haben sie nichts verloren. Sie sind ein Zeichen, dass der Inhalt verdorben ist. Werfen Sie jedes Glas weg, wenn beim Öffnen Gas austritt.

Farbveränderungen: Aus der Aprikosenfarbe wurde Bernstein. Knoblauch und Blumenkohl verändern ihre Farbe beim Einlegen in Essig, das ist völlig natürlich. Jede Farbveränderung bei Gelees und Marmeladen bedeutet dagegen Ärger.

Schimmel: Sobald in oder auf einem Glas Schimmel sichtbar ist, bleibt keine Alternative: Entsorgen Sie das Glas in der Mülltonne. Suchen Sie auf dem Deckel oder der Oberfläche nach Anzeichen von Schimmel. Schimmelpilze außen auf dem Glas weisen darauf hin, dass der Inhalt schlecht geworden und ausgetreten ist.

Schleim: Jede Form von schleimiger Konsistenz verrät, dass etwas schief gelaufen ist. Eklig!

Öle beim Einwecken: Selbst die kleinste Menge Öl kann den pH-Wert des Inhaltes absenken. Verzichten Sie zur Sicherheit beim Einwecken grundsätzlich auf Öl als Zutat.

Als Kinder mussten mein Bruder und ich matschige Tomaten aus der Dose essen, die mit Makkaroni und Käse aus der Packung zu einer Pampe vermischt wurden. Die Erinnerung an dieses schreckliche Essen hat mir die Lust auf eingemachte Tomaten lange verdorben. Dann habe ich es einfach selbst versucht. Das Rezept ist so einfach, dass es sich perfekt als Einstieg ins Einmachen eignet. Selbst blutige Anfänger dürften kaum Schwierigkeiten damit haben.

Da die Tomaten ganz ohne weitere Zutaten eingemacht werden, können Sie jederzeit zu einem Glas greifen, wenn Tomaten auf einer Zutatenliste stehen.

Wecken Sie nur die besten Tomaten ein. Exemplare mit Druckstellen, überreife oder matschige Tomaten senken den pH-Wert im Glas oder könnten sogar verderben. Am besten eignen sich rote, schwarze und einige orangefarbene Tomaten; andere Sorten sind oft nicht so säuerlich. Machen Sie jede Sorte in eigenen Gläsern ein und beschriften Sie die Gläser.

1. Sterilisieren Sie mehrere Einmachgläser, Deckel und Schraubringe nach den Anweisungen auf Seite 190.

2. Bringen Sie einen Liter weiches Leitungswasser (oder destilliertes Wasser aus der Flasche) zum Kochen; füllen Sie damit die Gläser auf.

3. Blanchieren Sie die Tomaten für 45 Sekunden nach den Angaben auf Seite 188.

4. Häuten Sie die Tomaten, wenn diese abgekühlt sind, und schneiden Sie den grünen Stielansatz mit einem scharfen Messer heraus. Große Tomaten werden in 5 cm dicke Scheiben geschnitten (in eine Schüssel legen), die kleinen bleiben ganz.

5. Füllen Sie die Tomaten in die sterilisierten Gläser bis 1–2 cm unter den Rand. Wenn die Gläser oben schmaler werden, benutzen Sie einen Trichter.

6. Geben Sie zu jedem Glas einen Esslöffel Zitronensaft hinzu. Dann füllen Sie mit dem Wasser auf; der obere Rand muss frei bleiben.

7. Verschließen Sie die Gläser und stellen Sie sie dann 45 Minuten lang in ein kochendes Wasserbad (siehe Seite 191).

Reicht für 7–9 Halblitergläser

2,5 kg Tomaten (ideal sind „Heirloom Tomaten"; Samen im Internet)
Zitronensaft

Der eingelegte purpurne Blumenkohl und rote Zwiebeln geben diesem Glas seine bonbonrosa Farbe.

Im Säurebad: Konservieren in Essig

Der stark saure Essig sorgt dafür, dass sich die lästigen Mikroorganismen nicht vermehren können. Einerseits lassen sich so gut wie alle Gemüse, Kräuter, weiche Beeren und Wassermelonen in Essig einlegen – tatsächlich verbessert sich der Geschmack durch die Lagerung. Andererseits sind sauer eingelegte Produkte nicht gerade nährstoffreich. Es ist kein Wunder, dass noch keine Zeitschrift die „Mixed-Pickles-Diät" empfohlen hat, denn die starke Säure und das Salz zerstören die Vitamine und Mineralstoffe selbst der besten Lebensmittel. Glücklicherweise essen die meisten Menschen eingelegtes Gemüse nur als kleinen Appetithappen und gelegentlich bei Heißhunger auf ein Glas Gurken. Probieren Sie die folgenden Rezepte aus; dabei sammeln Sie Erfahrung und werden zu einem Einlege-Profi, der mit Selbstvertrauen und Kreativität die Welt der sauren Gemüse aufmischt.

Statt echter Kapern können Sie auch die ungeöffneten Blütenknospen von Kapuzinerkresse verwenden; sie müssen allerdings noch fest geschlossen sein. Legen Sie die Blütenknospen für eine Woche in Weißweinessig ein, dann werden Sie nach der Anleitung auf den Seiten 189–192 eingeweckt.

Selbst gemachter Essig, aromatisiert mit Blüten oder Kräutern, ist unvergleichlich besser als die Produkte aus dem Supermarkt. Ein Spritzer dieser köstlichen, aromatischen Säure gibt selbst langweiligen Gerichten eine interessante Note. Würzen Sie Soßen mit einem Schuss Kräuteressig und peppen Sie Gemüse oder die Marinade für ein Fleischgericht mit einem Schuss Kräuteressig auf. Kreieren Sie mit Ihrem eigenen Essig eingelegtes Gemüse, Mayonnaise oder selbst gemachten Senf von einzigartigem Geschmack. Sie können diesen Kräuteressig jederzeit verwenden, wenn in einem Rezept

Essig vorgesehen ist; halten Sie zur Sicherheit eine oder zwei Flaschen als Vorrat bereit.

1. Erwärmen Sie den Essig auf mittlerer Hitze; er sollte warm sein, darf aber keinesfalls simmern oder gar kochen. Sie wollen das Aroma der Kräuter extrahieren und sie nicht auskochen. Benutzen Sie einen Topf aus Edelstahl, Emaille oder Glas, denn Essig kann mit anderen Metallen reagieren.

2. Schneiden Sie frische oder zerbröseln Sie trockene Kräuter in etwa 5 cm große Stücke. Füllen Sie damit ein sauberes Halbliterglas. Samen und Stängel werden leicht angedrückt, damit sie ihr Aroma besser abgeben.

3. Gießen Sie den warmen Essig auf; er muss die Kräuter völlig bedecken. Decken Sie bei Gläsern mit Schraubverschluss den Essig mit Frischhaltefolie oder Wachspapier ab, sonst könnte die Säure mit dem Metall des Deckels reagieren.

4. Stellen Sie das Glas eine Woche lang an einen dunklen Ort, bis der Essig den Duft der Kräuter angenommen hat und köstlich schmeckt. Empfindliche Blüten (Kapuzinerkresse) müssen nur eine Woche lang im Essig ziehen, während Kräuter mit fester Struktur (Rosmarin) erst nach längerer Zeit ihre ätherischen Öle abgeben. Sollte der Essig nach dieser Zeit nicht kräftig genug schmecken, gießen Sie ihn durch eine Kaffeefiltertüte und füllen Sie neue Kräuter ein.

5. Wenn der Essig gut riecht und schmeckt, gießen Sie ihn durch eine Kaffeefiltertüte, um die Kräuterreste

vollständig zu entfernen. Füllen Sie den Essig in ein neues, sauberes Glas oder in eine Flasche. Wenn Sie den Essig länger aufbewahren möchten, muss das Glas vorher sterilisiert werden; die Details finden Sie auf Seite 190.

Reicht für einen halben Liter

2 ¹/₂ Tassen Essig
eine Handvoll frischer oder getrockneter Kräuter; die Menge muss reichen, das Glas zu füllen

Die richtigen Zutaten

Nur beste Zutaten garantieren gute Ergebnisse. Verwenden Sie ausschließlich die besten frischen oder getrockneten Kräuter. Nehmen Sie als Basis weißen Reisessig oder Weißweinessig, die bereits ein fruchtiges Aroma haben. Apfelessig funktioniert ebenfalls, aber nur mit kräftig aromatischen Kräutern. Der übliche, preiswerte weiße Essig schmeckt nur sauer und viel zu gewöhnlich für die hart erarbeiteten Kräuter.

Bei der Auswahl und Kombination der Kräuter sind Ihnen keine Grenzen gesetzt. Probieren Sie das intensive Aroma des Basilikums 'African Blue', Salbei, Kapuzinerkresse oder Zitronenmelisse. Auch ungewöhnliche Kräuter geben interessante Geschmacksnoten ab: Pimpinelle, Kerbel und Minze. Purpurbasilikum und Shiso färben den Essig intensiv, während ihn die Blüten der Kapuzinerkresse in ein sanftes Orange tauchen. Experimentieren Sie ruhig mit Samen, Blüten, Stängeln und Blättern.

Verfeinern Sie den Geschmack des Essigs mit Chilischoten, Knoblauchzehen, Pfefferkörnern, Gewürzen und sogar mit Beeren.

Kräutermischungen zum Selbsttesten

Herb bissig: Dill, Kapuzinerkresse, Zitronenmelisse
Zitronig: Zitronenbasilikum, Zitronengras, Zitronenthymian
Italienisch: Basilikum, Oregano, Thymian
Frisch vom Gemüsemarkt: Petersilie, Salbei, Rosmarin, Thymian
Purpurnfarben: 'Purple Ruffles', Thai- und Zimtbasilikum
Cool, blau, gurkig: Borretschblüten, Pimpinelle
Fruchtiger Fenchel: Fenchelsamen, Shiso

Vor etwa einem Jahrzehnt war ich unter meinen Freunden als die „Pickle-Queen" bekannt – zumindest ich hielt mich dafür. Diesen Titel wollte ich mir immer wieder neu verdienen, also kreierte ich zum Jahreswechsel 2000 meine Milleniums-Pickles, das ultimative Rezept für eingelegte Gemüse. Dummerweise hatte ich vergessen, die Zutaten aufzuschreiben. Vor kurzem habe ich, aus welchem Grund auch immer, wieder damit begonnen, in Essig eingelegte Gemüse zuzubereiten.

Das Rezept ist perfekt für die Besitzer sehr kleiner Gärten, denn wir haben eben nicht zu einer bestimmten Zeit viel von einem bestimmten Produkt, sondern jeweils ein Sammelsurium verschiedener Gemüse. Daher können Sie die Zutaten beliebig verändern: Nehmen Sie, was Sie gerade geerntet haben, denn praktisch alle Kombinationen sind möglich. Das eingelegte Gemüse sieht in einem Glas sehr hübsch aus; geben Sie rote Zwiebeln oder purpurnen Blumenkohl dazu und die Farbe wird leuchtend pink. Wer es gerne scharf mag, gibt ein paar Chilischoten mit ins Glas.

Mögliche Zutaten

- Rote Bete
- Topinambur in Scheiben
- Gurken
- Knoblauch
- Spargel

1. Sterilisieren Sie sechs Halblitergläser, Deckel und Schraubringe, wie auf Seite 190 beschrieben.

2. Bringen Sie einen großen Topf mit Wasser zum Kochen und stellen Sie eine Schale mit Eiswasser in die Spüle. Damit werden Blumenkohl und Möhren blanchiert.

3. Zerteilen Sie den Blumenkohl in kleine Röschen und schneiden Sie die Möhren in 5 mm dicke Scheiben. Blanchieren Sie beides separat für jeweils 2–3 Minuten; dann kommt das Gemüse sofort ins Eiswasser. Abtropfen lassen.

4. Bereiten Sie das übrige Gemüse vor. Schneiden Sie die Enden der Wachsbohnen ab und schneiden Sie die Bohnen in 2 cm lange Stücke, den schwarzen Rettich und die Möhren in Scheiben. Schneiden Sie die Zwiebeln in dünne Scheiben und die Paprika in münzgroße Stücke. Chilischoten kommen ganz oder in Stücken dazu.

5. Geben Sie in jedes Glas ¼ Teelöffel Senfsamen, ¼ Teelöffel Dillsamen, 4 schwarze Pfefferkörner und einen Zweig frischen Dill.

6. Füllen Sie die Gläser mit Mischgemüse bis 2–3 cm unter den Rand auf.

7. Bringen Sie Essig, Salz und 4 ½ Tassen destilliertes Wasser zum Kochen; rühren, bis sich das Salz aufgelöst hat.

8. Gießen Sie die noch heiße Mischung bis 1–2 cm unter den Rand in die Gläser.

9. Setzen Sie die Deckel auf (siehe Seite 191), dann kommen die Gläser für 15 Minuten ins heiße Wasserbad.

Reicht für 6 Halblitergläser

1 kleiner Blumenkohl
1 rote Möhre
250 g gelbe Wachsbohnen
1 schwarzer Rettich
1 Zwiebel
250 g Paprika
4 Chilischoten (optional)
1 ½ Teelöffel Senfsamen
1 ½ Teelöffel Dillsamen
24 schwarze Pfefferkörner
6 Zweige Dill
3 Tassen Essig
6 Esslöffel Pökelsalz

Wenn Sie keine Lust haben, alles zu sterilisieren und einzukochen, stellen Sie nur eine kleine Menge her, die sich im Kühlschrank etwa einen Monat lang hält.

Literatur – Bezugsquellen – Internet

Websites der Autorin

www.yougrowgirl.com (mit Forum und Shop)
www.growgreatgrub.com (Website zum Buch)

Literatur

Bart, Ursula und Krebs, Sonja: *Zauberhafte Gemüsegärten auf Balkon und Terrasse: Gemüse, Obst und Kräuter biologisch selbst anbauen.* Christian Verlag, München

Fassmann, Natalie: *Mein Naschbalkon: Gemüse, Kräuter & Obst.* E. Ulmer Verlag, Stuttgart

Grault, Jean-Michel u.a.: *Biogarten – natürlich gärtnern.* Franckh-Kosmos Verlag, Stuttgart

Grollimund, Marc: *Biogarten. Natürlich – ökologisch – gesund.* E. Ulmer Verlag, Stuttgart

Kreuter, Marie-Luise: *Der Biogarten: Das Original. Mit Pflanzenschutz-Kompass.* BLV Buchverlag, München

Kreuter, Marie-Luise: *Pflanzenschutz im Biogarten: Der Garten-Klassiker für die naturgemäße Abwehr von Krankheiten und Schädlingen.* BLV Verlagsgesellschaft, München

Lagoda, Martina und Snowdon Bettina: *Sehr gut haltbar machen. Einlegen, Einkochen, Konservieren.* Stiftung Warentest, Berlin

Mayer, Joachim: *Leckeres vom Balkon.* Gräfe und Unzer Verlag, Stuttgart

Mayer, Joachim; Neubauer, Konstanze und Künkele, Sigrun: *Pflanzenschutz: Unser gesunder Garten.* Stiftung Warentest, Berlin

Müller, Christa: Urban Gardening. *Über die Rückkehr der Gärten in die Stadt.* oekom Verlag, München

Schwartz, Oded: *Selbstgemachte Köstlichkeiten. Einlegen, Einkochen, Trocknen, Räuchern, Kandieren und mehr.* Dorling Kindersley Verlag, München

Seymour, John: *Selbstversorgung aus dem Garten: Wie man seinen Garten natürlich bestellt und gesunde Nahrung erntet.* Urania Verlag, Freiburg

Vivante, Terre (Hrsg.): *Natürlich konservieren. Die 250 besten Rezepte, um Gemüse und Obst möglichst naturbelassen haltbar zu machen.* Ökobuch Verlag, Staufen

Weck-Einkochbuch. Weck-Verlag, Wehr

Zeitschriften

Bioterra (Schweizer Zeitschrift für den naturnahen Garten)

Demeter Gartenrundbrief (biodynamische Landwirte; erscheint alle zwei Monate mit Informationen und Tipps auch für den Hobbygärtner)

Flora & Garten (allgemeine Gartenzeitschrift)

Freude am Garten (Schweizer Gartenzeitschrift)

Kraut & Rüben (Deutscher Landwirtschaftsverlag; Schwerpunkt naturgemäßes Gärtnern)

Mein schöner Garten (allgemeine Gartenzeitschrift; Nutzpflanzen als eines von vielen regelmäßigen Themen)

Natürlich gärtnern (Organischer Landbau Verlag)

Samen

Die beste Quelle für Samen ist ein spezialisierter Samenhändler oder ein Gartencenter mit einer gut sortierten Abteilung für Sämereien. Fragen Sie nach Details und Tipps – so stellt sich rasch heraus, ob Sie kompetent beraten werden.

Samenversender im Internet

Allgemeine Samenfirmen mit Nutzpflanzenangebot (Auswahl)

www.baldur-garten.de
www.garten-schlueter.de
www.poetschke.de
www.saemereien.ch
www.samen-frese.de
www.samenshop24.de
www.shop.mein-schoener-garten.de
www.thompson-morgan.com

Spezialisierte Anbieter

Bingenheimer Saatgut AG (www.bingenheimersaatgut.de) Gemüse und Kräuter für den biologischen Anbau

Bioland Hof Jeebel (biogartenversand.de) Samen und Produkte für den Gartenbau; auch Dünger und Pflanzenschutz

Biosaatgut aus kontrolliert biologischem Anbau (www.bio-saatgut.de) breites Angebot unterschiedlicher Nutzpflanzen

Deaflora (www.deaflora.de) Nutzpflanzen, Kräuter, Aromapflanzen und exotische Samen

Dreschflegel (www.dreschflegel-saatgut.de) Vereinigung von deutschen Biohöfen, die auch Saatgut an Hobbygärtner verkaufen

Fesaja Versand (www.fesaja-versand.de) interessant vor allem durch ein Angebot exotischer Samen

Magic Garden (www.magicgardenseeds.de) Nutzpflanzen, vor allem viele alte Sorten und „heirloom seeds"

Rühlemanns Kräuter und Duftpflanzen (www.kraeuter-und-duftpflanzen.de) Würzkräuter, Heilkräuter, Duftpflanzen

Saatperle (www.saatperle.de) Nutzpflanzen und exotische Samen

Klimadiagramme

www.klimadiagramme.de

Gemeinschaftsgärten

In einigen Großstädten unterhalten Gemeinschaftsgärtner eigene Websites zu Projekten

Gemeinschaftsgärten weltweit (www.eine-andere-welt-ist-pflanzbar.urbanacker.net)

Allgemeines Forum für die Pflege von Gärten (www.hausgarten.net)

Wann säen, wann pflanzen?

- Tragen Sie zuerst das „Datum der letzten Spätfröste" für Ihre Region (Erfahrungswert) in die unterste Zeile ein.
- Zählen Sie auf einem Kalender die Wochen vor oder nach den Spätfrösten aus der Spalte „Sicherheitsabstand" zum Datum der Spätfröste dazu („Wochen danach") oder ziehen Sie sie ab („Wochen davor"), dann erhalten Sie das „Pflanzdatum".
- Berechnen Sie das „Datum der Aussaat", indem Sie die „Wachstumsdauer" vom „Pflanzdatum" abziehen.

Produkt	Datum der Aussaat	Wachstumsdauer	Sicherheitsabstand	Pflanzdatum
Gemüse				
Aubergine		6–9 Wochen	3 Wochen danach	
• Blattsalate und -gemüse			frostfreier Boden	
Blumenkohl		4–6 Wochen	während der Spätfröste	
• Bohnen			2 Wochen danach	
Brokkoli		6 Wochen	3 Wochen davor	
• Erbsen			4–6 Wochen davor	
• Grünkohl			4 Wochen davor	
Gurken		2–4 Wochen	1–2 Wochen danach	
• Kartoffeln			2 Wochen davor	
Kopfkohl		6 Wochen	3 Wochen davor	
Kürbis		3–4 Wochen	2–3 Wochen davor	
• Mangold			2 Wochen vorher	
• Möhren			1–2 Wochen davor	
Paprika & Chili		8–10 Wochen	2 Wochen danach	
Porree		10–12 Wochen	1 Woche danach	
• Radieschen			3–4 Wochen davor	
• Rote Bete			2 Wochen davor	
• Spinat			3–6 Wochen davor	
Tomaten		6–8 Wochen	1 Woche danach	
Zucchini		2–4 Wochen	2 Wochen danach	
• Zwiebeln			2–3 Wochen davor	
Essbare Blüten & Kräuter				
Basilikum		5–7 Wochen	2 Wochen danach	
• Dill			frostfreier Boden	
• Kapuzinerkresse			0–2 Wochen danach	
• Koriander			frostfreier Boden	
Petersilie		8–10 Wochen	2 Wochen davor	
• Ringelblume			0–1 Wochen danach	
• Sonnenblumen			0–1 Wochen danach	
• **Datum der letzten Spätfröste:**				

- Samen direkt ins Freiland gesät

Etiketten für Einmachgläser

- Fotokopieren Sie die Seite 1:1
- Sie können sich die entsprechende Seite auch aus dem Internet herunterladen (www.growgreatgrub.com/extras)
- Drucken Sie die Etiketten auf selbst klebendem Papier aus.

Glossar

Alte Nutzpflanzen wurden schon vor 50–100 Jahren gezüchtet. Sie pflanzen sich wie Wildarten über Bestäubung untereinander fort.

Arten sind Pflanzen mit denselben Eigenschaften. Mit sehr wenigen Ausnahmen können sich nur Mitglieder einer Art wechselseitig bestäuben.

Auflaufen bezeichnet den Zeitpunkt, an dem sich die ersten, zarten Spitzen der keimenden Samen an der Erdoberfläche zeigen.

Auspflanzen ins Freiland oder in Töpfe ist möglich, wenn die Keimpflanzen sich etabliert haben und die Wetterbedingungen stimmen.

Bestäubung (Fremdbestäubung) ist der Austausch von Pollen zwischen einzelnen Pflanzen. Nur bestäubte Pflanzen können Früchte und Samen bilden.

Echte Blätter (Primär- und Folgeblätter) bilden sich nach den Keimblättern; sie erzeugen mit Hilfe des Sonnenlichtes Nährstoffe für die Pflanze.

Einjährige (Annuelle) sind Pflanzen, die ihren Lebenszyklus innerhalb eines Jahres vollenden – von der Samenkeimung bis zum Tod. Sie keimen, bilden Blätter und Wurzeln, Blüten und Samen, dann sterben sie.

Gießen versorgt die Pflanzen mit dem notwendigen Wasser. Nach dem Auspflanzen muss der Boden um die Pflanze durchdringend feucht sein, damit die Wurzeln einen guten Start am neuen Standort haben.

Hybride sind Sorten, die aus der Kreuzung unterschiedlicher Eltern hervorgegangen sind. Das Ziel der Züchter ist eine Sorte mit bestimmten Eigenschaften, beispielsweise besondere Winterhärte, hoher Ertrag oder Resistenz gegenüber Krankheiten und Schädlingen. Auf Samentüten werden sie meist als „F1" bezeichnet.

Keimblätter sind die ersten beiden Blättchen (Mais und andere Gräser haben nur ein Keimblatt), die bei der Keimung gebildet werden. Sie sind noch nicht auf Sonnenlicht angewiesen, sondern werden mit Nährstoffen aus dem Samen versorgt.

Mehrjährige Pflanzen sterben nicht nach der Blütenbildung ab. Sie bilden im Laufe ihres Lebens mehrfach Blüten und Früchte. Stauden und alle Arten von Gehölzen sind mehrjährige Pflanzen.

Mikroklima herrscht in bestimmten, sehr kleinräumigen Bereichen eines Gartens. Teiche, Wegränder, Mauern, Treppen, hohe Gebäude, Bäume, andere Pflanzen, Straßen oder andere Gegebenheiten beeinflussen spezifisch die Wachstumsbedingungen der Pflanzen im näheren Umfeld.

Schießen nennt man die Bildung von Blüten und Samen bei Salaten, Radieschen oder Spinat. Der Vorgang wird durch starke Sonne und Wärme ausgelöst.

Selbstaussaat tritt ein, wenn sich Pflanzen bis zur Samenbildung entwickeln können und ohne gärtnerische Hilfe an anderer Stelle keimen und wachsen.

Zur **Selbstbestäubung** sind nur wenige Arten befähigt. Sie brauchen keinen Partner (siehe Bestäubung), sondern bestäuben ihre eigenen Blüten und bilden erfolgreich Früchte mit Samen.

Sorten sind Untergruppen von Arten, die sich aber von der reinen Art durch farbige Blätter, andere Fruchtfarbe, -größe oder die Form unterscheiden.

Stauden. Siehe Mehrjährige Pflanzen.

Umtopfen wird nötig, wenn das Wurzelwerk einer Pflanze den gesamten Raum eines Topfes einnimmt. Siehe Auspflanzen.

Winterhärte beschreibt die Fähigkeit einer Pflanze, die tiefen Temperaturen des Winters zu überstehen. Die dabei ertragenen tiefsten Temperaturen können allerdings von Art zu Art schwanken.

Zweijährige (Bienne) sind Pflanzen, die ihren Lebenszyklus innerhalb von zwei Jahren vollenden. Im ersten Jahr keimen sie aus, bilden Blätter und Wurzeln; im zweiten Jahr entstehen Blüten und Samen, dann sterben sie.

Danksagungen

Ich möchte mich bei allen herzlich bedanken, die in den letzten Jahren YouGrowGirl.com angeklickt und ihre Gartenerfahrungen mit mir geteilt haben. Natürlich gilt das besonders für die Besucher der ersten Stunde (das geht an dich, Shay)!

Endlose Dankbarkeit für meinen kreativen Partner (und mehr) Davin Risk, der hart an den Abbildungen, Fotos, dem Design und Garten gearbeitet hat. Das ist genauso gut sein Buch wie meins.

Ich verspreche Jen meine nächsten Gläser mit eingemachtem Gemüse und Soßen, weil sie zugehört, mir Ratschläge gegeben und mich als Freundin unterstützt hat.

Ein weiterer Dank gilt meinen professionellen Unterstützern Laura Nolan und Sarah Sockit Moseley. Danke, dass ihr an mich geglaubt habt und aus meinen Ideen etwas Greifbares gemacht habt. Das gilt auch für Clarkson Potter, vor allem für Aliza Fogelson, die sich außerordentlich eingesetzt hat.

Danke an meine alten und neuen Gartenfreunde, die mit mir die tiefe und hemmungslose Begeisterung für Pflanzen (und oft nicht nur das) teilen: Sakurako Handa, Gwynne Basen, Margaret Roach, Renee Garner, Amy Urquhart, Lorraine Johnson, Beate Schwirtlich, Keri Smith, Colette Murphy, Laura Berman, Julie Jackson, Scott Meyer, Kelly Gilliam, Julianna, Myla Kent, Ravenna Barker, Sapphire Singh und Sarah Hood. Und natürlich all den anderen, die so enthusiastisch und mutig waren, mich mit meiner Kamera in ihre Gärten zu lassen.

Danke an den besten Markt der Welt, an Dufferin Grove, dessen Bauern alle Produkte anbieten, die meine kleinen Gärten nicht liefern können; und an Kaffee – sein köstliches Aroma hat mir durch viele lange Nächte geholfen (natürlich aus biologisch gezogenen Espresso-Bohnen aus dem Fair-Trade). Nicht dieser Filterkaffee-Mist.

Fotografie: Gayla Trail und Davin Risk
Illustrationen: Davin Risk

Register

Auf den **fett** gedruckten Seiten werden die Pflanzen ausführlicher besprochen; die *kursiv* gedruckten Seitenzahlen beziehen sich auf Abbildungen.